MASHLE

MAGIC AND MUSCLES

HAJIME KOMOTO

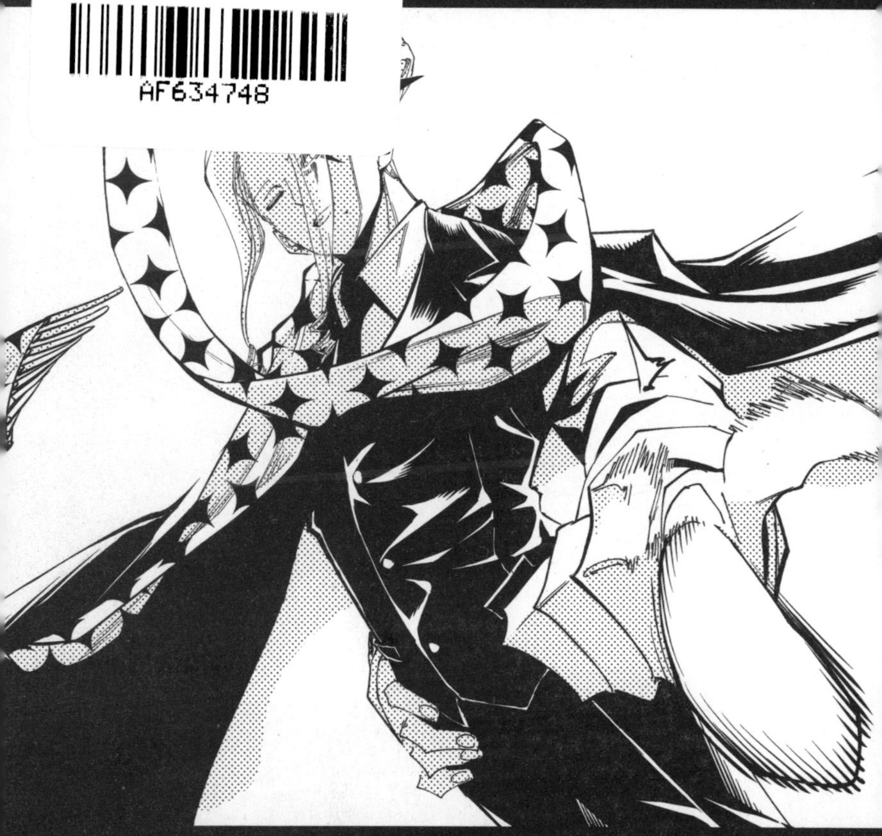

12

Mash Burnedead und die fünf Geschwister

CHARAKTERE

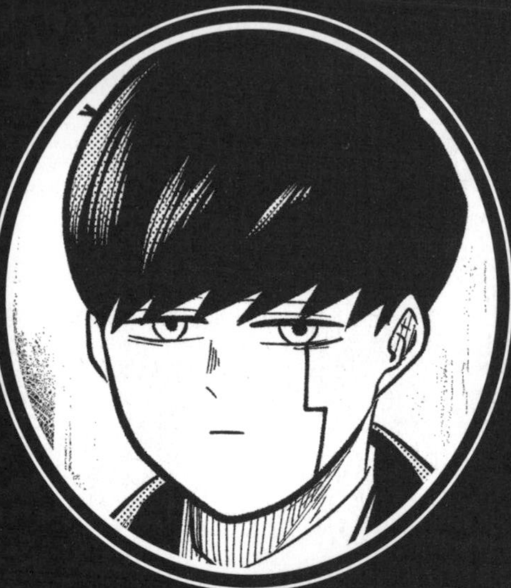

Mash Burnedead

Ein ungewöhnlicher Junge mit muskulösem Körper. Er kann nicht zaubern, stellt sich aber jeglicher Magie. Sein Weltbild ist sehr unkonventionell. Er schätzt Familie und Freunde und liebt Windbeutel. Außerdem hat er Schwierigkeiten, zu erkennen, ob eine Tür aufgezogen oder aufgedrückt werden muss.

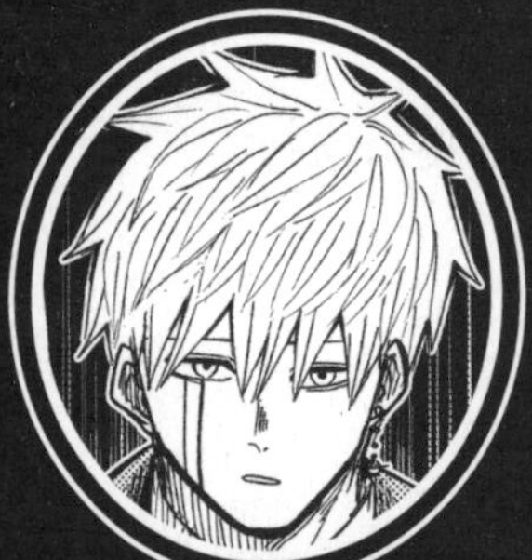

Lance Crown

Ein gut aussehender Junge, der bei der Aufnahmeprüfung die höchste Punktzahl erreicht hat. Er hat einen ausgeprägten Schwesterkomplex.

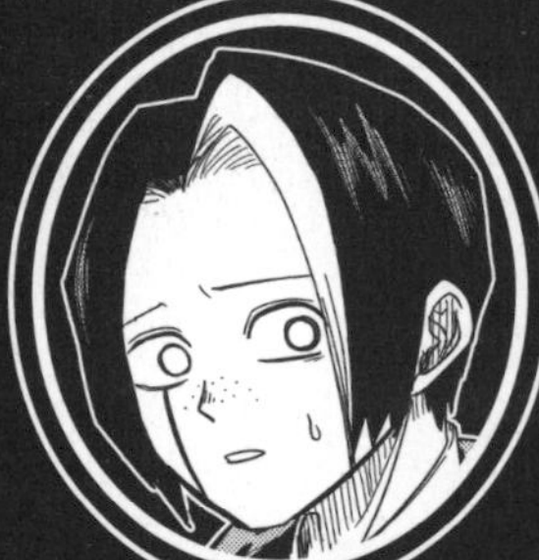

Finn Ames

Lustiger Zimmergenosse von Mash und sein allererster Freund

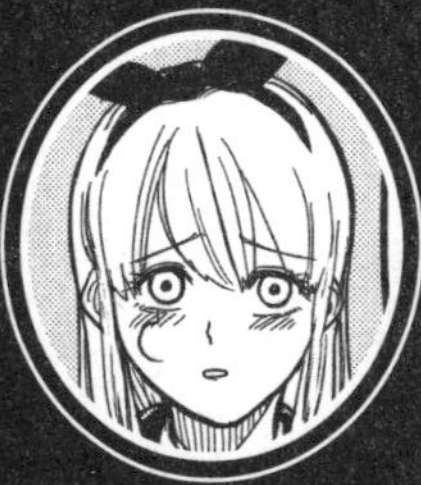

Lemon Irvine

Hat sich bei der Aufnahmeprüfung in Mash verliebt.

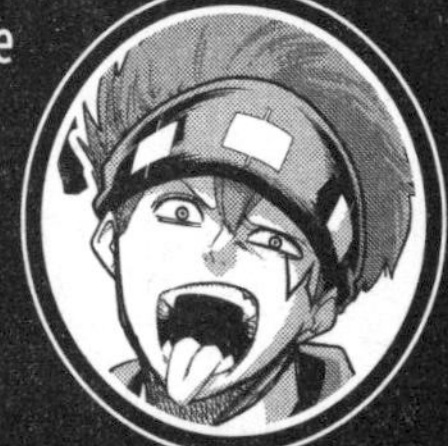

Dot Barrett

Ein direkter und aufbrausender Typ. Er kommt nicht gut bei Mädchen an und hasst attraktive Kerle.

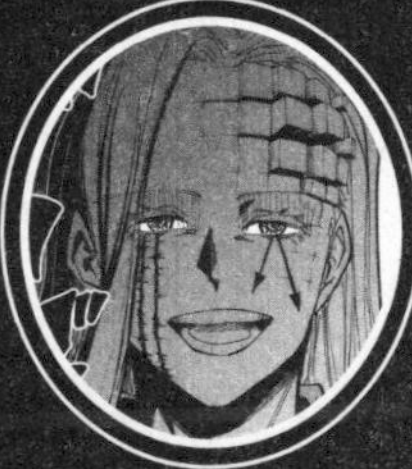

Innocent Zero

Der Boss einer Organisation, die im Dunklen operiert. Kann Zeitmagie anwenden.

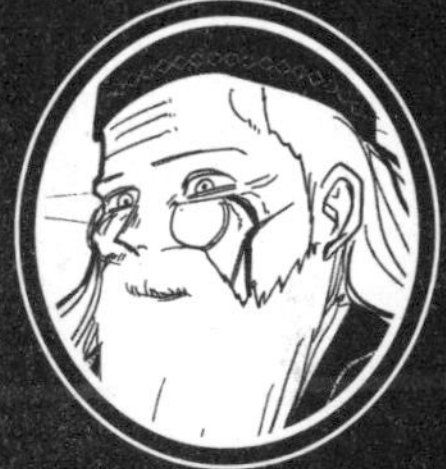

Direktor Wahlberg

Schulleiter der Easton-Magieschule. Er erwartet viel von Mash.

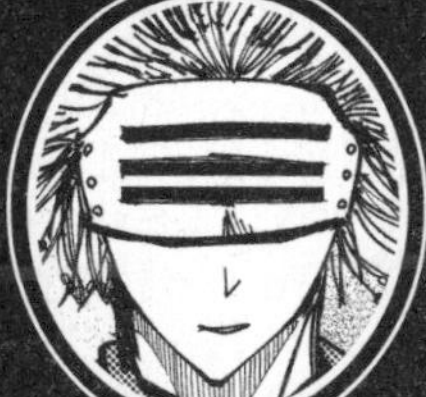

Doom

Innocent Zeros ältester und stärkster Sohn.

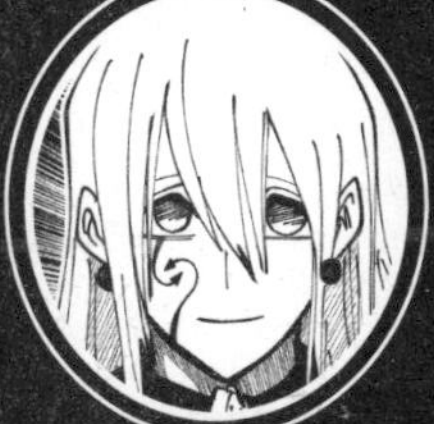

Domina Blowelive

Kind von Innocent Zero. Will Bestätigung vom Vater.

STORY

In dieser Welt bestimmt Magie über alles! Tief im Wald lebt ein Junge namens Mash. Hartes Training hat ihm einen stahlharten Körper beschert, aber er hat ein Geheimnis: Er kann keine Magie anwenden! In der magischen Welt ist das ein Grund zur Vernichtung. Um sein Geheimnis zu wahren, geht Mash auf die Magieschule mit dem Ziel, sich den Titel »Gottesseher« zu verdienen – jemand, der von den Göttern auserwählt wird. Seine Stärke verhilft ihm zur Abschlussprüfung, bei der über diesen Titel entschieden wird!!

Nach einem erbitterten Kampf von Easton gegen Walkis fordert Mash Innocent Zeros Sohn Domina heraus. Domina hat sich sein Leben lang nach Bestätigung vom Vater gesehnt. Mashs Bindung zu Familie und Freunden macht ihn rasend und er benutzt seinen Thirds-Zauber. Mash legt seine Armreifen ab und lässt zum ersten Mal seine volle Kraft frei! Nach dem Kampf reicht Mash Domina die Hand, was Dominas kaltes Herz zum Schmelzen bringt. Doch Mashs Kampf ist noch nicht vorbei. Innocent Zero und sein ältester Sohn Doom erscheinen. Obwohl Mash alles gibt, unterliegt er Dooms außergewöhnlicher Kraft!

Inhalt

101. Kapitel
Mash Burnedead und das dunkle Magma
005

102. Kapitel
Mash Burnedead und die fünf Geschwister
025

103. Kapitel
Mash Burnedead und die Schmerz-behandlung
045

104. Kapitel
Mash Burnedead und »Fang den Schwanz«
065

105. Kapitel
Mash Burnedead und die gepanzerten Krieger
087

106. Kapitel
Mash Burnedead und der Grund, zu kämpfen
107

107. Kapitel
Mash, seine Freunde und das Training, um stärker zu werden
127

108. Kapitel
Mash, seine Freunde und das Ende des Trainings
147

109. Kapitel
Ryoh Grantz und der böse Riese
167

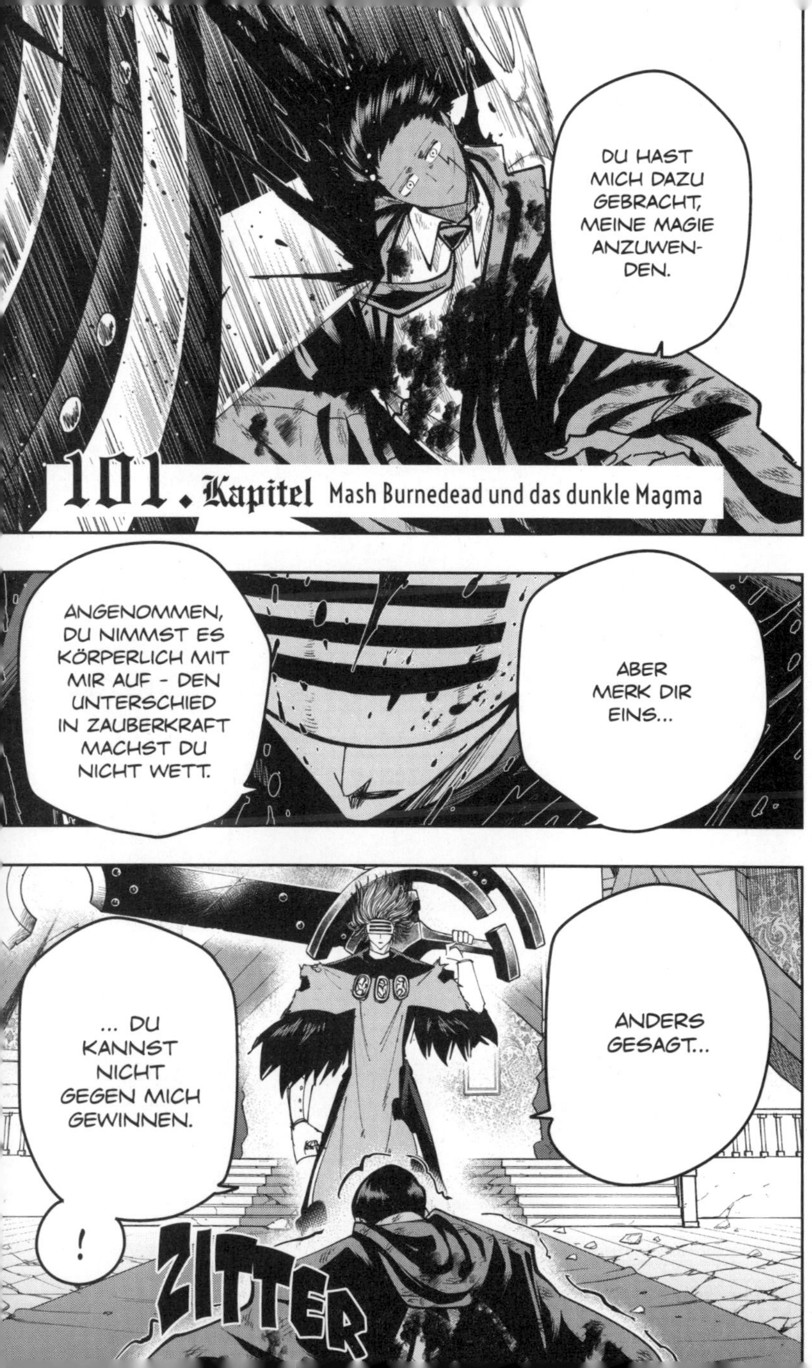
DU HAST MICH DAZU GEBRACHT, MEINE MAGIE ANZUWENDEN.
101. Kapitel Mash Burnedead und das dunkle Magma
ABER MERK DIR EINS...
ANGENOMMEN, DU NIMMST ES KÖRPERLICH MIT MIR AUF - DEN UNTERSCHIED IN ZAUBERKRAFT MACHST DU NICHT WETT.
ANDERS GESAGT...
... DU KANNST NICHT GEGEN MICH GEWINNEN.
!
ZITTER

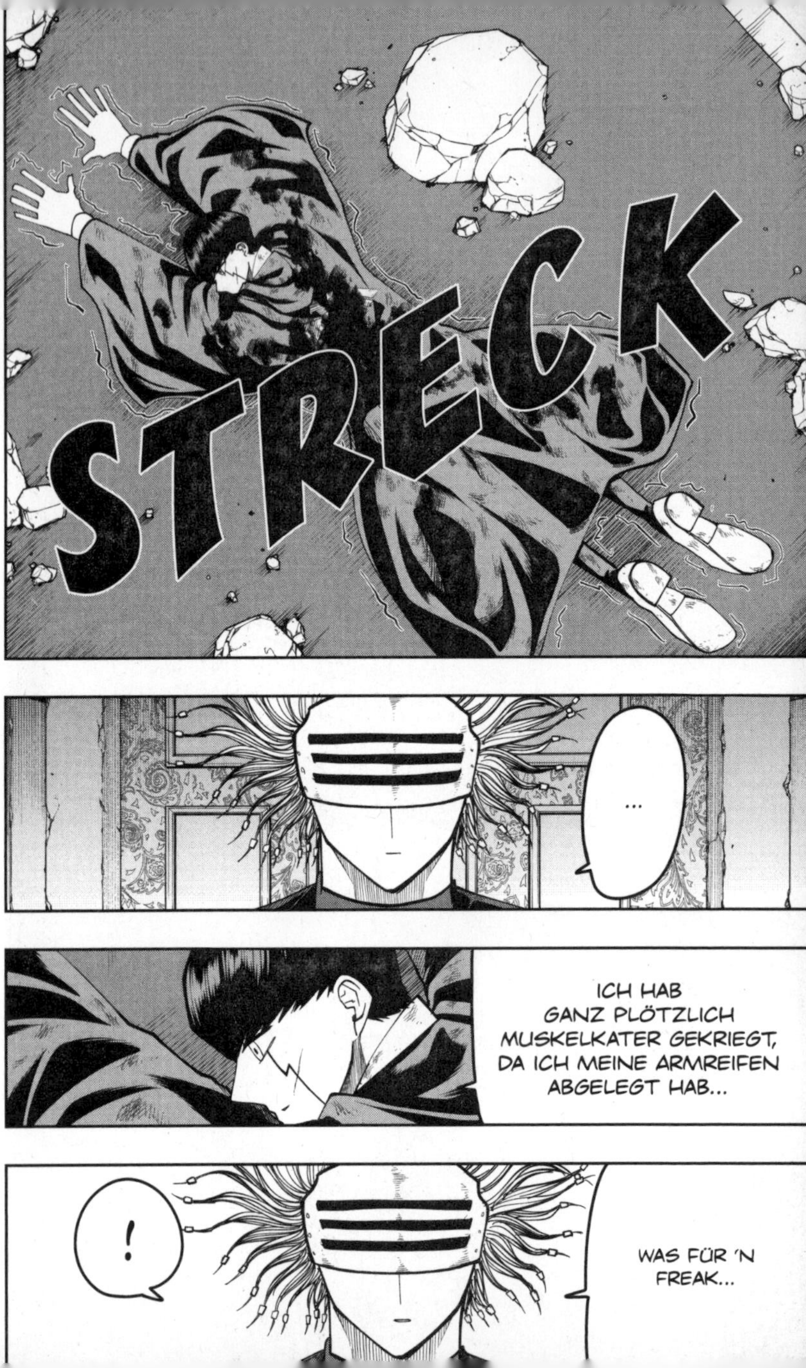
STRECK
...
ICH HAB GANZ PLÖTZLICH MUSKELKATER GEKRIEGT, DA ICH MEINE ARMREIFEN ABGELEGT HAB...
WAS FÜR 'N FREAK...
!

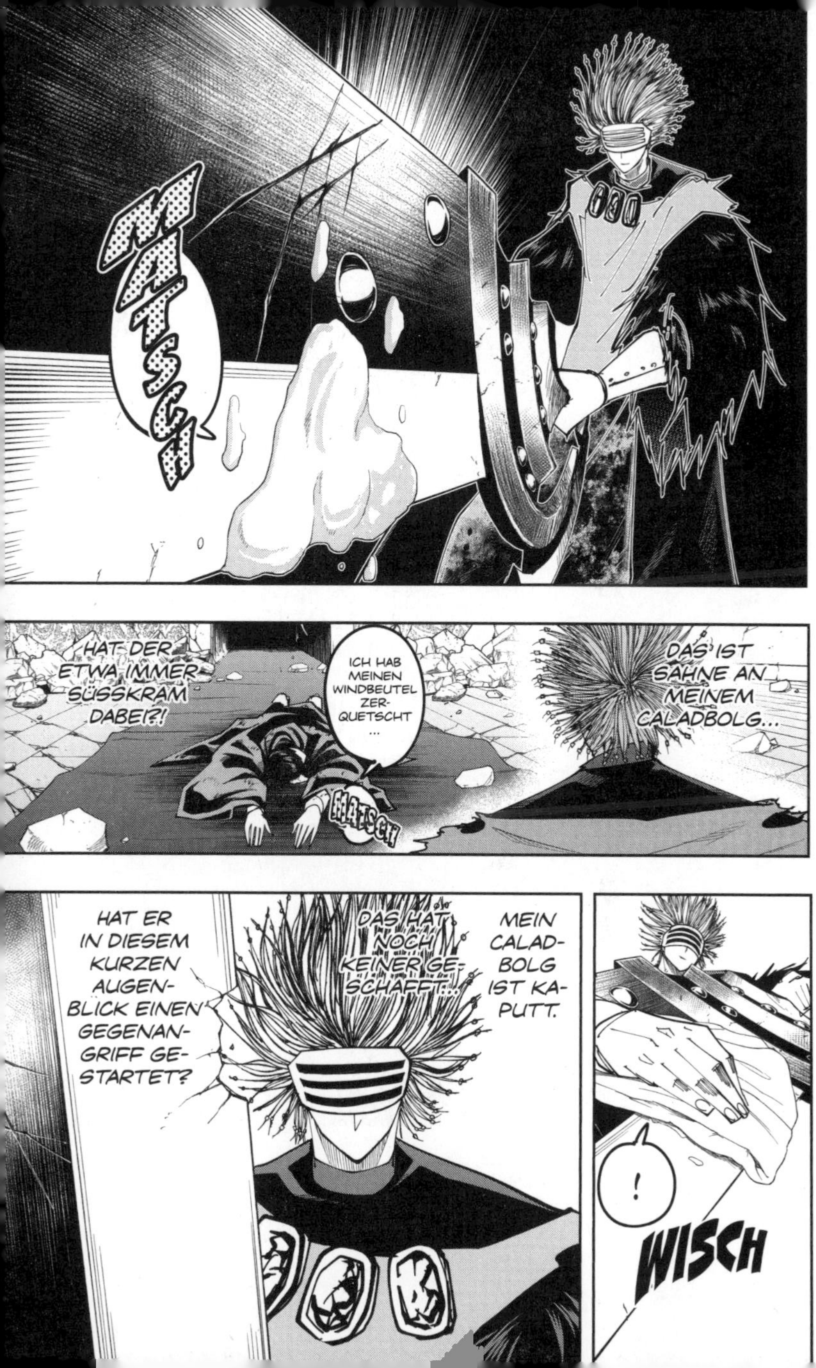
MATSCH
DAS IST SAHNE AN MEINEM CALADBOLG...
ICH HAB MEINEN WINDBEUTEL ZERQUETSCHT ...
HAT DER ETWA IMMER SÜSSKRAM DABEI?!
MATSCH
!
WISCH
MEIN CALADBOLG IST KAPUTT.
DAS HAT NOCH KEINER GESCHAFFT...
HAT ER IN DIESEM KURZEN AUGENBLICK EINEN GEGENANGRIFF GESTARTET?

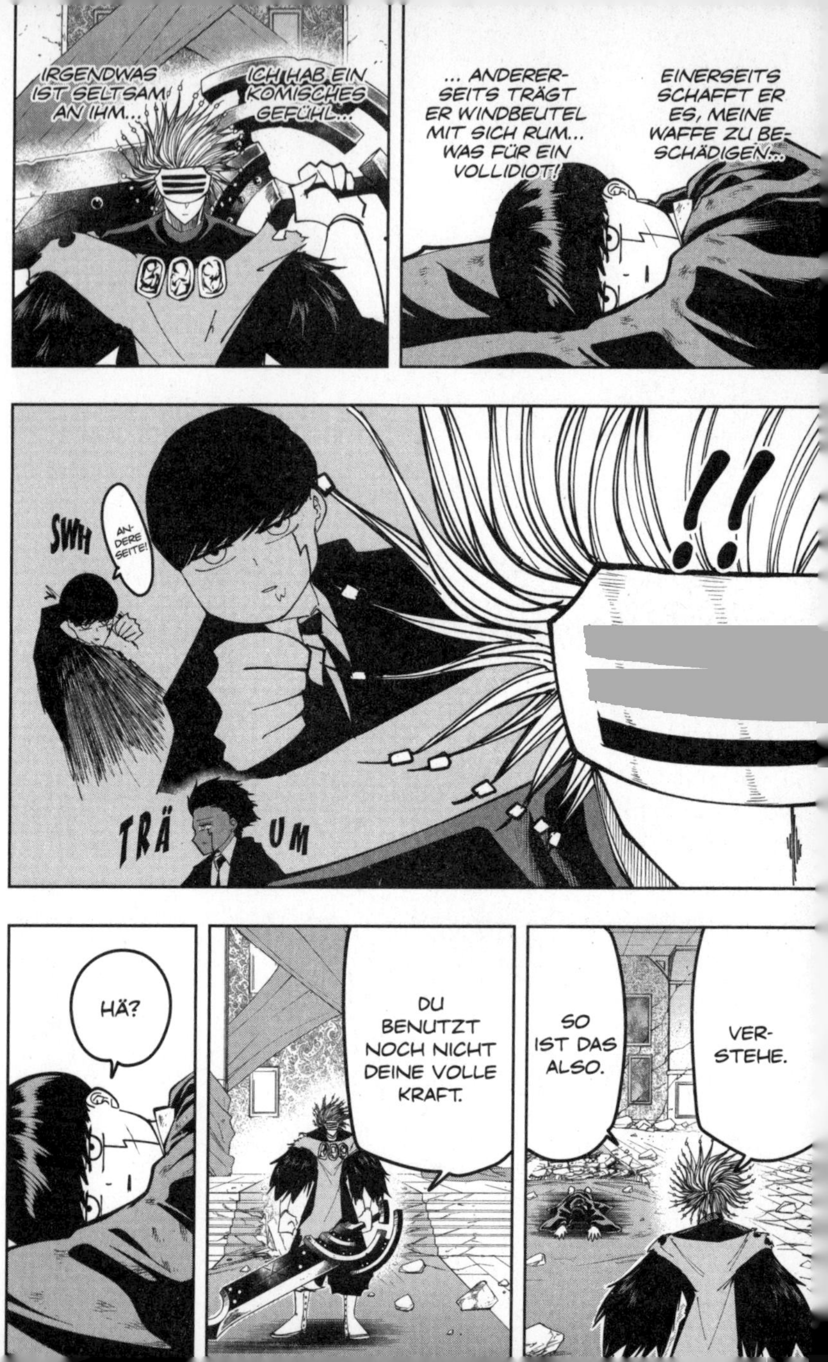
EINERSEITS SCHAFFT ER ES, MEINE WAFFE ZU BESCHÄDIGEN...
... ANDERERSEITS TRÄGT ER WINDBEUTEL MIT SICH RUM... WAS FÜR EIN VOLLIDIOT!
ICH HAB EIN KOMISCHES GEFÜHL...
IRGENDWAS IST SELTSAM AN IHM...
!!
ANDERE SEITE!
SWH
TRÄ UM
VERSTEHE.
SO IST DAS ALSO.
DU BENUTZT NOCH NICHT DEINE VOLLE KRAFT.
HÄ?

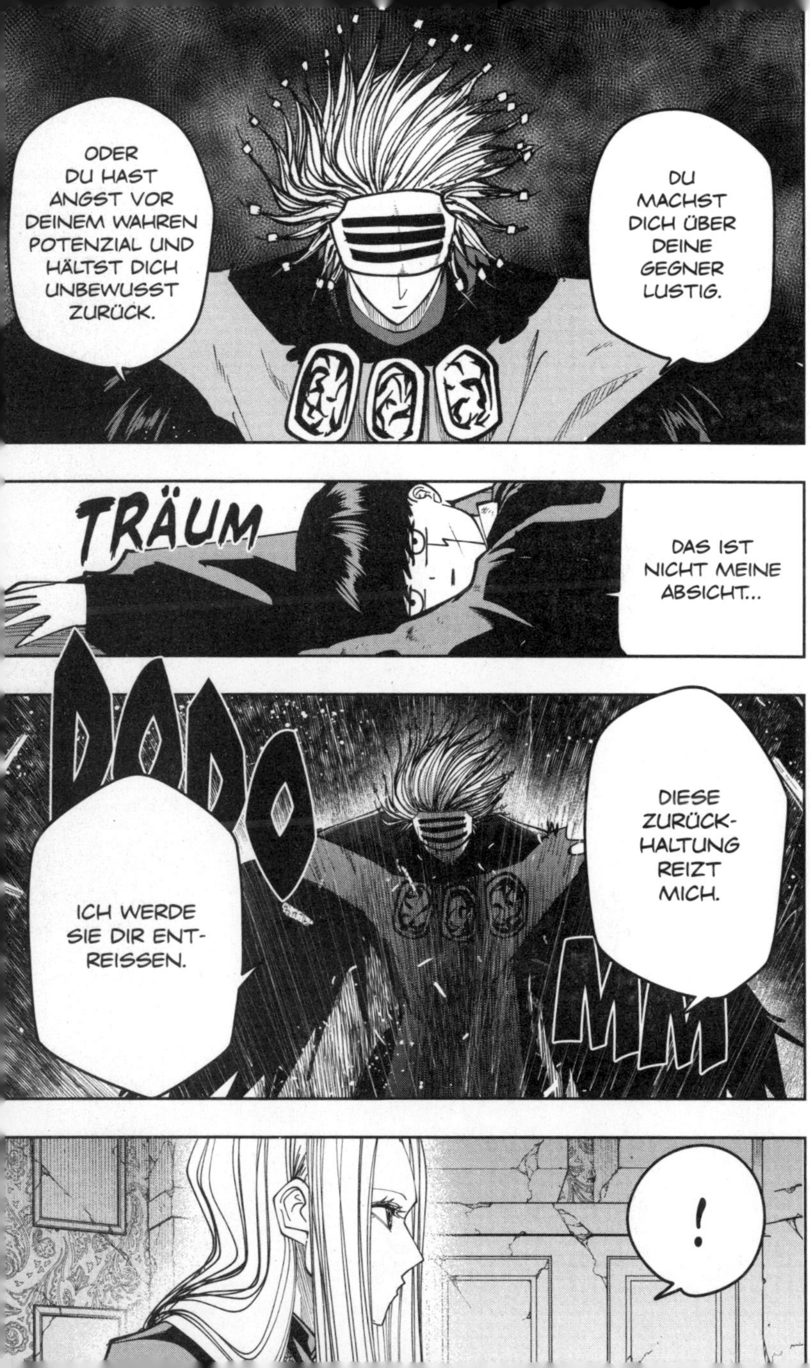
DU MACHST DICH ÜBER DEINE GEGNER LUSTIG.
ODER DU HAST ANGST VOR DEINEM WAHREN POTENZIAL UND HÄLTST DICH UNBEWUSST ZURÜCK.
DAS IST NICHT MEINE ABSICHT...
TRÄUM
DIESE ZURÜCK-HALTUNG REIZT MICH.
MIM
DODO
ICH WERDE SIE DIR ENT-REISSEN.
!

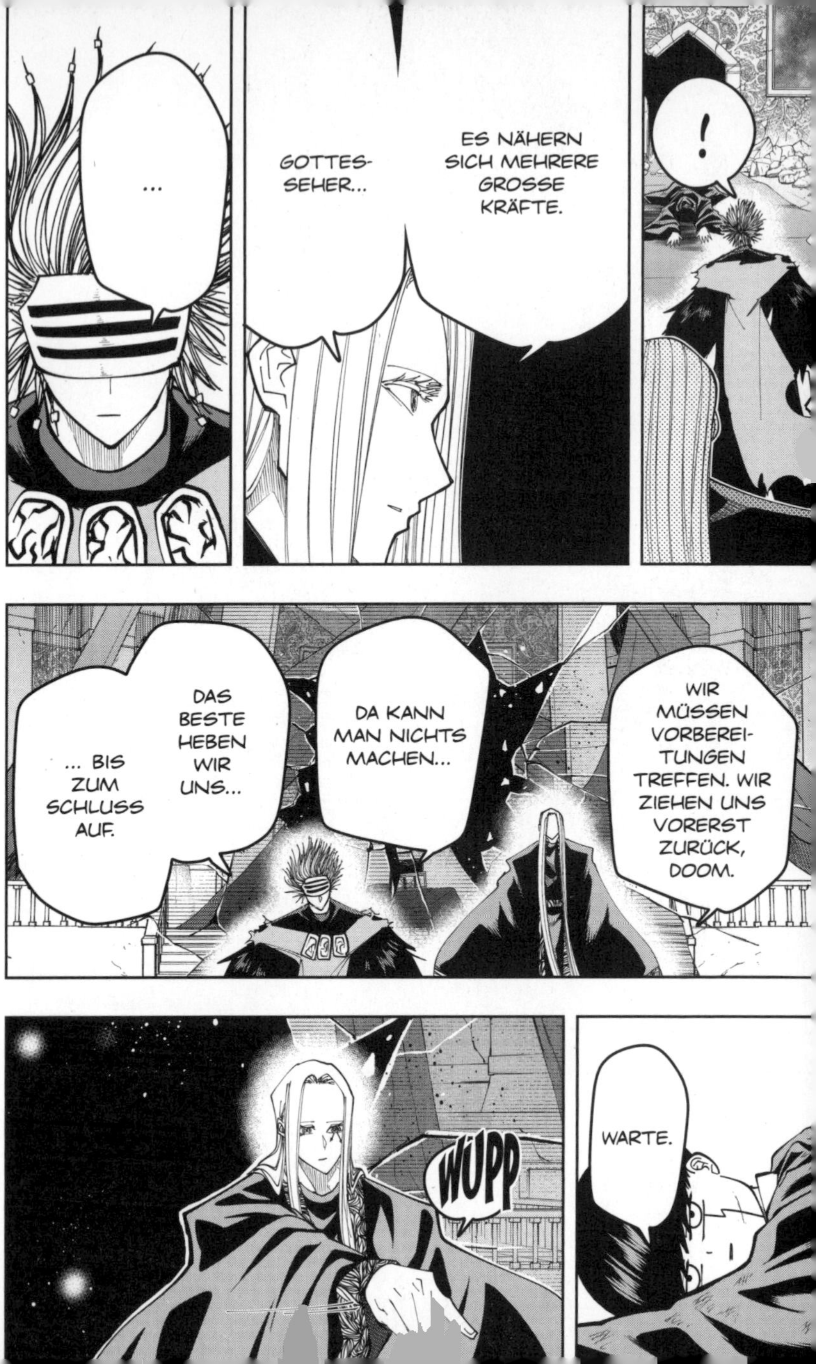
!
ES NÄHERN SICH MEHRERE GROSSE KRÄFTE.
GOTTES-SEHER...
...
WIR MÜSSEN VORBEREI-TUNGEN TREFFEN. WIR ZIEHEN UNS VORERST ZURÜCK, DOOM.
DA KANN MAN NICHTS MACHEN...
DAS BESTE HEBEN WIR UNS...
... BIS ZUM SCHLUSS AUF.
WARTE.
WÜPP

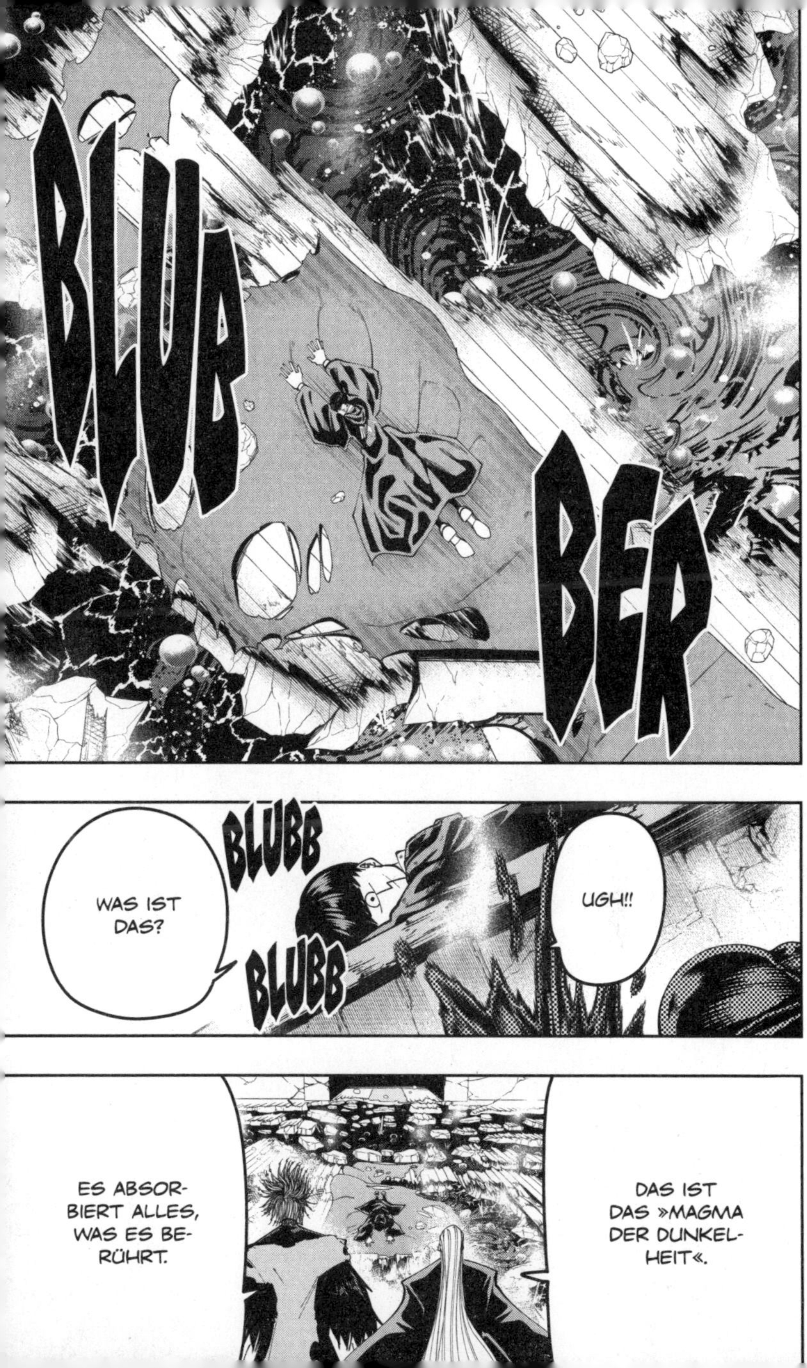
BLUB
BER
UGH!!
BLUBB
BLUBB
WAS IST DAS?
DAS IST DAS »MAGMA DER DUNKELHEIT«.
ES ABSORBIERT ALLES, WAS ES BERÜHRT.

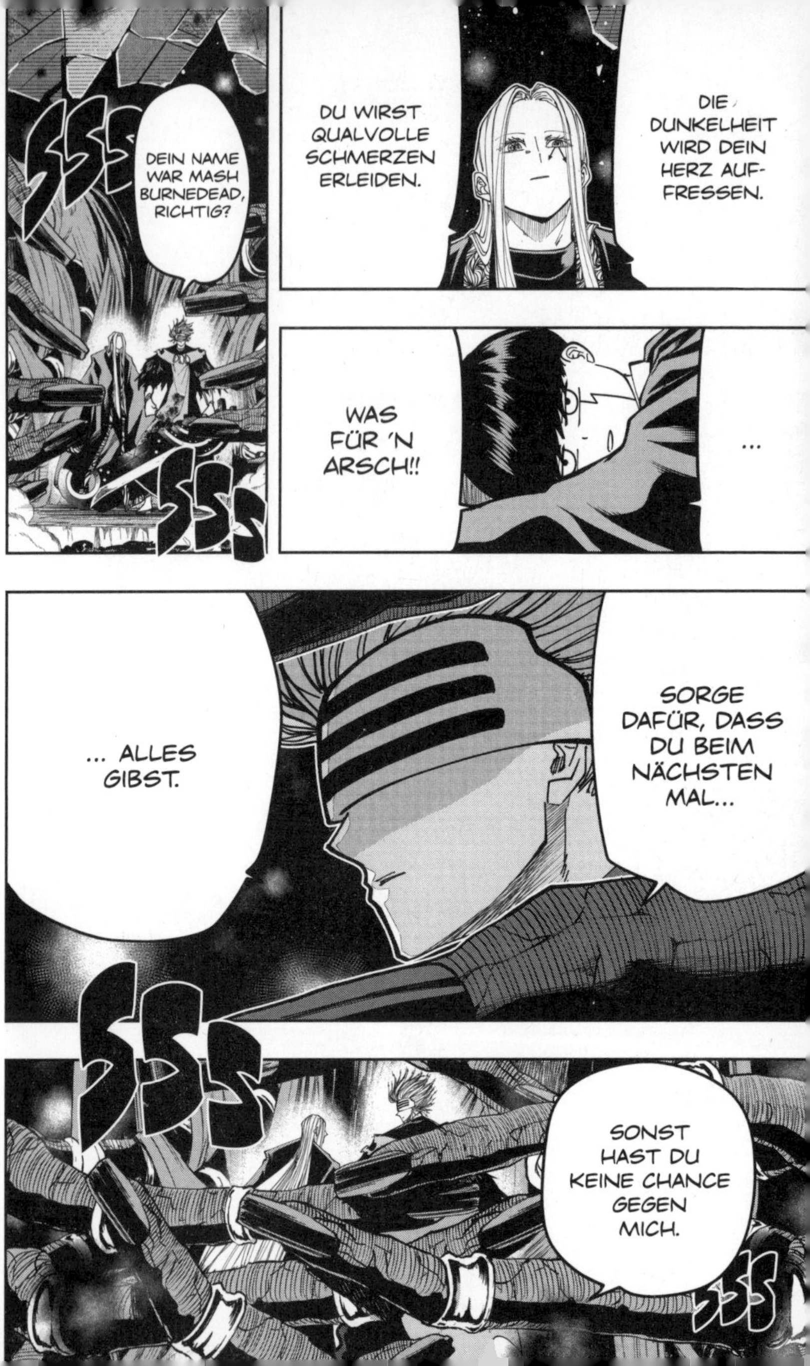
DIE DUNKELHEIT WIRD DEIN HERZ AUF-FRESSEN.
DU WIRST QUALVOLLE SCHMERZEN ERLEIDEN.
DEIN NAME WAR MASH BURNEDEAD, RICHTIG?
...
WAS FÜR 'N ARSCH!!
SORGE DAFÜR, DASS DU BEIM NÄCHSTEN MAL...
... ALLES GIBST.
SONST HAST DU KEINE CHANCE GEGEN MICH.

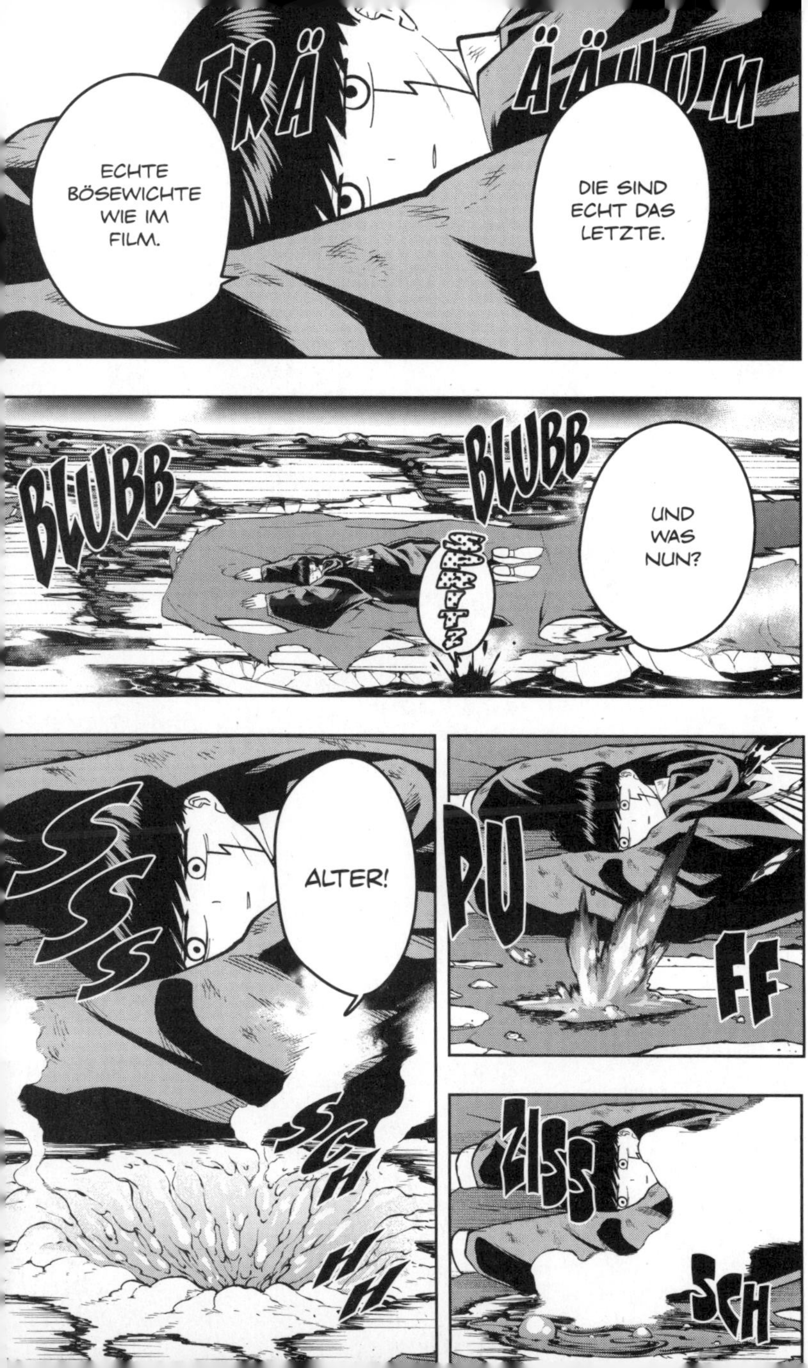
DIE SIND ECHT DAS LETZTE.
ECHTE BÖSEWICHTE WIE IM FILM.
UND WAS NUN?
BLUBB
BLUBB
PUFF
ALTER!
SSSS
ZISSS
SCH
SCHHH

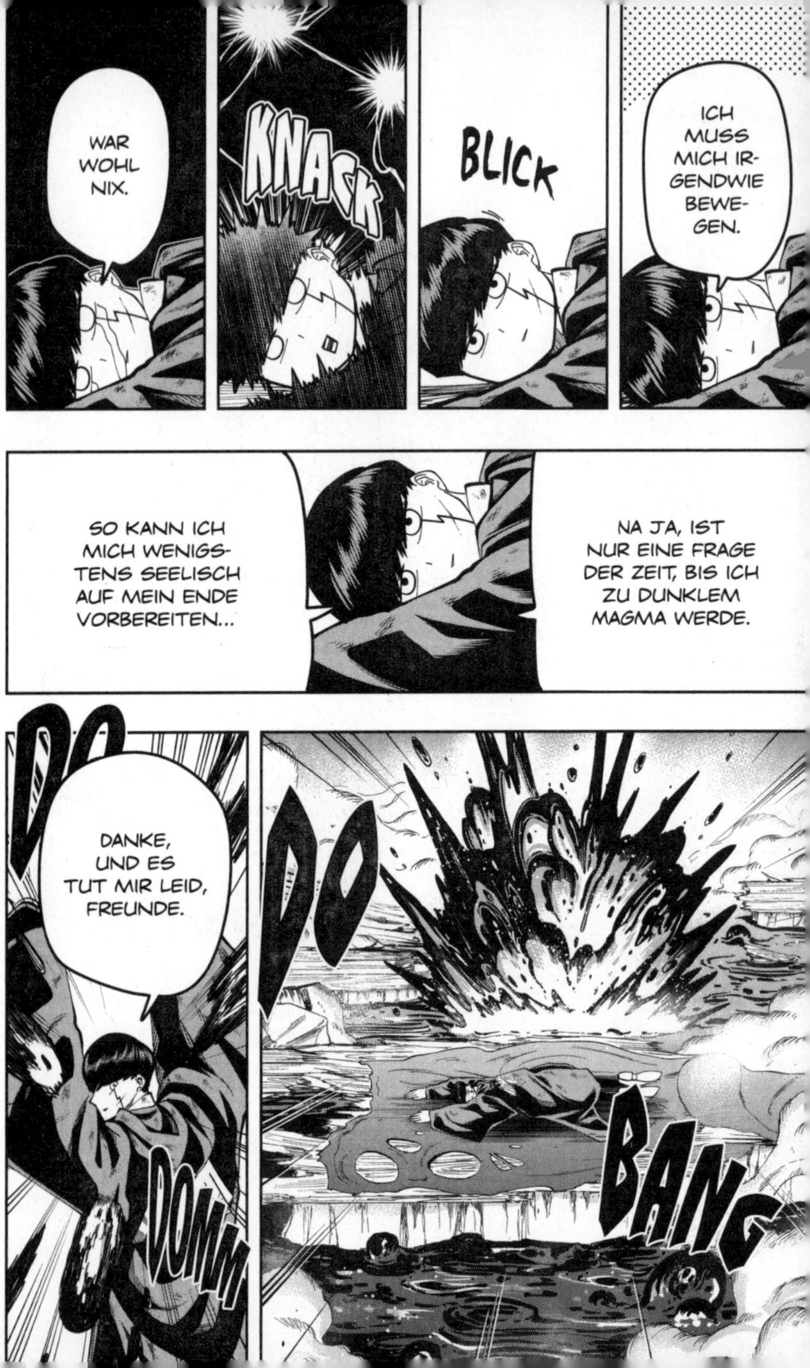
ICH MUSS MICH IRGENDWIE BEWEGEN.
BLICK
KNACK
WAR WOHL NIX.
NA JA, IST NUR EINE FRAGE DER ZEIT, BIS ICH ZU DUNKLEM MAGMA WERDE.
SO KANN ICH MICH WENIGSTENS SEELISCH AUF MEIN ENDE VORBEREITEN...
BANG
DO
DO
DANKE, UND ES TUT MIR LEID, FREUNDE.
DOMM

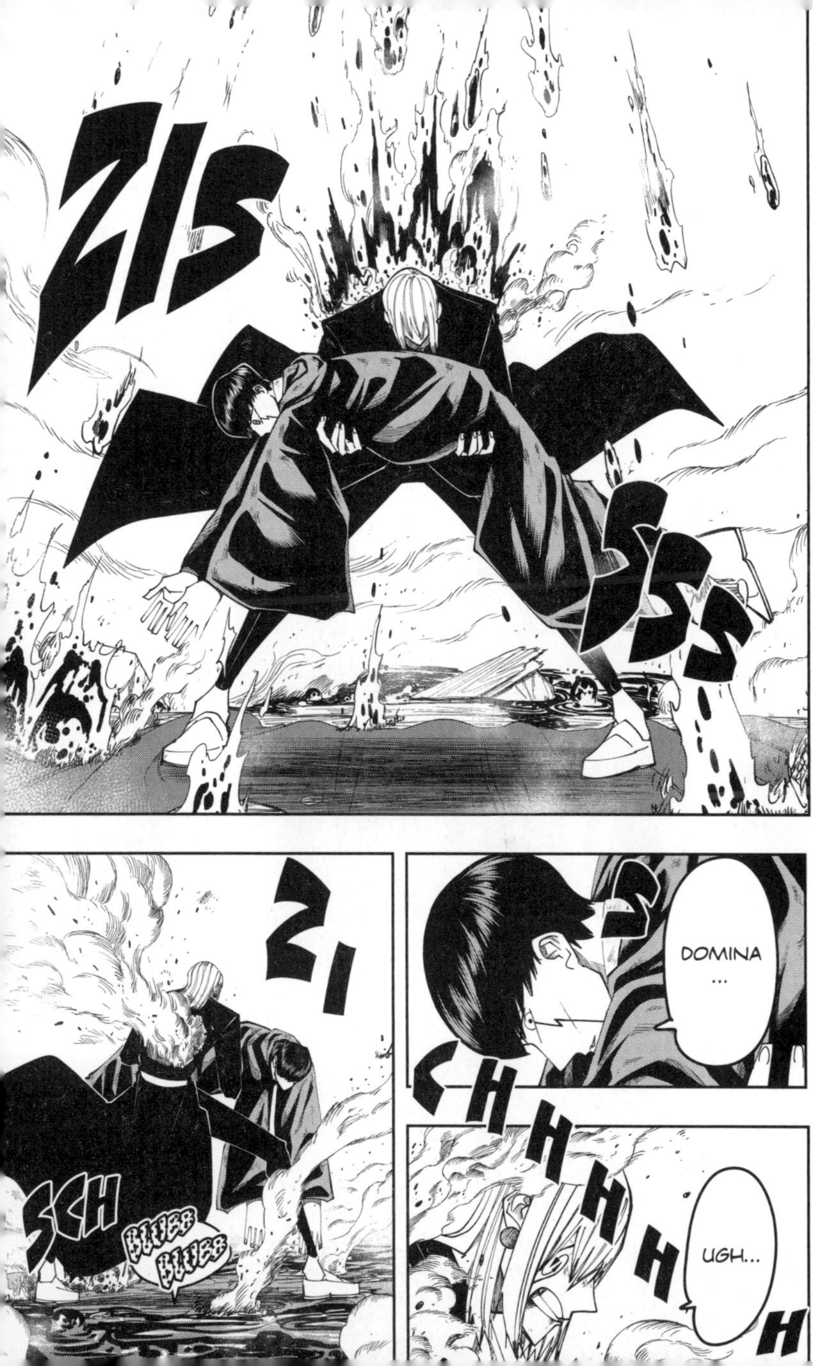
ZIS
SSSS
ZI
SCH
CHHHHHHH
DOMINA ...
UGH...

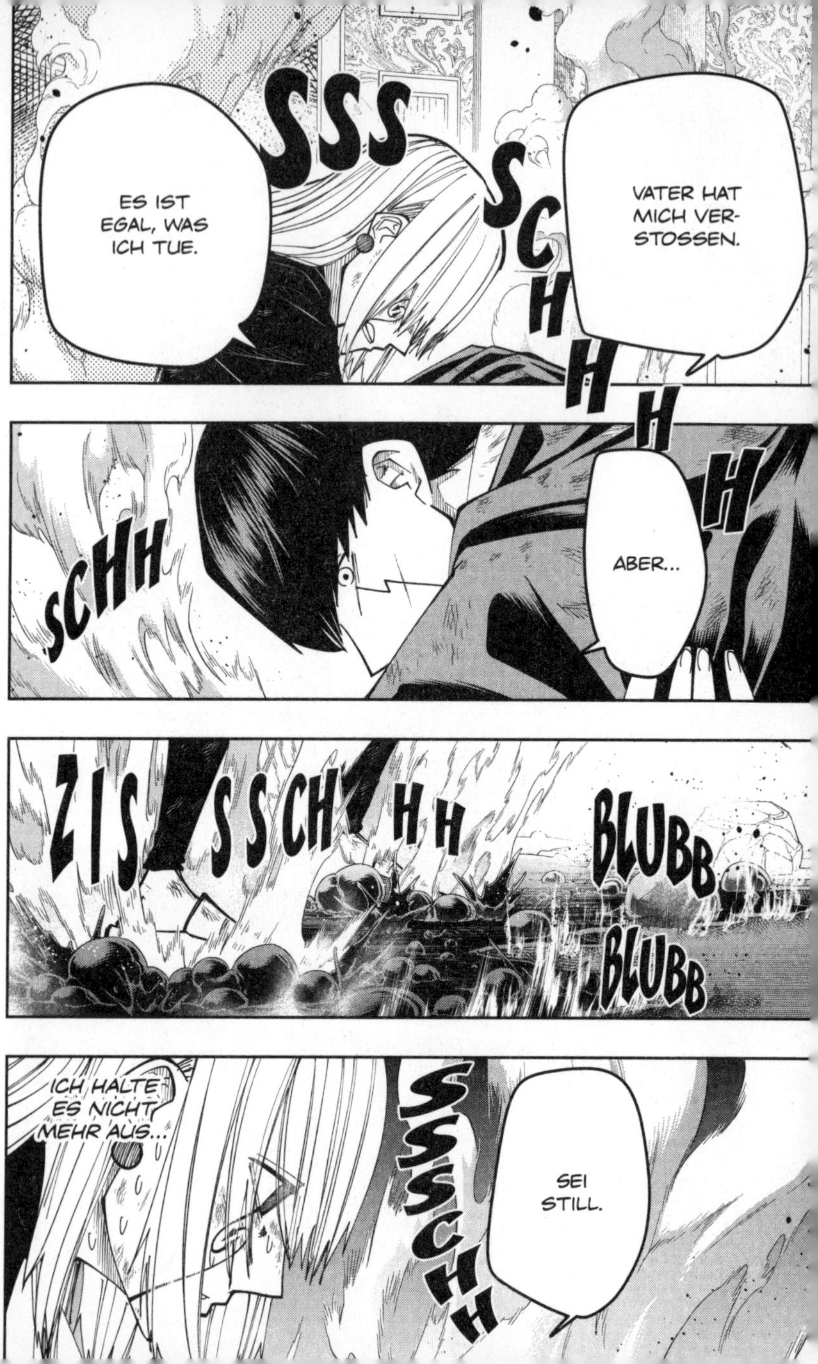
VATER HAT MICH VERSTOSSEN.
SSSSCHHHHH
ES IST EGAL, WAS ICH TUE.
ABER...
SCHH
BLUBB BLUBB
ZISSSCHHH
SEI STILL.
SSSSCHH
ICH HALTE ES NICHT MEHR AUS...

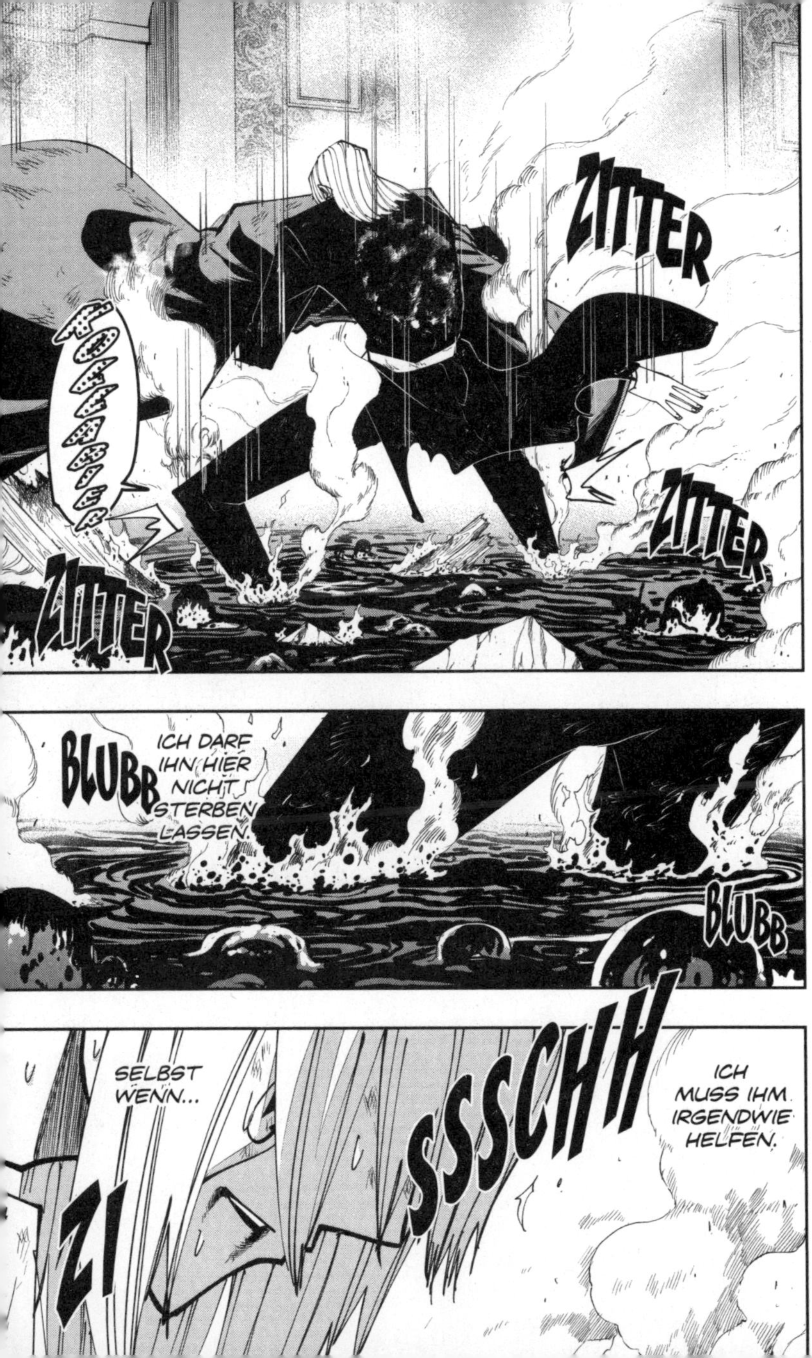
ZITTER
ZITTER
ZITTER
BLUBB
ICH DARF IHN HIER NICHT STERBEN LASSEN.
BLUBB
ICH MUSS IHM IRGENDWIE HELFEN.
SSSCHH
SELBST WENN...
ZI

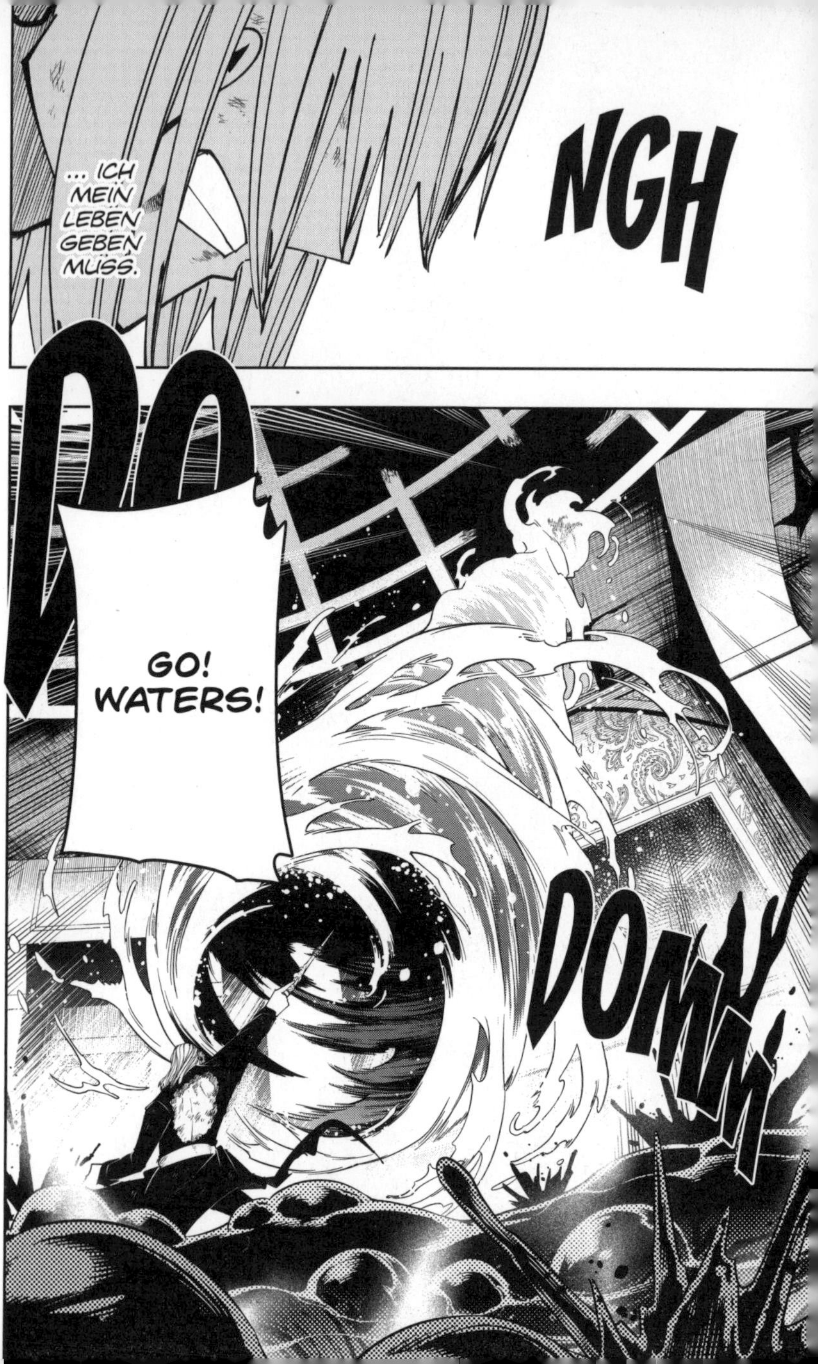
... ICH MEIN LEBEN GEBEN MUSS.
NGH
DO
GO! WATERS!
DOMM

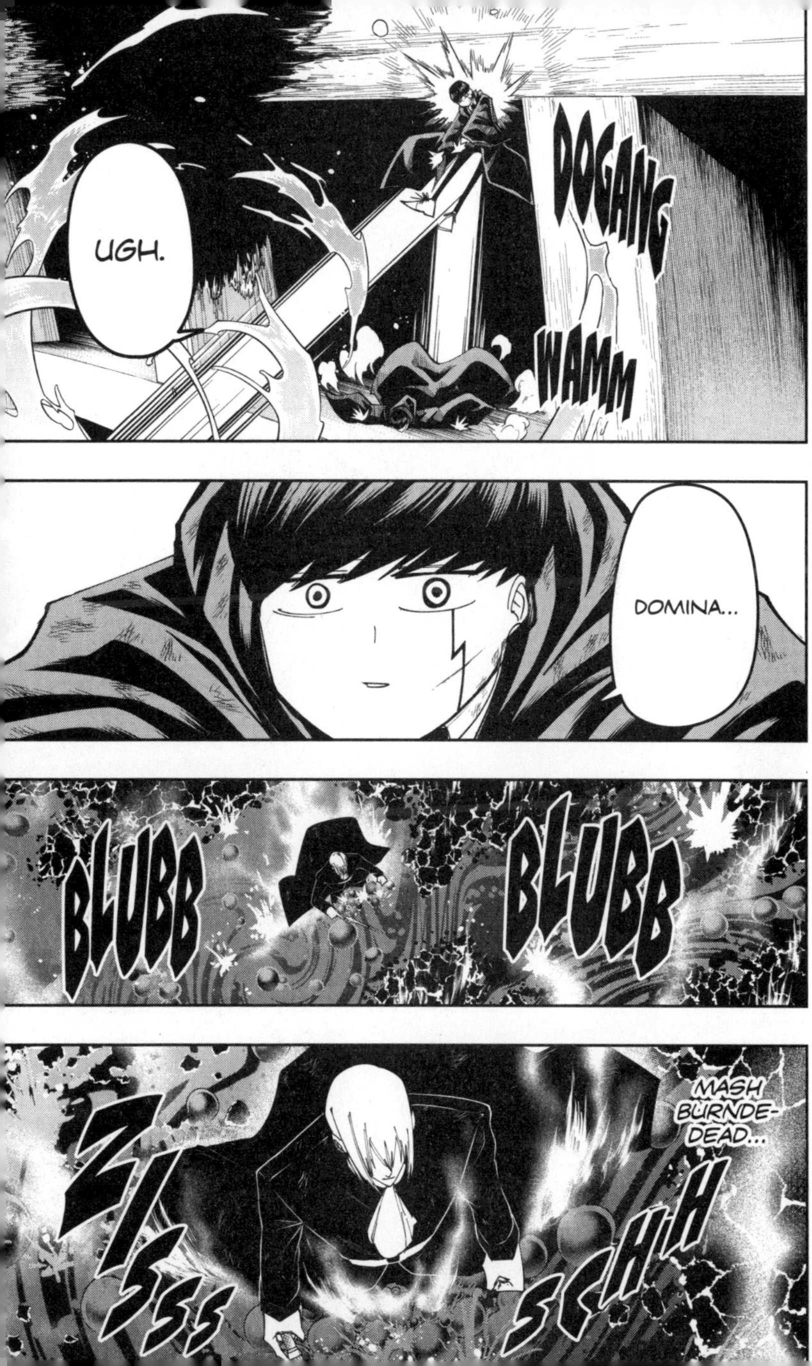

UGH.
DOGANG
WAMM
DOMINA...
BLUBB
BLUBB
MASH BURNDE-DEAD...
ZISSS
SCHH

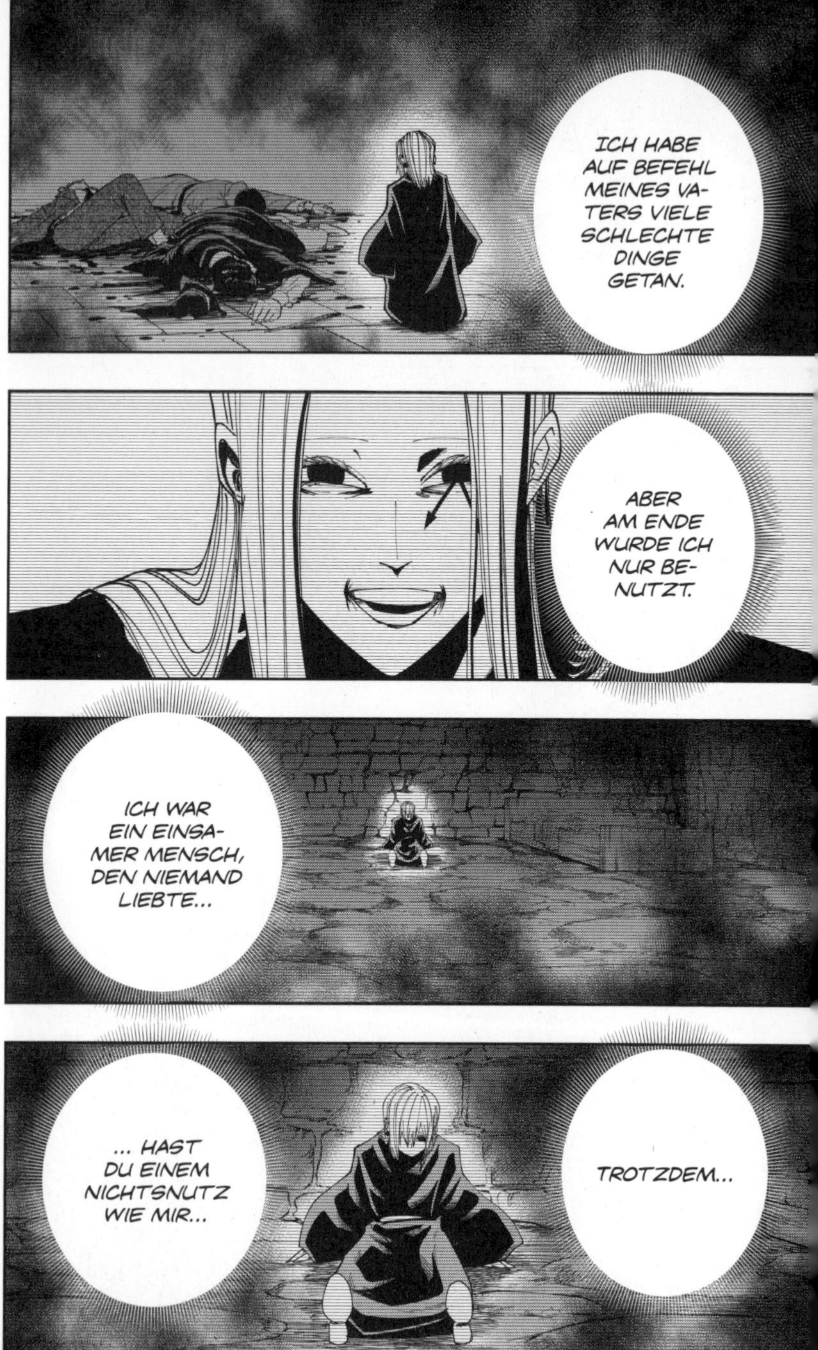
ICH HABE AUF BEFEHL MEINES VATERS VIELE SCHLECHTE DINGE GETAN.
ABER AM ENDE WURDE ICH NUR BENUTZT.
ICH WAR EIN EINSAMER MENSCH, DEN NIEMAND LIEBTE...
TROTZDEM...
... HAST DU EINEM NICHTSNUTZ WIE MIR...

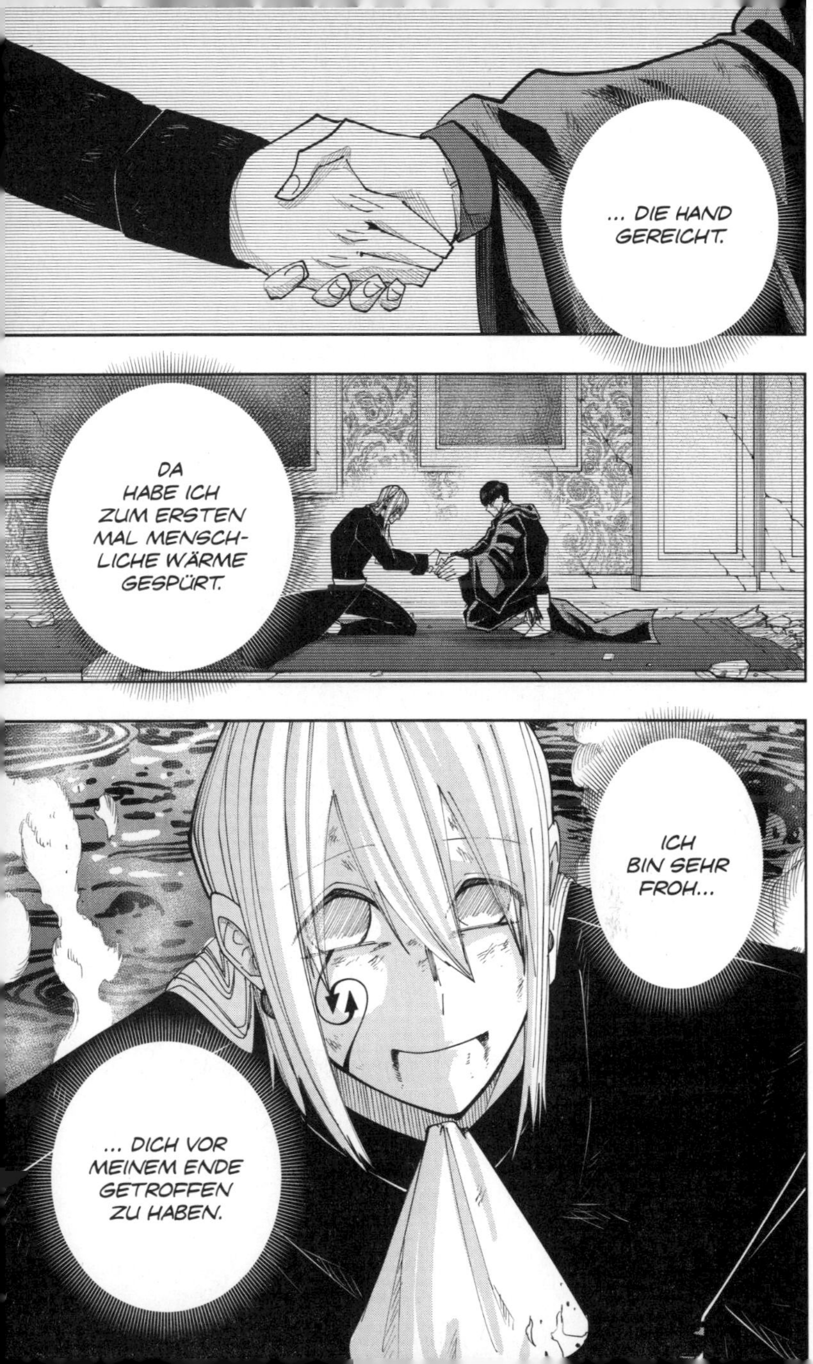
... DIE HAND GEREICHT.
DA HABE ICH ZUM ERSTEN MAL MENSCHLICHE WÄRME GESPÜRT.
ICH BIN SEHR FROH...
... DICH VOR MEINEM ENDE GETROFFEN ZU HABEN.

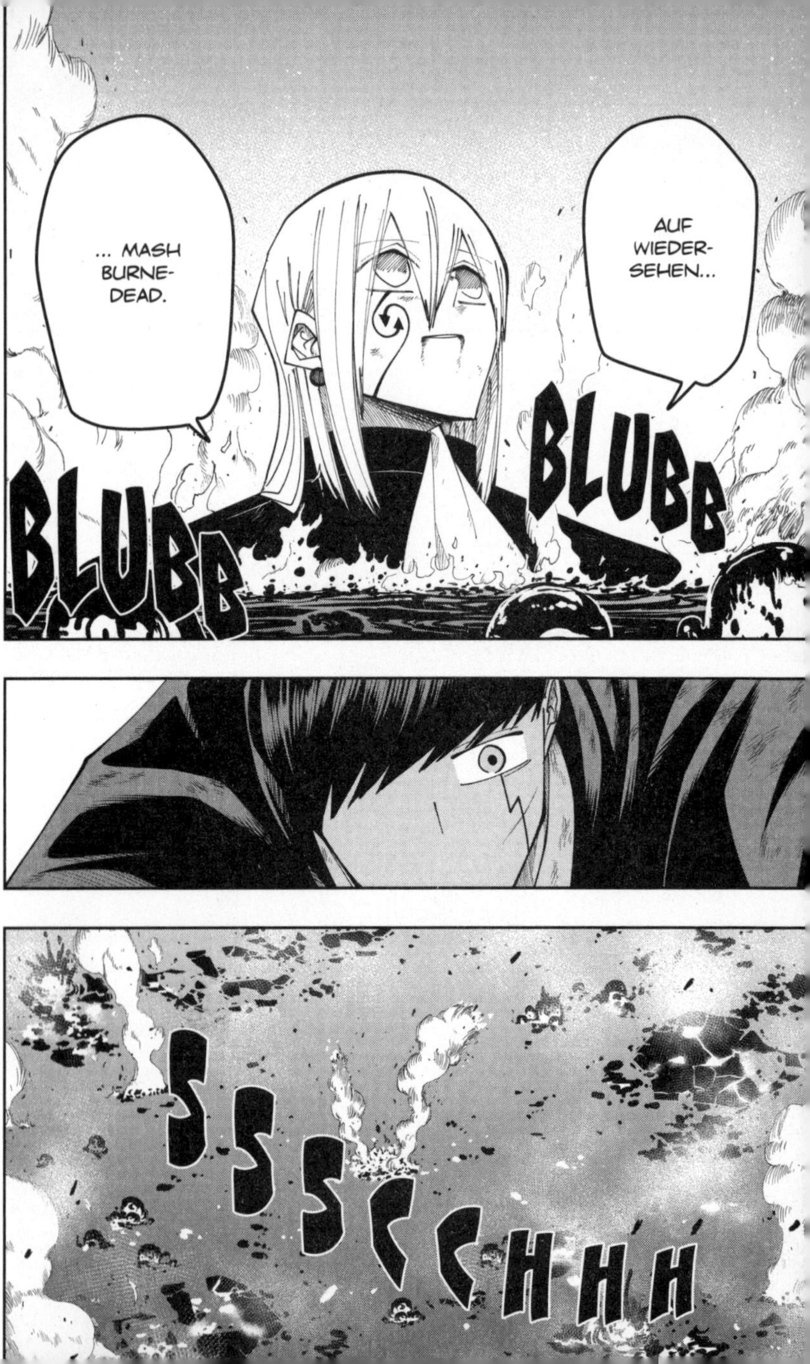
AUF WIEDER-SEHEN...
... MASH BURNE-DEAD.
BLUBB
BLUBB
SSSSCHHH

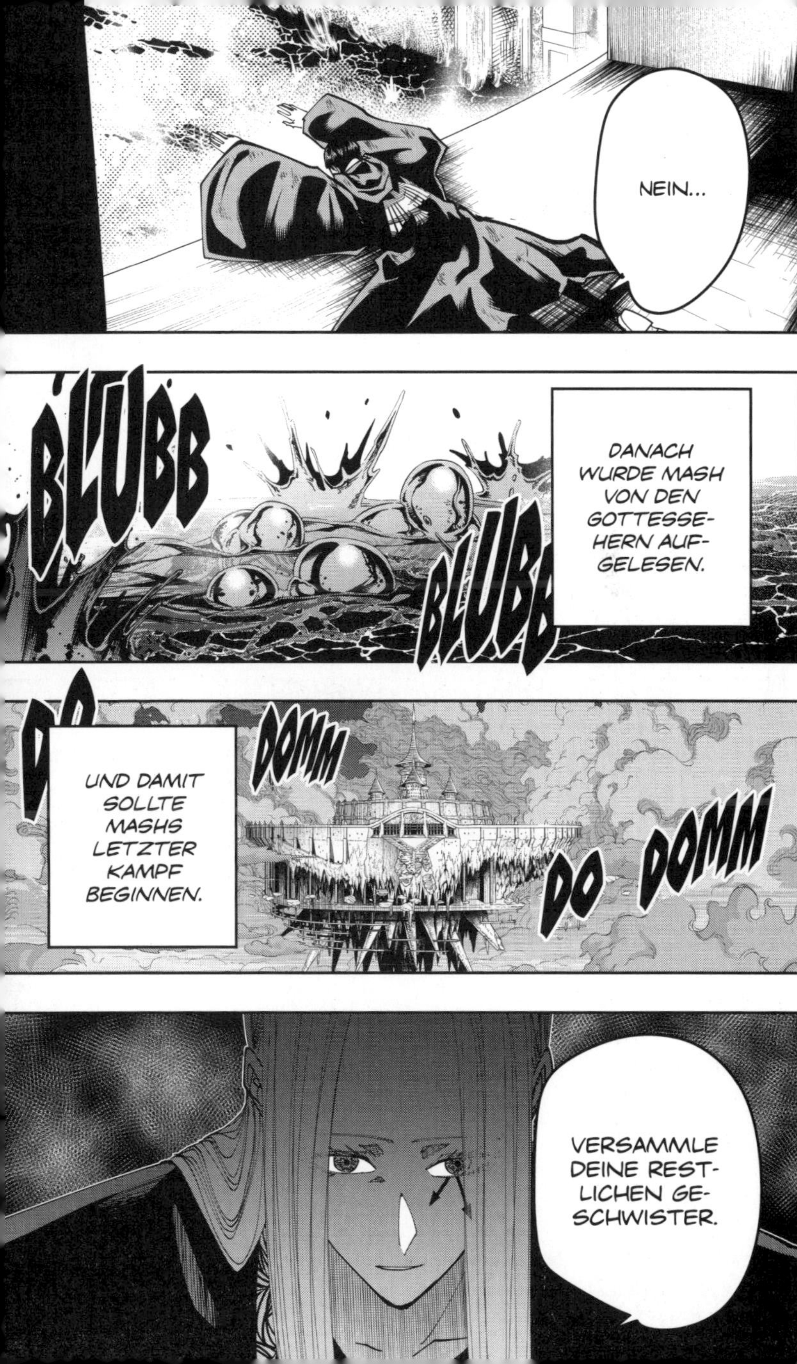
NEIN...
DANACH WURDE MASH VON DEN GOTTESSE-HERN AUF-GELESEN.
BLUBB
BLUBB
DO DOMM
DOMM
DO
UND DAMIT SOLLTE MASHS LETZTER KAMPF BEGINNEN.
VERSAMMLE DEINE REST-LICHEN GE-SCHWISTER.

An alle, die diesen Band gekauft haben!

Vielen Dank!! Könnt ihr es glauben? Mashle bekommt… eine Anime□Adaption*!! Wow!! Das ist alles eurer Unterstützung zu verdanken. Ich bin so dankbar und gerührt. Ich hatte keine Ahnung, dass die Geschichte so populär werden würde. Ich danke euch von ganzem Herzen!!
Apropos Anime: Als ich klein war, war ich Fan von Yu□Gi□Oh! und Zatch Bell! Ich habe mich jede Woche darauf gefreut, die Folgen im Fernsehen zu gucken. Heute geht alles über Streamingdienste. Deshalb fühle ich mich umso mehr geehrt, dass es einen Anime gibt!

* ANM. DER REDAKTION: DIESER BAND ERSCHIEN IN JAPAN BEREITS IM SOMMER 2022

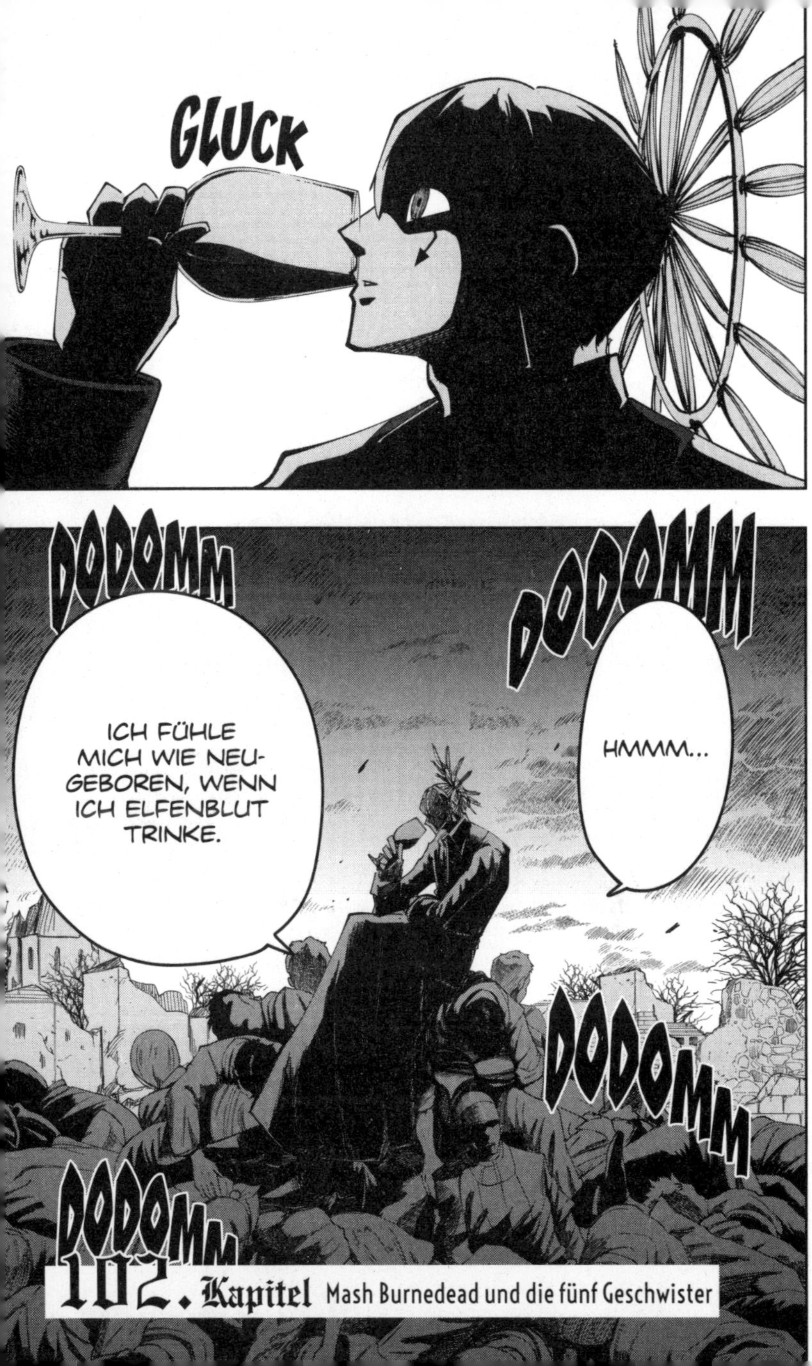
GLUCK
DODOMM
HMMM...
DODOMM
ICH FÜHLE MICH WIE NEU-GEBOREN, WENN ICH ELFENBLUT TRINKE.
DODOMM
DODOMM
102. Kapitel Mash Burnedead und die fünf Geschwister

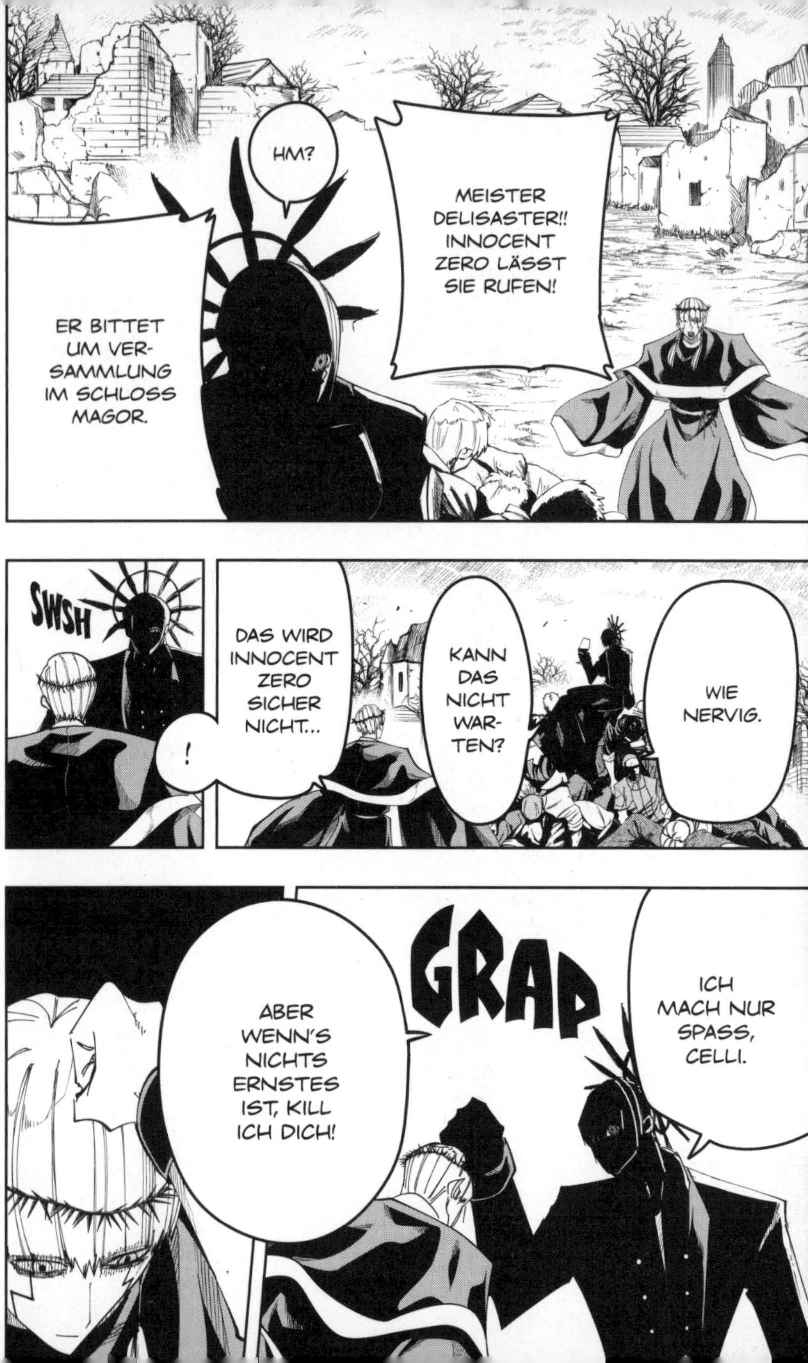
MEISTER DELISASTER!! INNOCENT ZERO LÄSST SIE RUFEN!
HM?
ER BITTET UM VER-SAMMLUNG IM SCHLOSS MAGOR.
WIE NERVIG.
KANN DAS NICHT WAR-TEN?
DAS WIRD INNOCENT ZERO SICHER NICHT...
!
SWSH
ICH MACH NUR SPASS, CELLI.
GRAP
ABER WENN'S NICHTS ERNSTES IST, KILL ICH DICH!

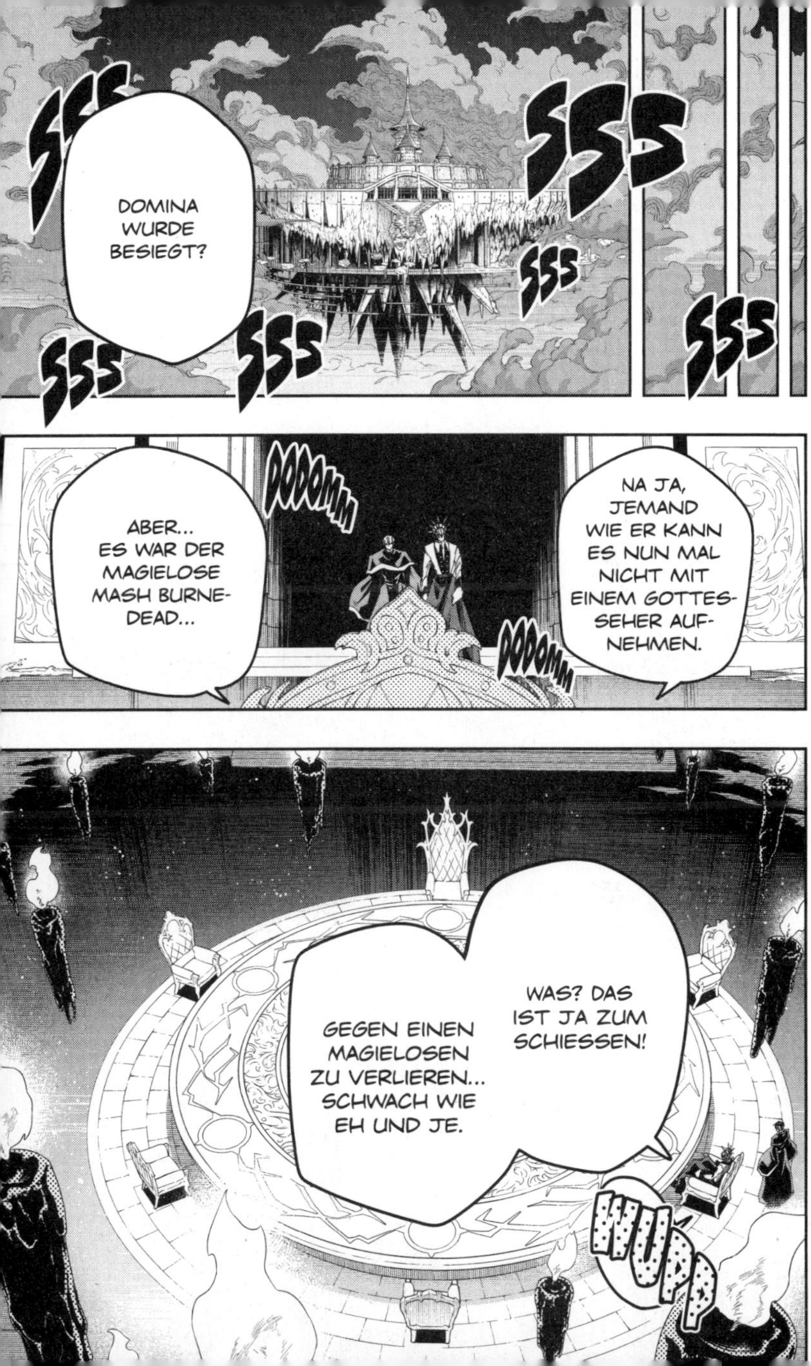
SSS
SSS
DOMINA WURDE BESIEGT?
SSS
SSS
SSS
SSS
DODOMM
ABER... ES WAR DER MAGIELOSE MASH BURNE-DEAD...
NA JA, JEMAND WIE ER KANN ES NUN MAL NICHT MIT EINEM GOTTES-SEHER AUF-NEHMEN.
DODOMM
WAS? DAS IST JA ZUM SCHIESSEN!
GEGEN EINEN MAGIELOSEN ZU VERLIEREN... SCHWACH WIE EH UND JE.
WUPP

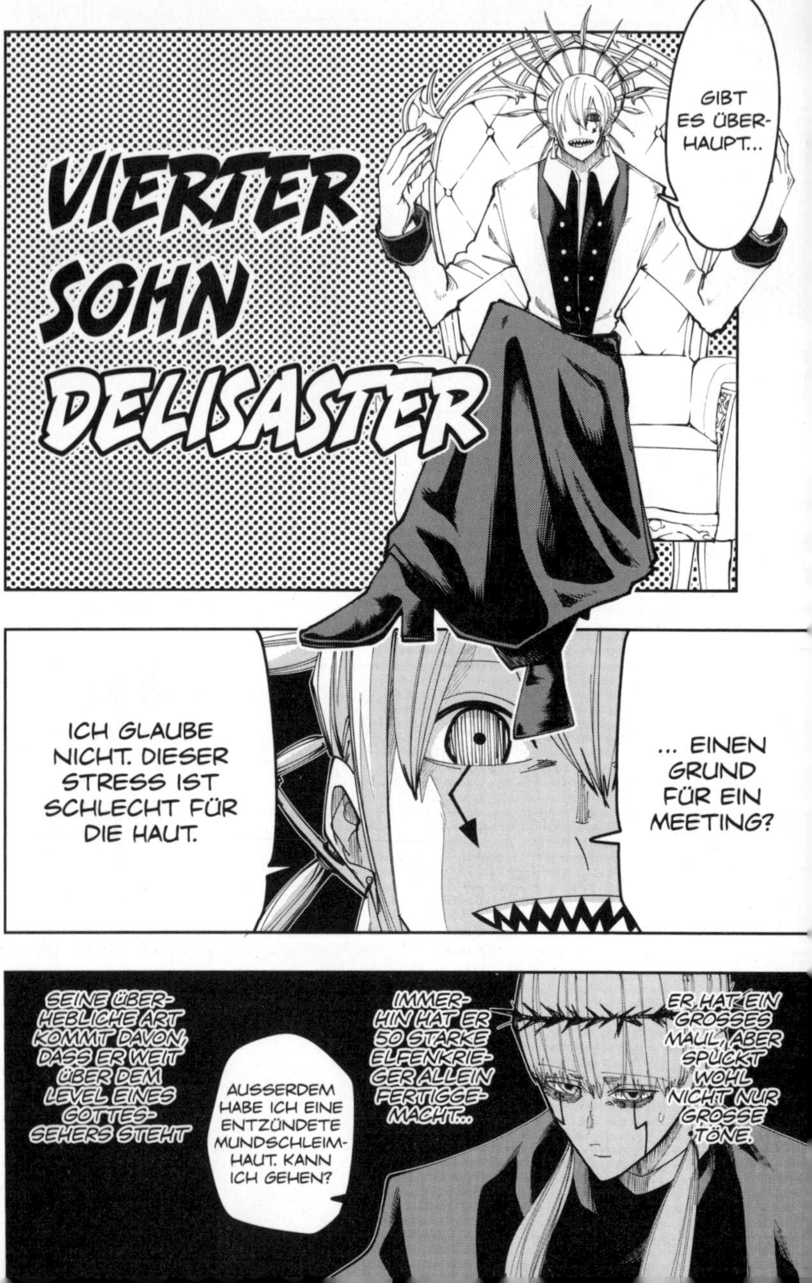
GIBT ES ÜBERHAUPT...
VIERTER SOHN DELISASTER
... EINEN GRUND FÜR EIN MEETING?
ICH GLAUBE NICHT. DIESER STRESS IST SCHLECHT FÜR DIE HAUT.
ER HAT EIN GROSSES MAUL, ABER SPUCKT WOHL NICHT NUR GROSSE TÖNE.
IMMERHIN HAT ER 50 STARKE ELFENKRIEGER ALLEIN FERTIGGEMACHT...
AUSSERDEM HABE ICH EINE ENTZÜNDETE MUNDSCHLEIMHAUT. KANN ICH GEHEN?
SEINE ÜBERHEBLICHE ART KOMMT DAVON, DASS ER WEIT ÜBER DEM LEVEL EINES GOTTESSEHERS STEHT

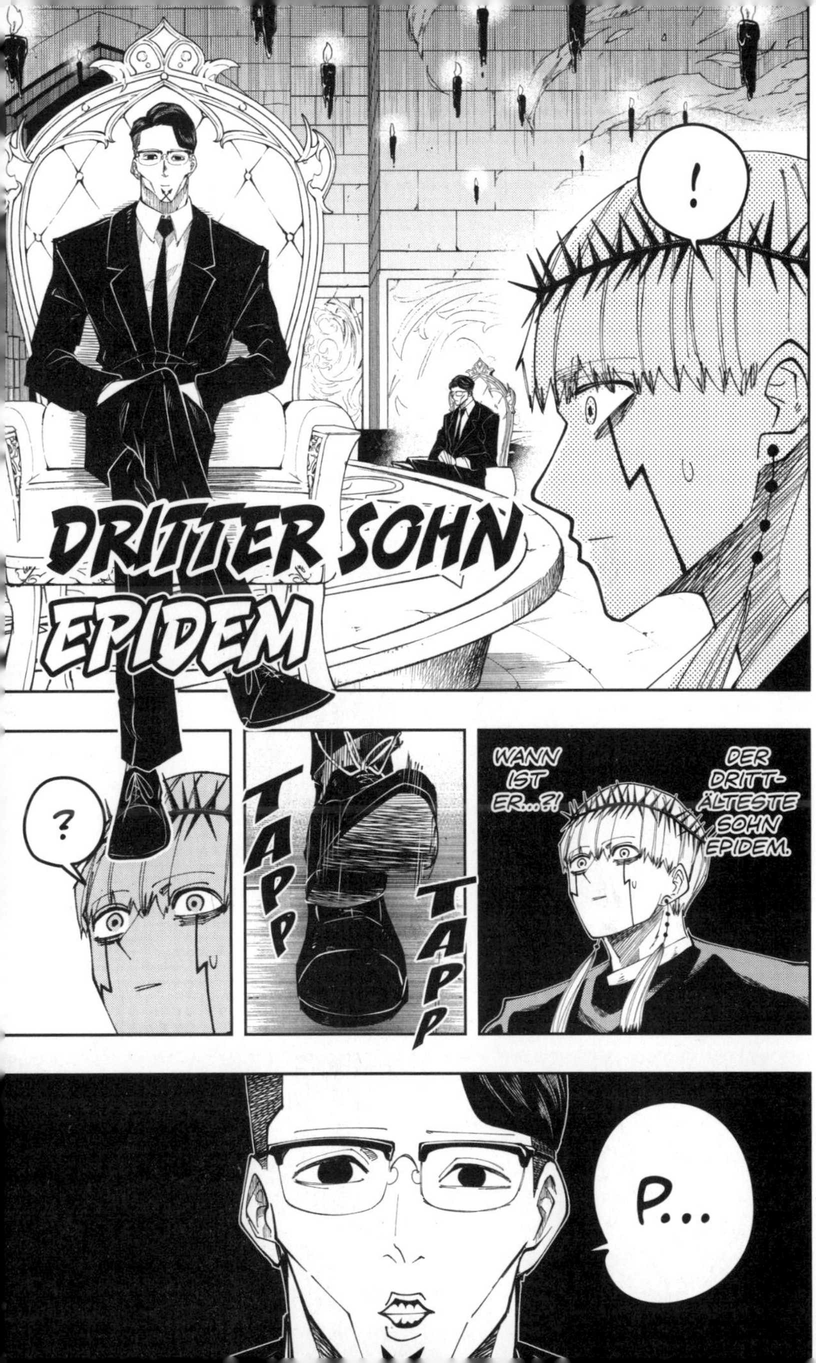
!
DRITTER SOHN EPIDEM
DER DRITT-ÄLTESTE SOHN EPIDEM.
WANN IST ER...?!
TAPP
TAPP
?
P...

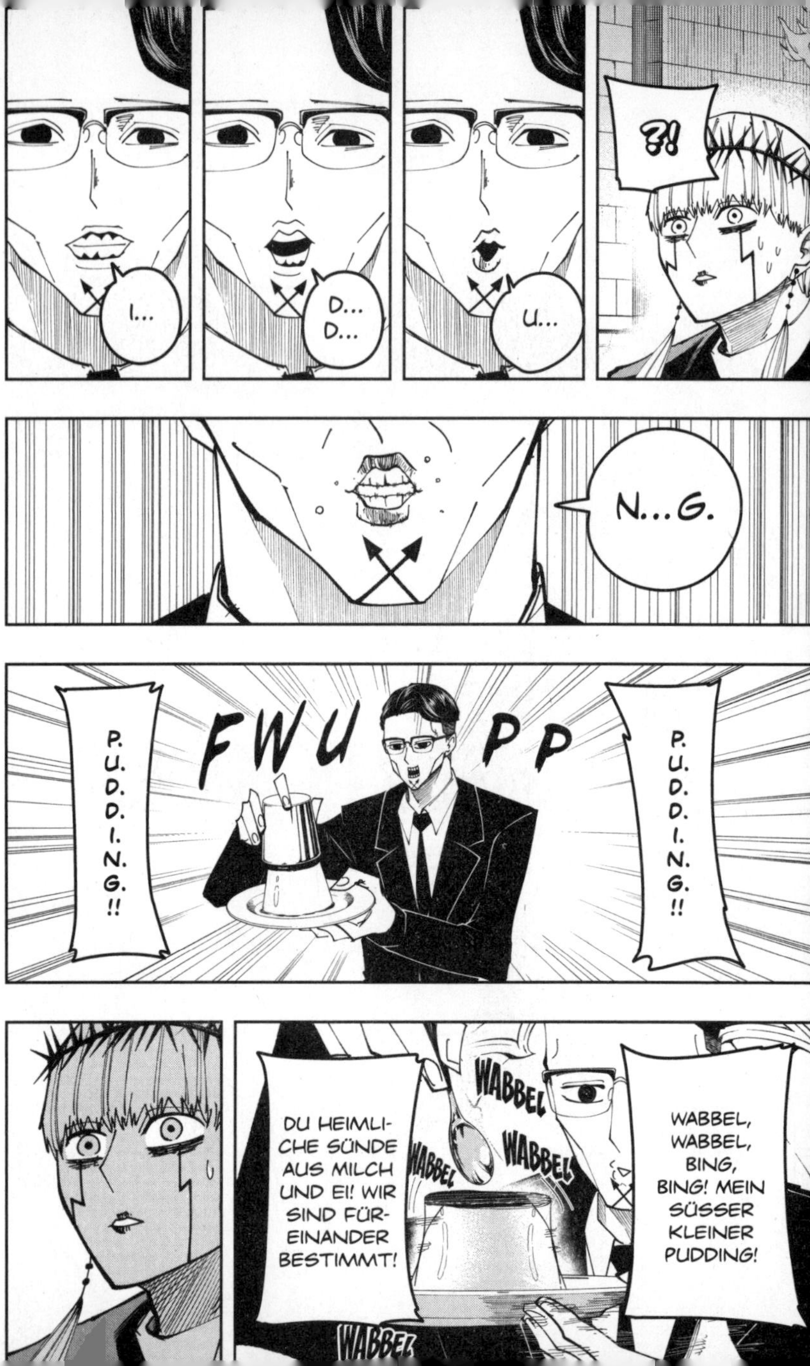
?!
U...
D...
D...
I...
N...G.
P.
U.
D.
D.
I.
N.
G.!!
FWUPP
P.
U.
D.
D.
I.
N.
G.!!
WABBEL, WABBEL, BING, BING! MEIN SÜSSER KLEINER PUDDING!
WABBEL
WABBEL
WABBEL
DU HEIMLICHE SÜNDE AUS MILCH UND EI! WIR SIND FÜREINANDER BESTIMMT!
WABBEL

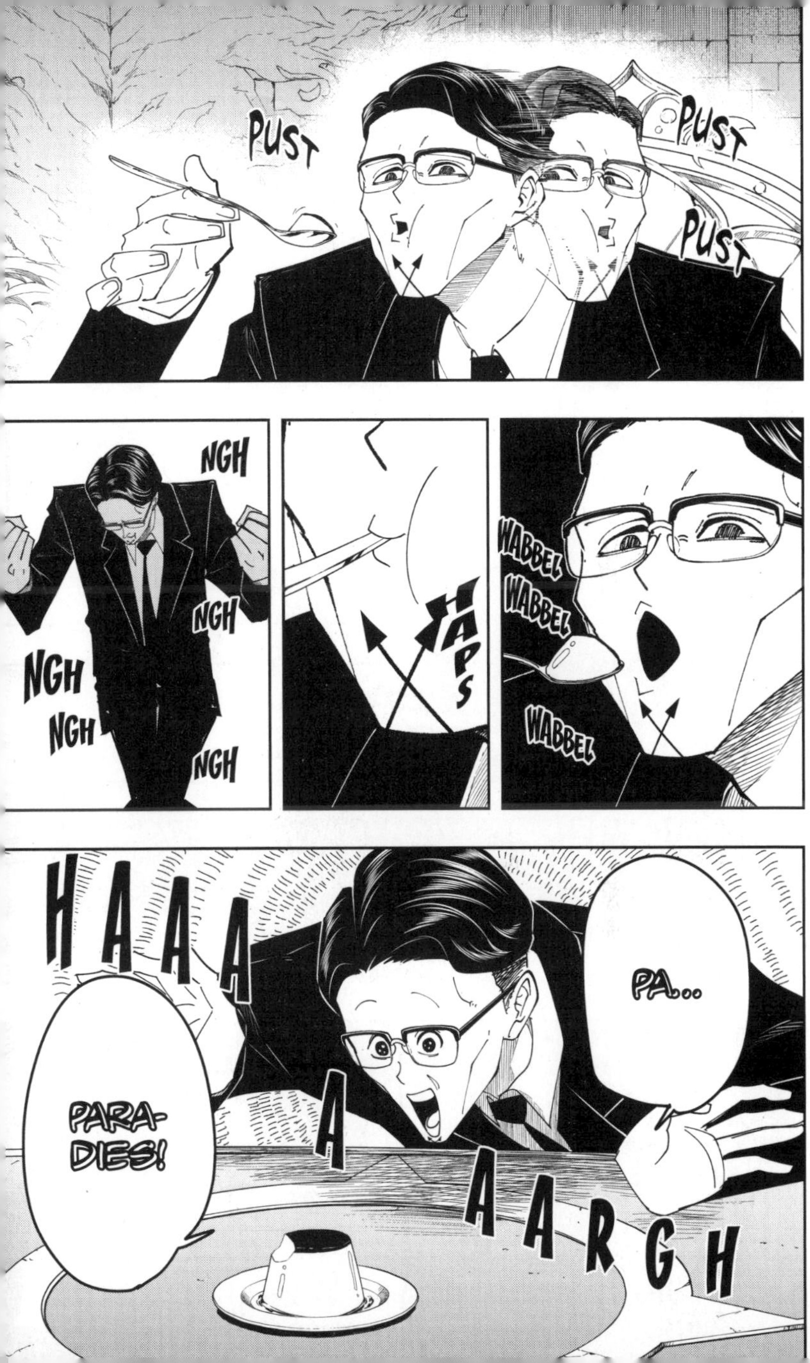

PUST
PUST
PUST
NGH
NGH
NGH
NGH
NGH
HAPS
WABBEL
WABBEL
WABBEL
PA...
HAAAA
PARA-DIES!
AAARGH

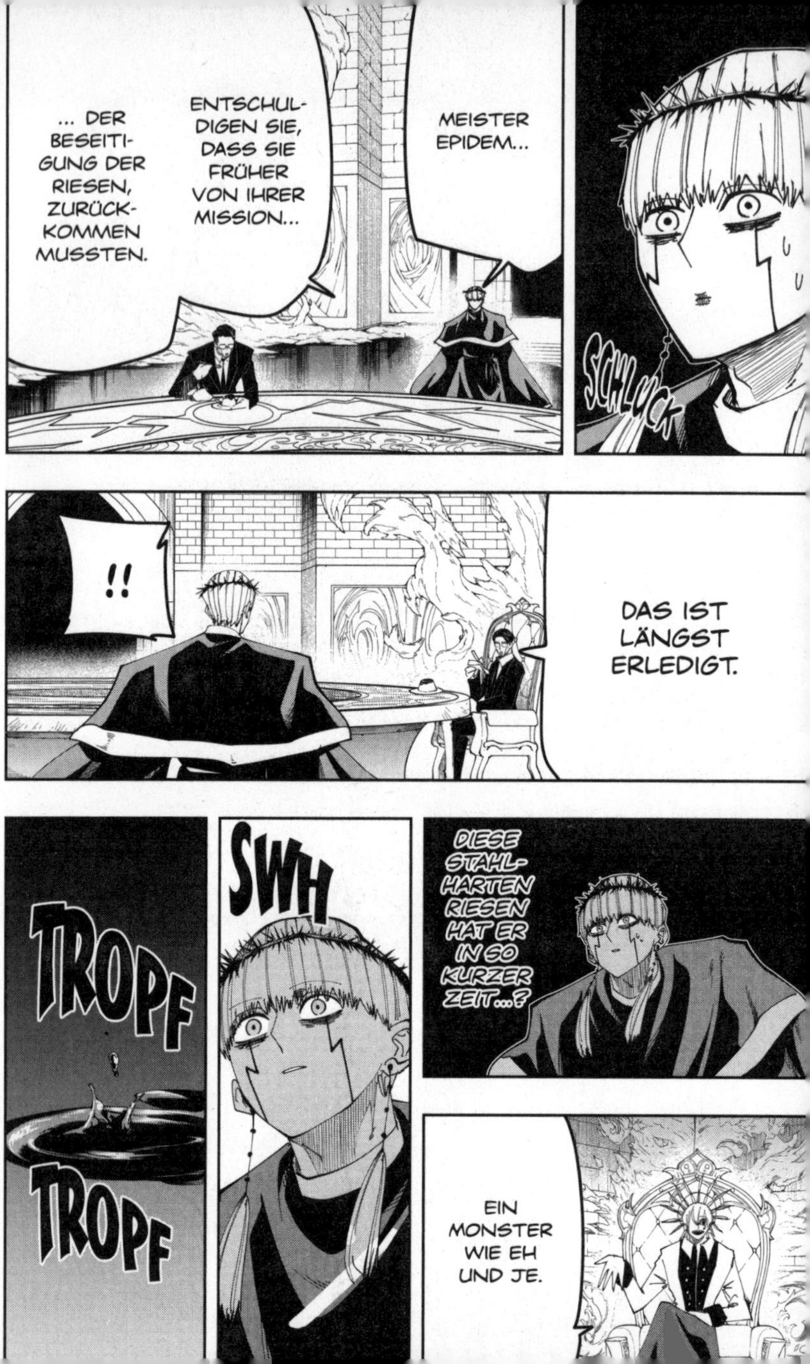
MEISTER EPIDEM...
ENTSCHULDIGEN SIE, DASS SIE FRÜHER VON IHRER MISSION...
... DER BESEITIGUNG DER RIESEN, ZURÜCKKOMMEN MUSSTEN.
SCHLUCK
DAS IST LÄNGST ERLEDIGT.
!!
DIESE STAHLHARTEN RIESEN HAT ER IN SO KURZER ZEIT...?
SWH
TROPF
TROPF
EIN MONSTER WIE EH UND JE.

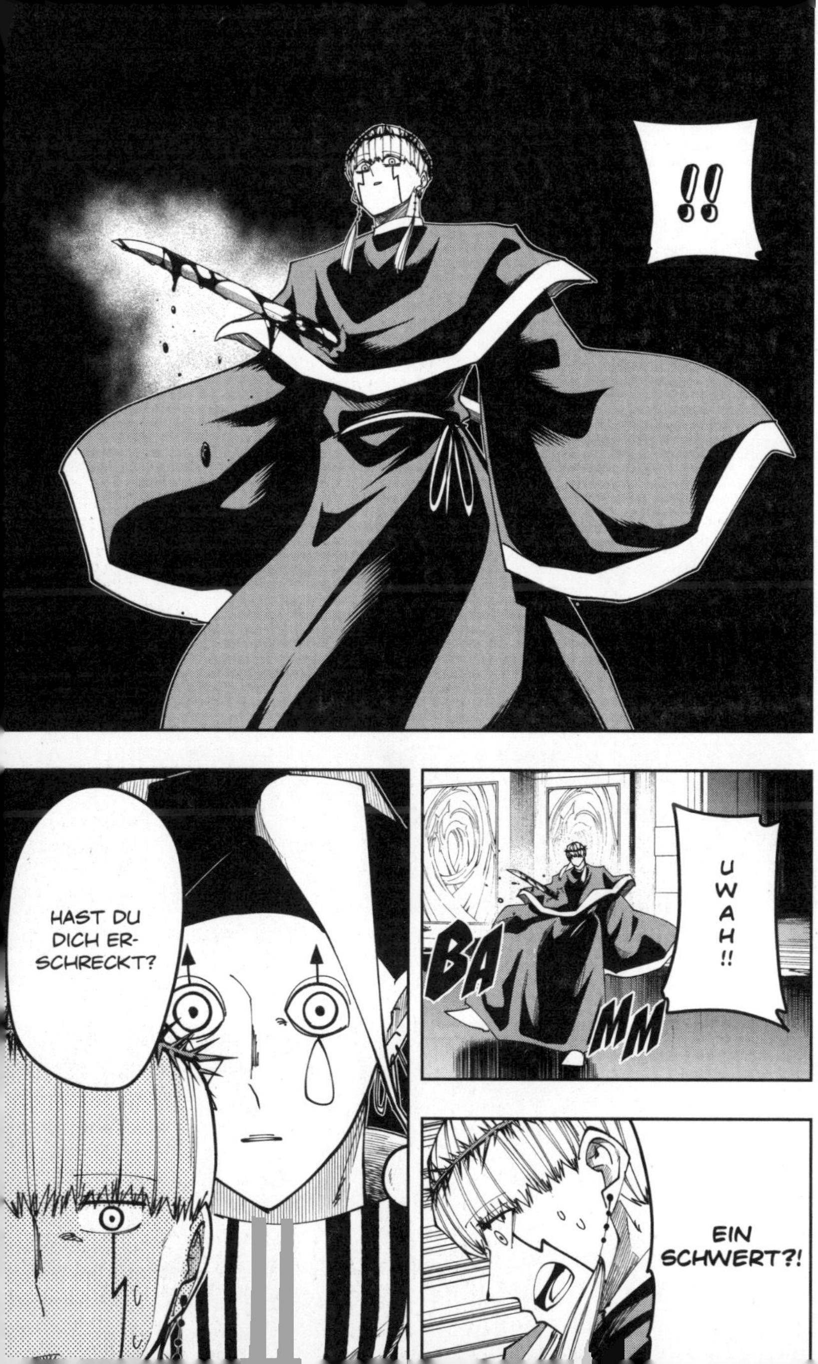
!!
UWAH!!
BAMM
EIN SCHWERT?!
HAST DU DICH ER-SCHRECKT?

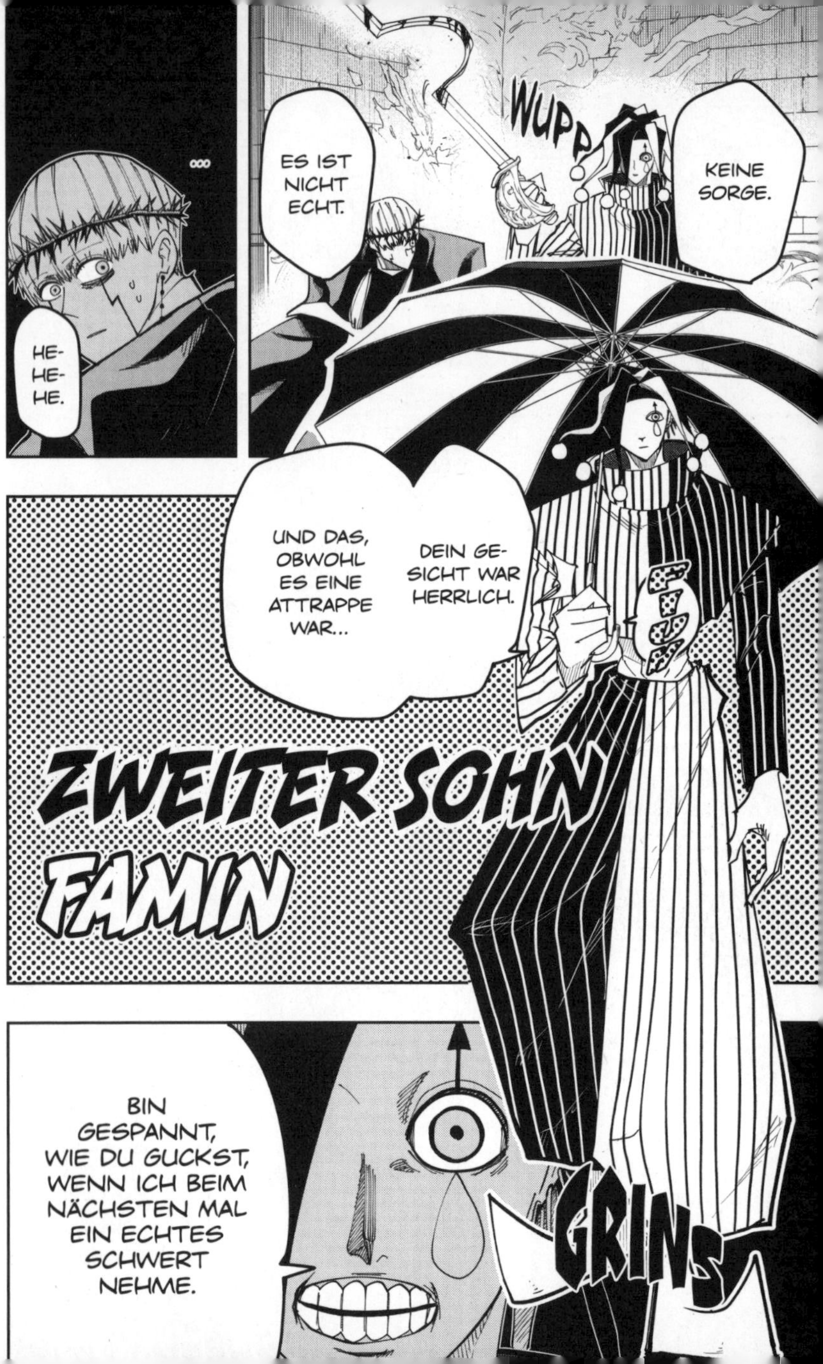
WUPP
KEINE SORGE.
ES IST NICHT ECHT.
...
HE-HE-HE.
DEIN GESICHT WAR HERRLICH.
UND DAS, OBWOHL ES EINE ATTRAPPE WAR...
ZWEITER SOHN FAMIN
GRINS
BIN GESPANNT, WIE DU GUCKST, WENN ICH BEIM NÄCHSTEN MAL EIN ECHTES SCHWERT NEHME.

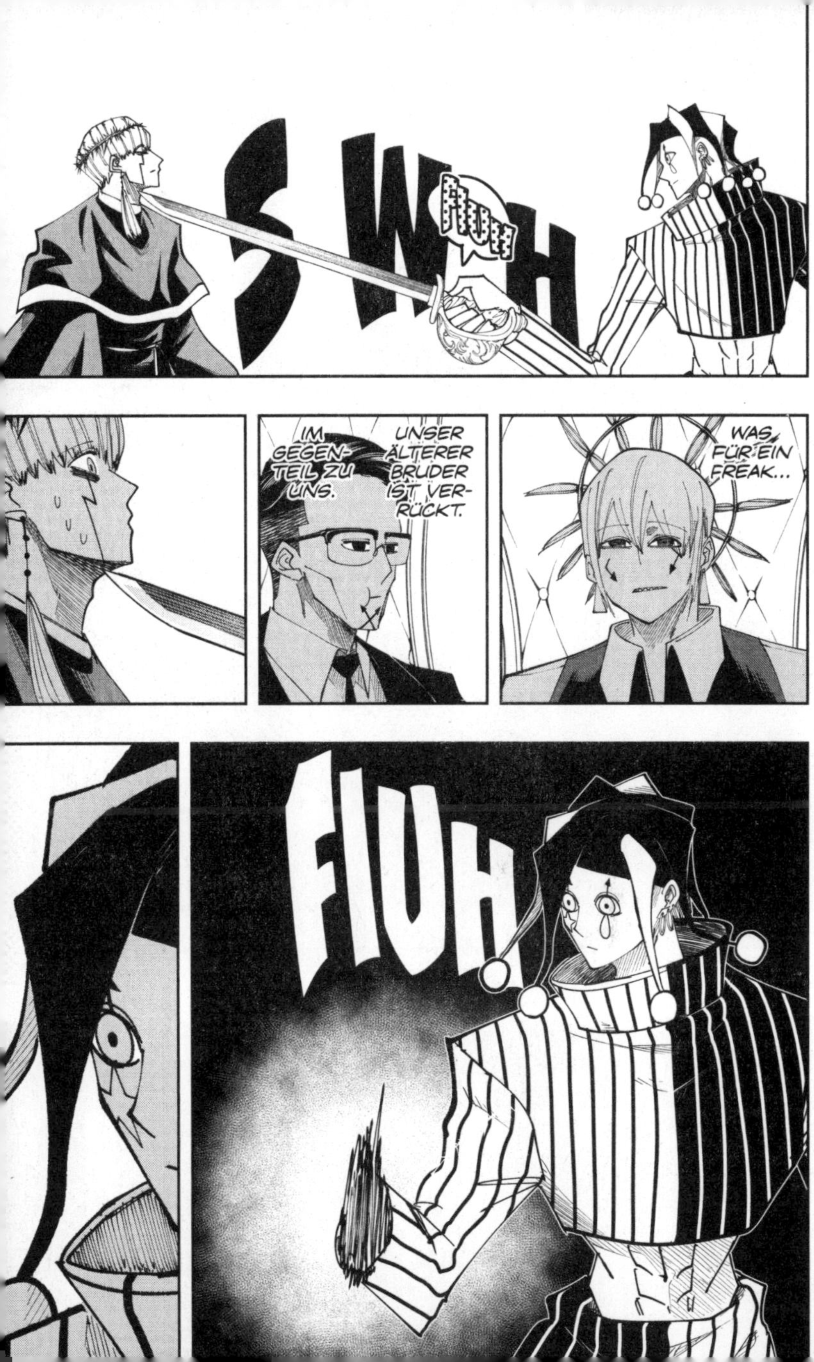
SWH
WAS FÜR EIN FREAK...
UNSER ÄLTERER BRUDER IST VER-RÜCKT.
IM GEGEN-TEIL ZU UNS.
FIUH

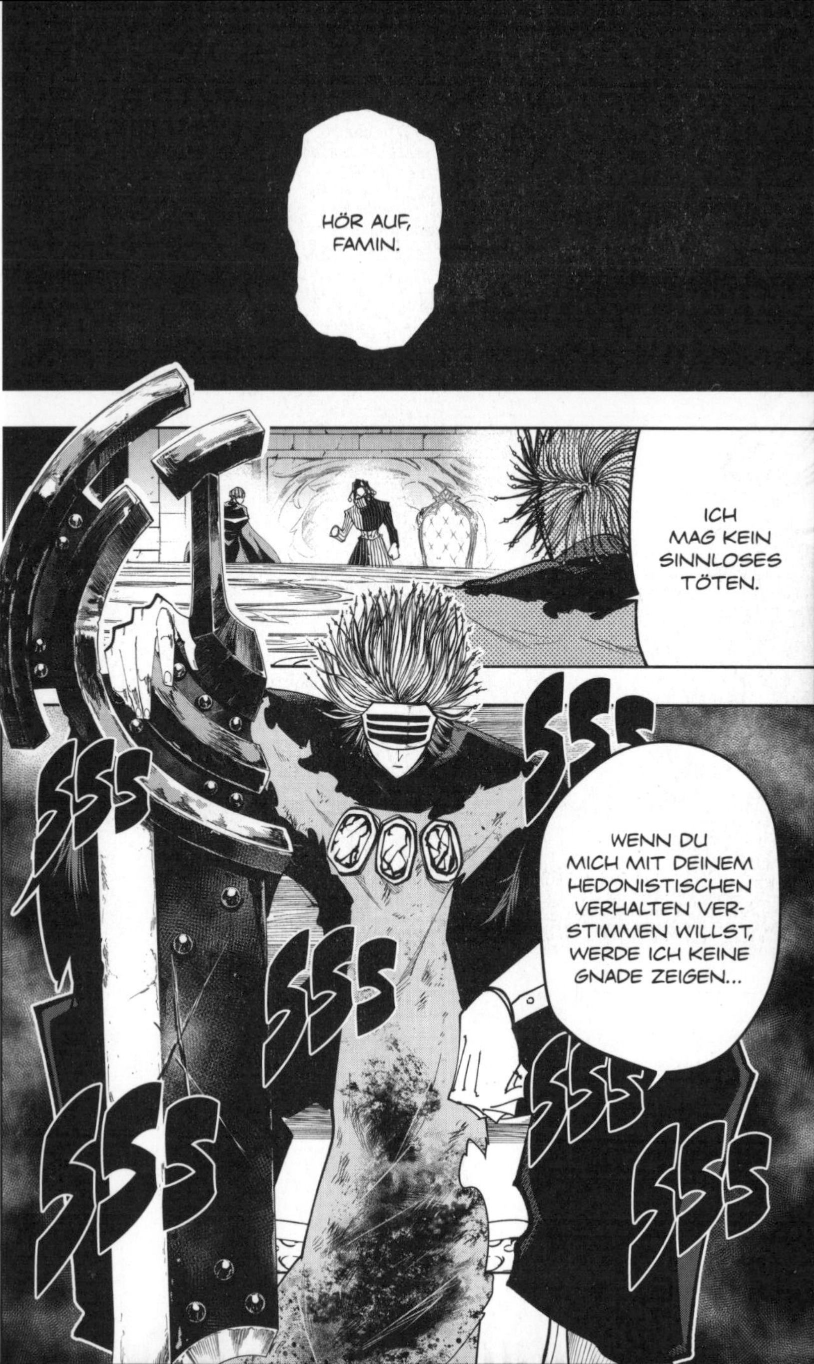
HÖR AUF, FAMIN.
ICH MAG KEIN SINNLOSES TÖTEN.
WENN DU MICH MIT DEINEM HEDONISTISCHEN VERHALTEN VER-STIMMEN WILLST, WERDE ICH KEINE GNADE ZEIGEN...
SSS
SSS
SSS
SSS
SSS
SSS

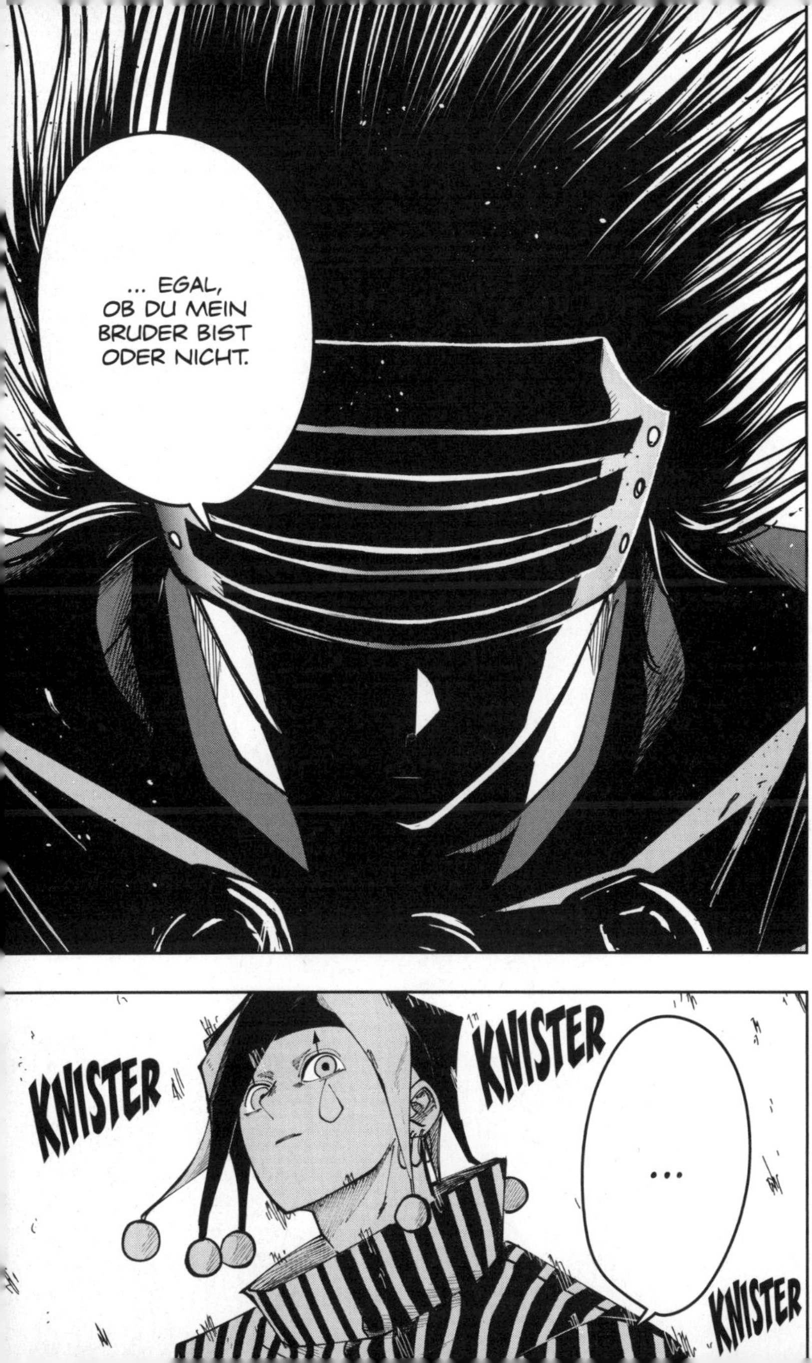
... EGAL, OB DU MEIN BRUDER BIST ODER NICHT.
KNISTER
...
KNISTER
KNISTER

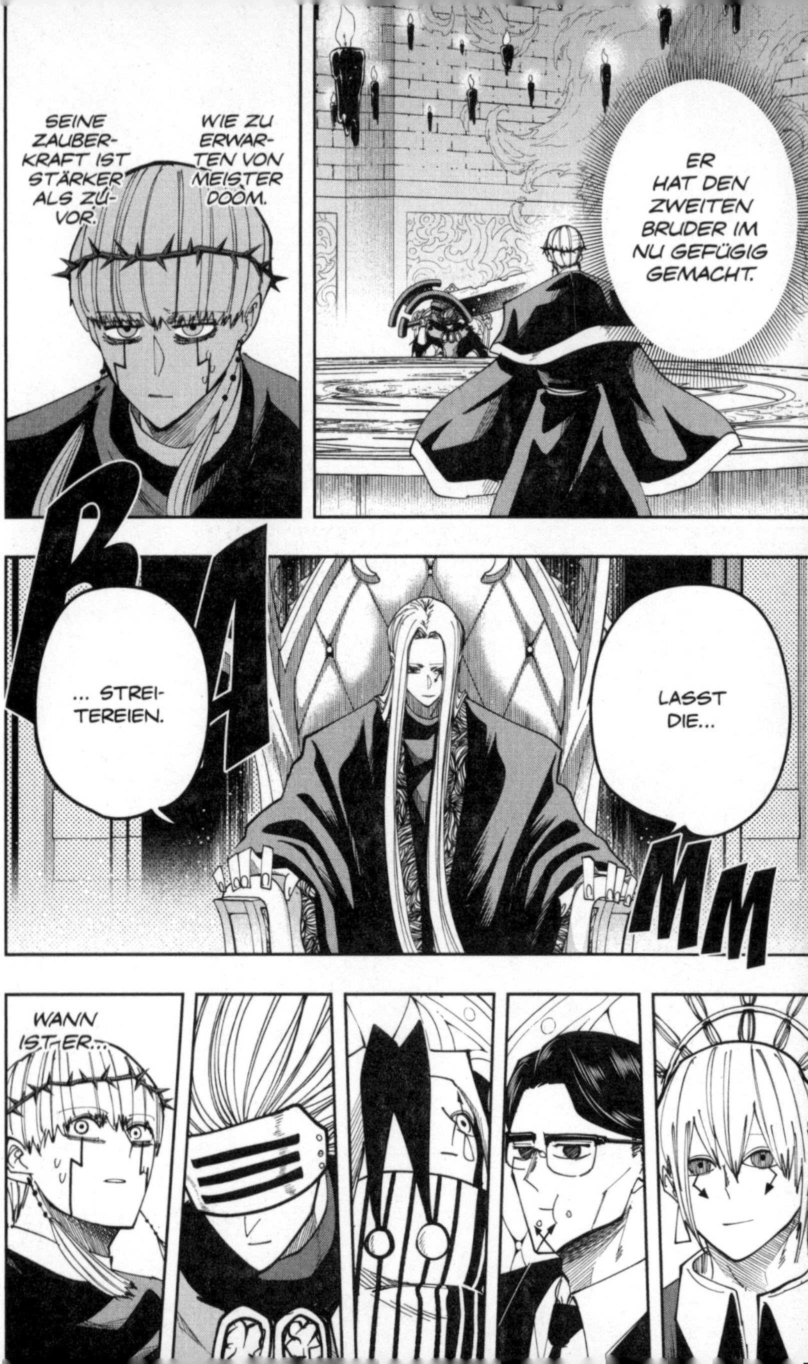
ER HAT DEN ZWEITEN BRUDER IM NU GEFÜGIG GEMACHT.
WIE ZU ERWARTEN VON MEISTER DOOM.
SEINE ZAUBERKRAFT IST STÄRKER ALS ZUVOR.
BAMM
LASST DIE...
... STREITEREIEN.
WANN IST ER...

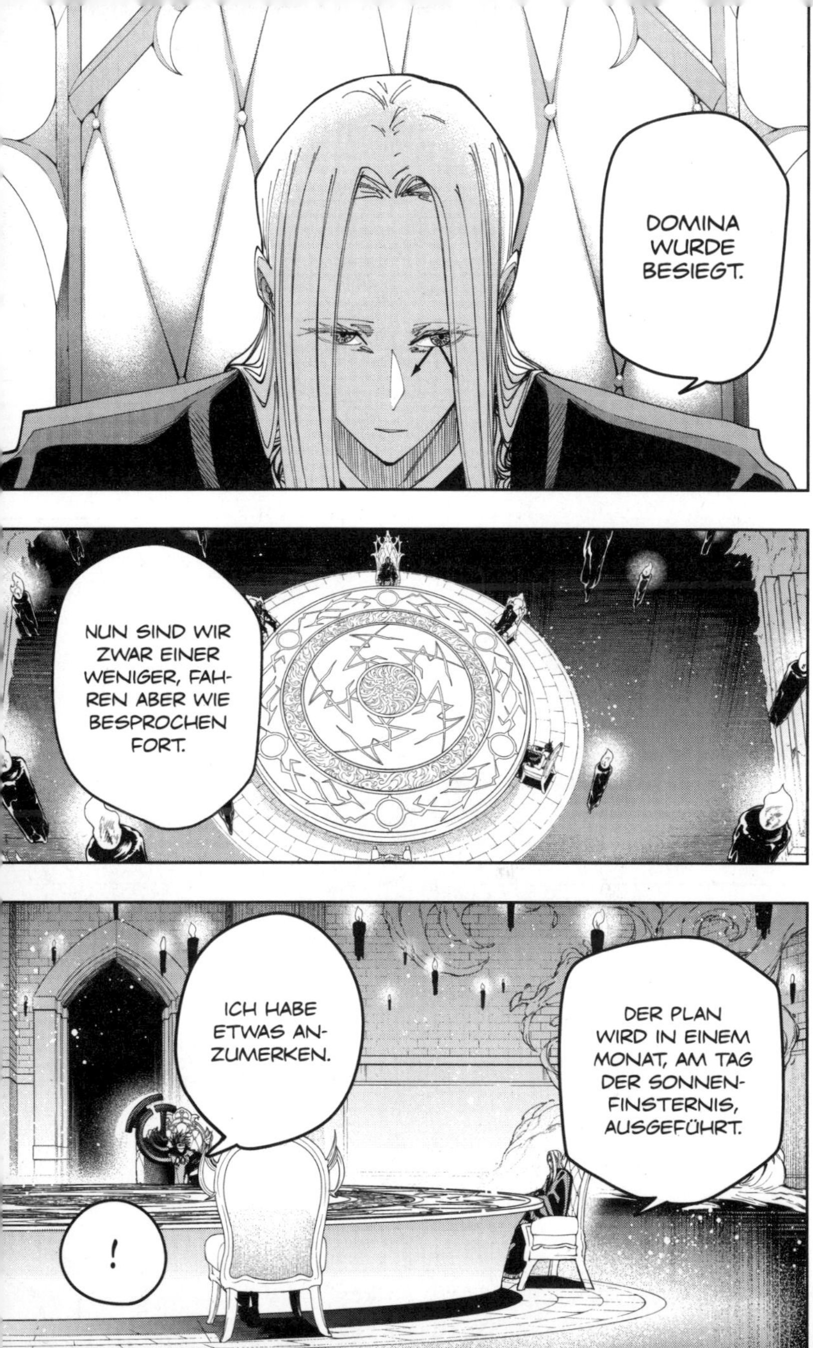
DOMINA WURDE BESIEGT.
NUN SIND WIR ZWAR EINER WENIGER, FAHREN ABER WIE BESPROCHEN FORT.
DER PLAN WIRD IN EINEM MONAT, AM TAG DER SONNENFINSTERNIS, AUSGEFÜHRT.
ICH HABE ETWAS ANZUMERKEN.
!

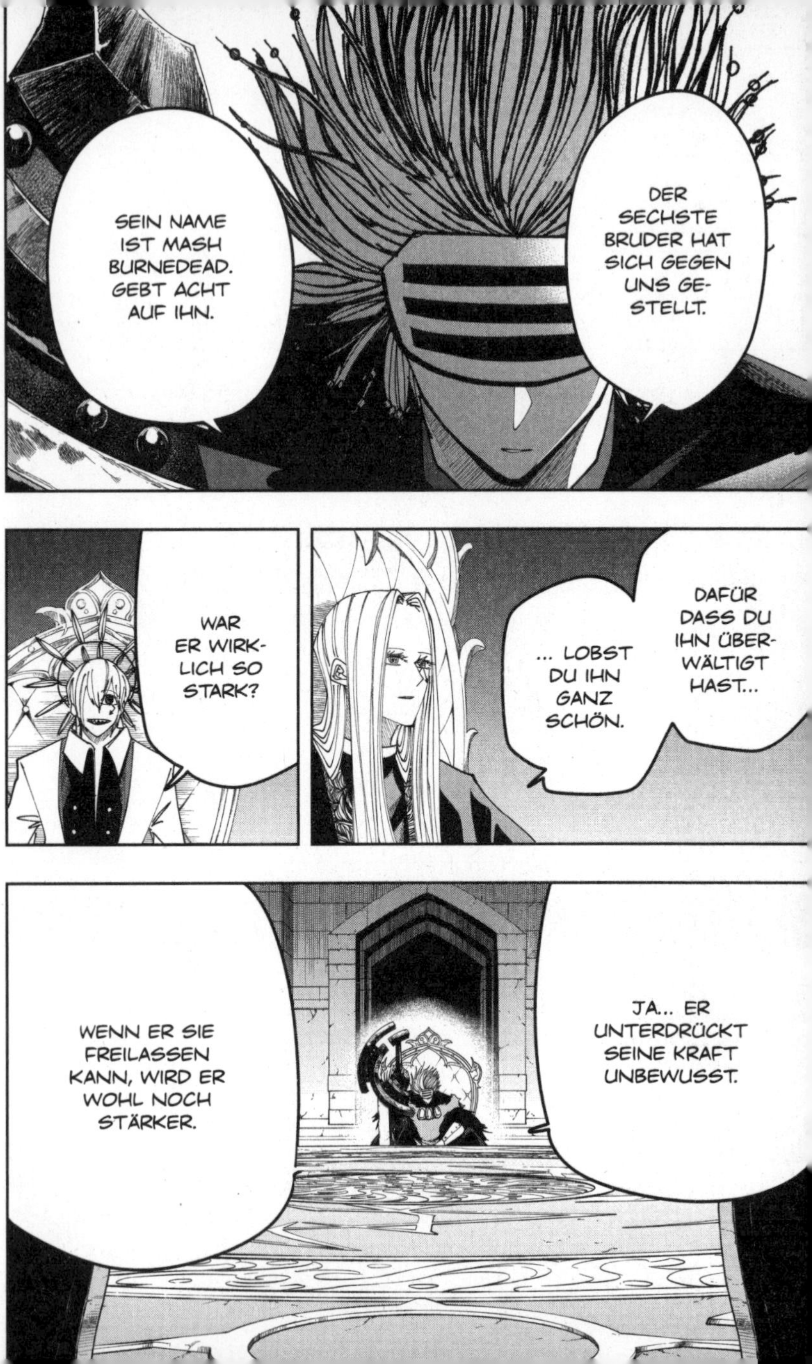
DER SECHSTE BRUDER HAT SICH GEGEN UNS GE-STELLT.
SEIN NAME IST MASH BURNEDEAD. GEBT ACHT AUF IHN.
DAFÜR DASS DU IHN ÜBER-WÄLTIGT HAST...
... LOBST DU IHN GANZ SCHÖN.
WAR ER WIRK-LICH SO STARK?
JA... ER UNTERDRÜCKT SEINE KRAFT UNBEWUSST.
WENN ER SIE FREILASSEN KANN, WIRD ER WOHL NOCH STÄRKER.

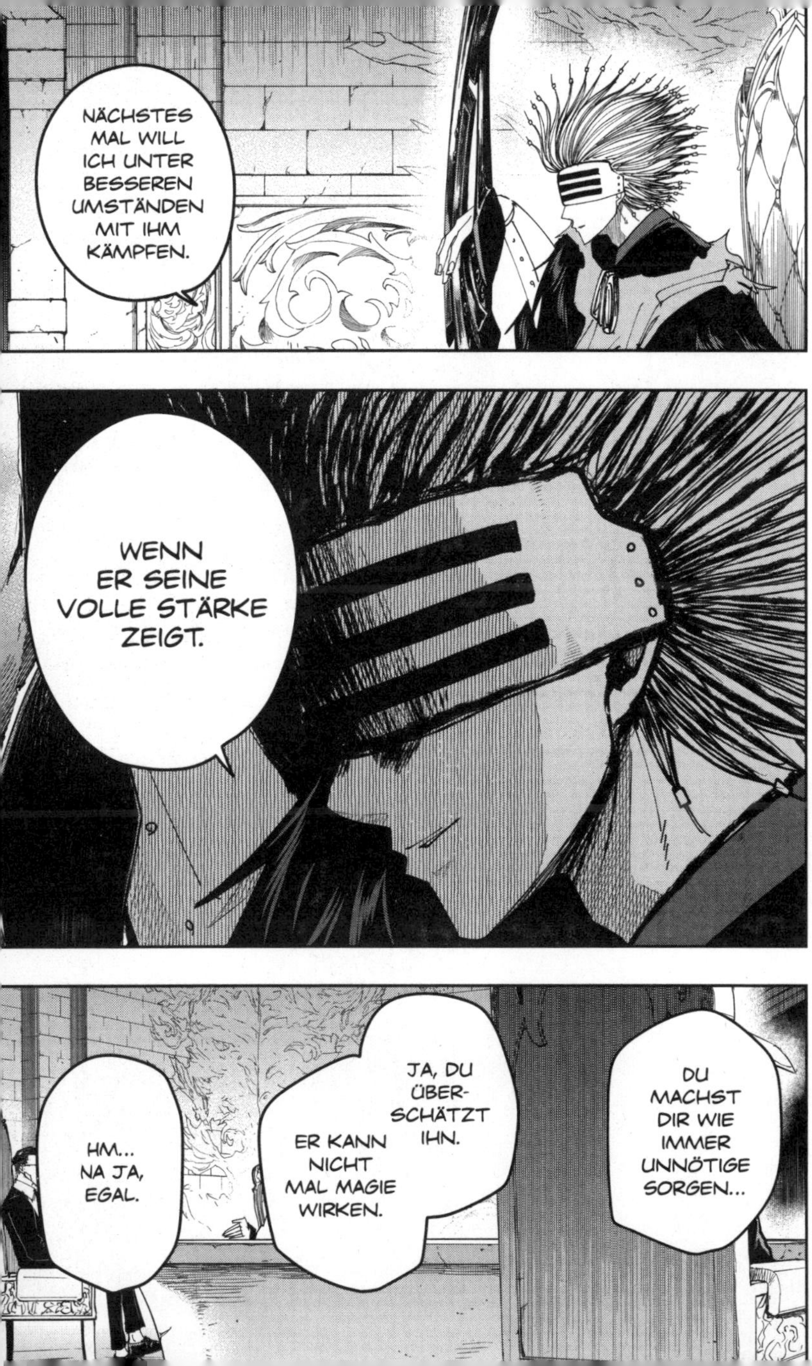
NÄCHSTES MAL WILL ICH UNTER BESSEREN UMSTÄNDEN MIT IHM KÄMPFEN.
WENN ER SEINE VOLLE STÄRKE ZEIGT.
DU MACHST DIR WIE IMMER UNNÖTIGE SORGEN...
JA, DU ÜBER-SCHÄTZT IHN.
ER KANN NICHT MAL MAGIE WIRKEN.
HM... NA JA, EGAL.

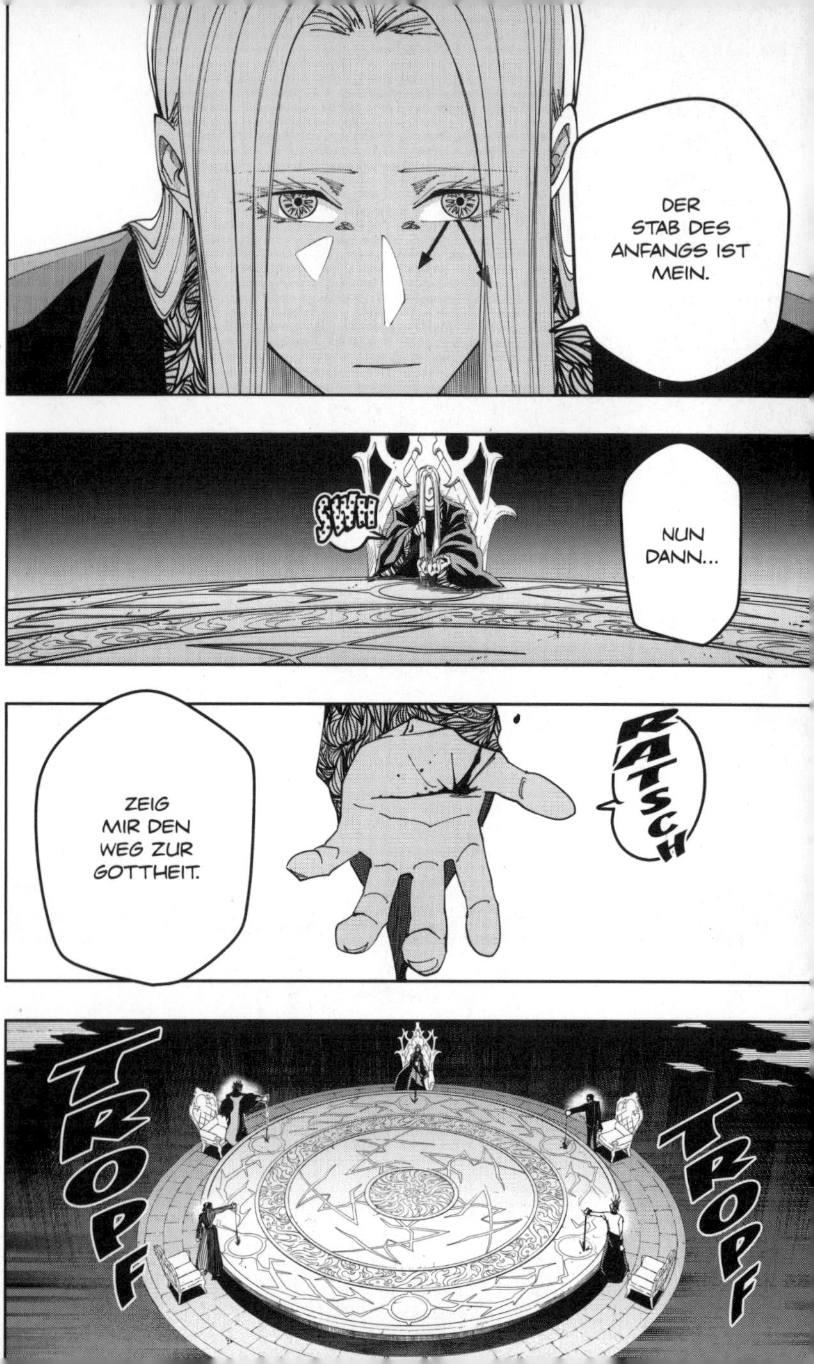
DER STAB DES ANFANGS IST MEIN.
NUN DANN…
SWH
ZEIG MIR DEN WEG ZUR GOTTHEIT.
RATSCH
TROPF
TROPF

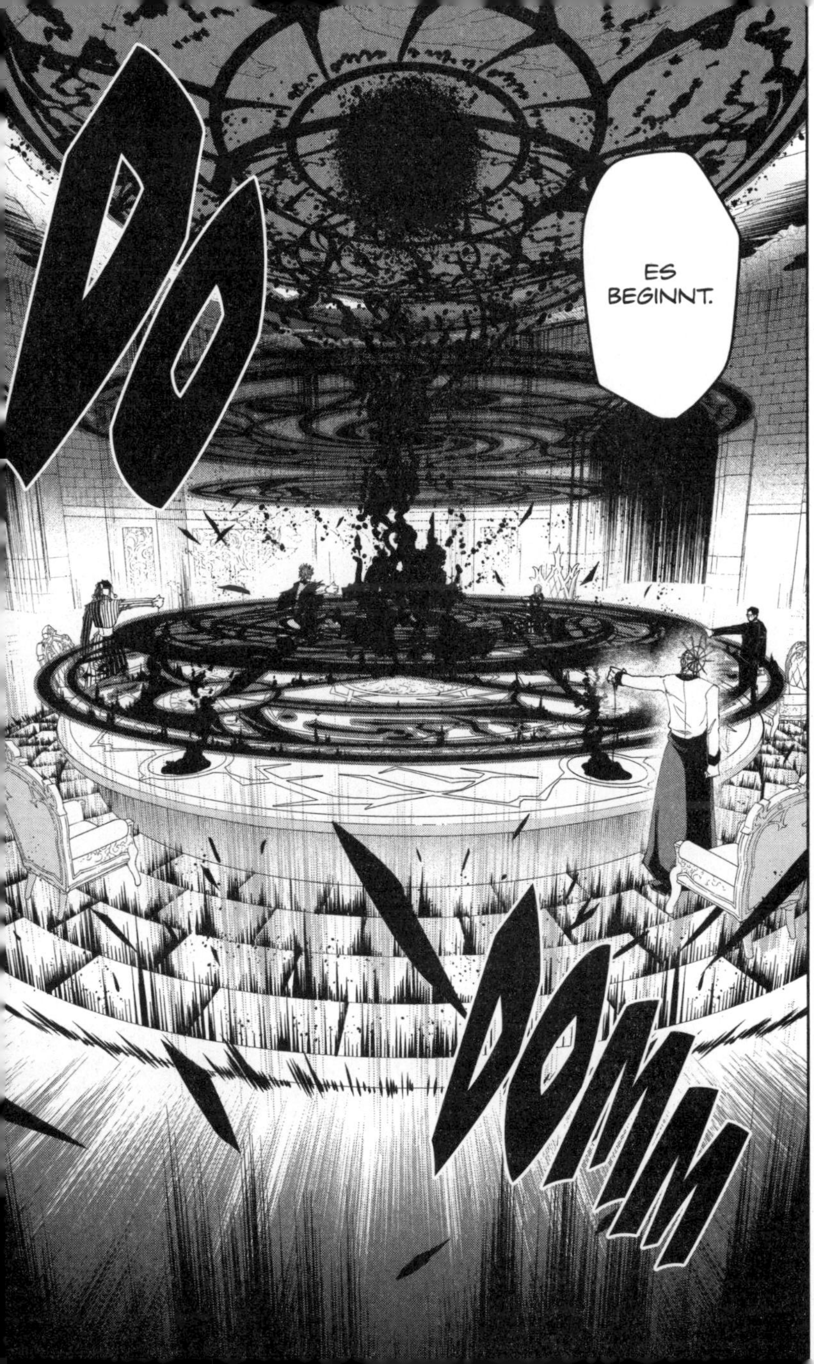
ES BEGINNT.
DOMM

Extra 1

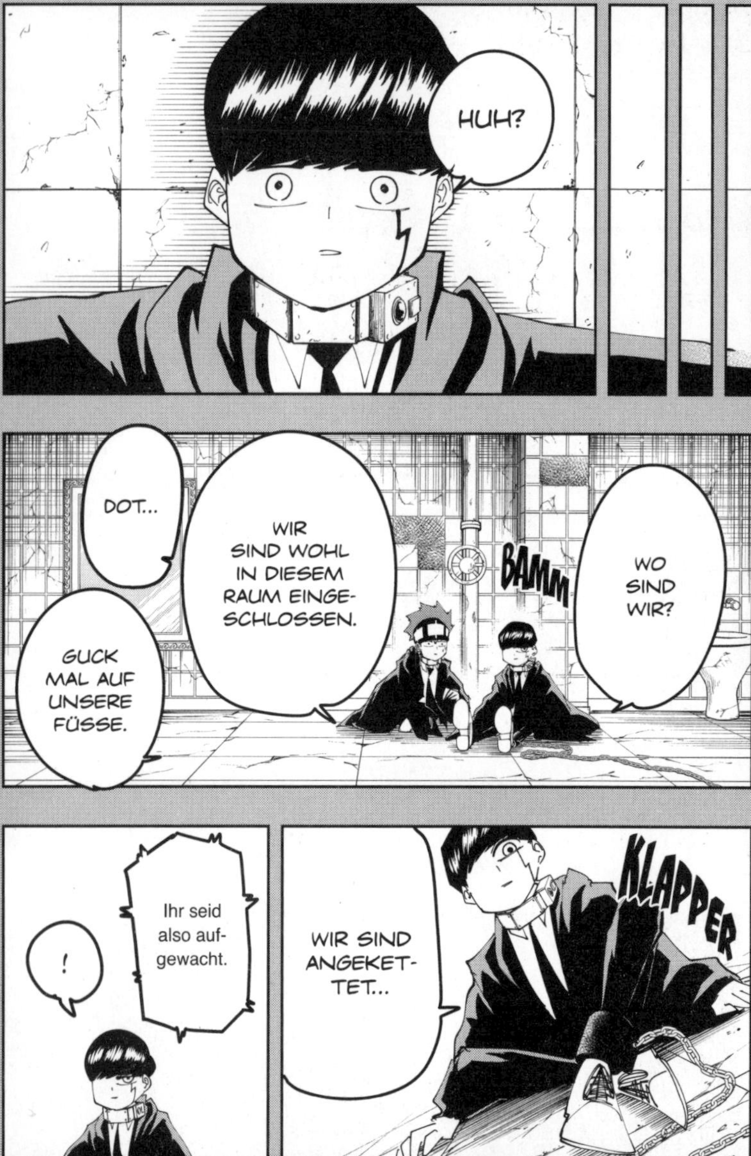

Fortsetzung auf Seite 64

103. Kapitel

Mash Burnedead und die Schmerzbehandlung

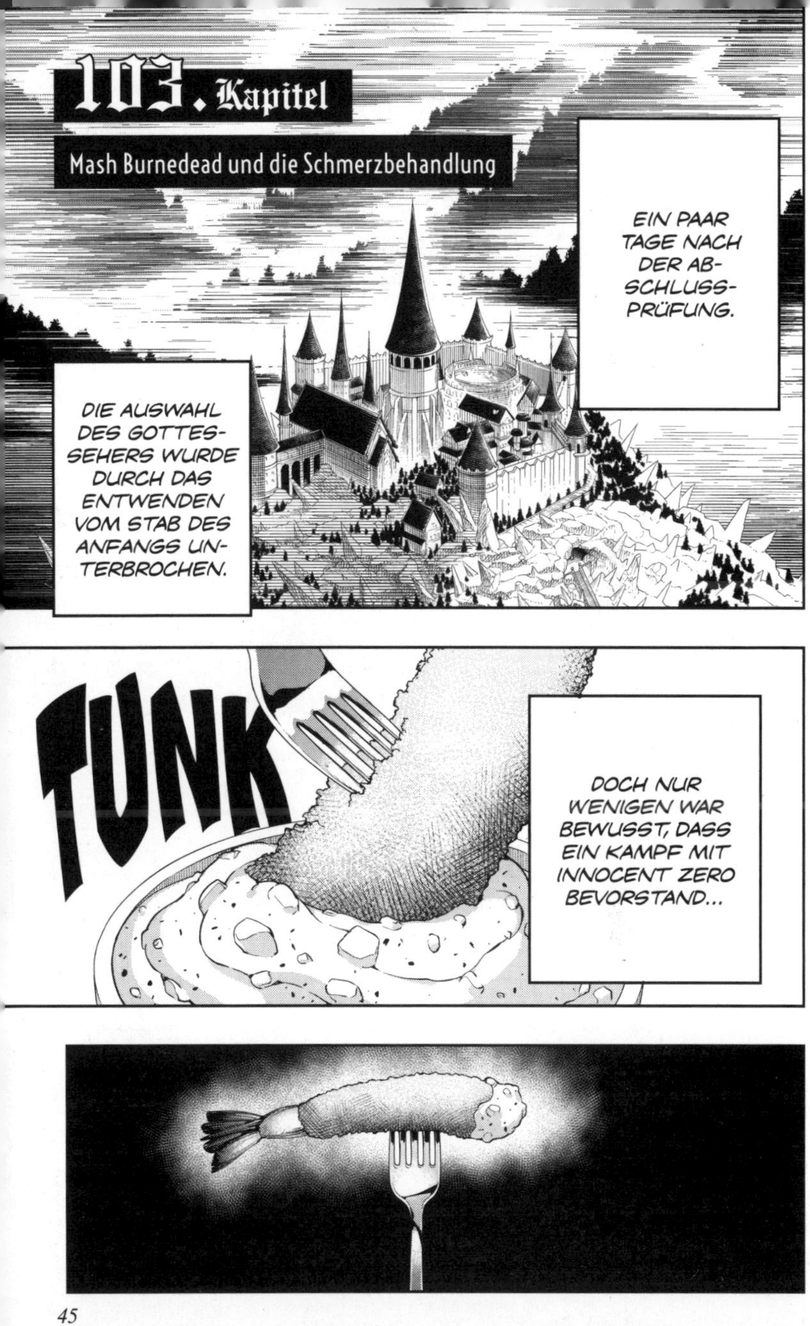

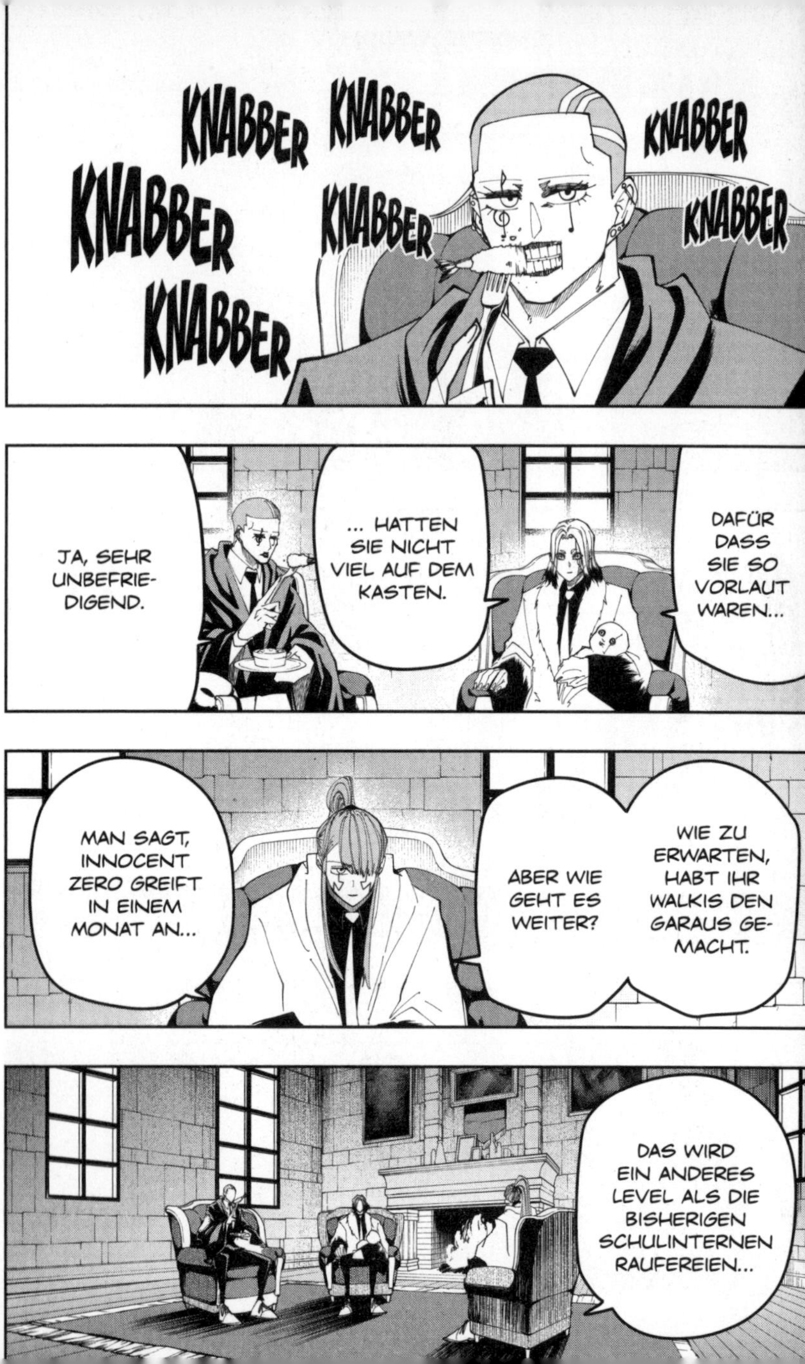
KNABBER
KNABBER
KNABBER
KNABBER
KNABBER
KNABBER
KNABBER
DAFÜR DASS SIE SO VORLAUT WAREN...
... HATTEN SIE NICHT VIEL AUF DEM KASTEN.
JA, SEHR UNBEFRIE-DIGEND.
WIE ZU ERWARTEN, HABT IHR WALKIS DEN GARAUS GE-MACHT.
ABER WIE GEHT ES WEITER?
MAN SAGT, INNOCENT ZERO GREIFT IN EINEM MONAT AN...
DAS WIRD EIN ANDERES LEVEL ALS DIE BISHERIGEN SCHULINTERNEN RAUFEREIEN...

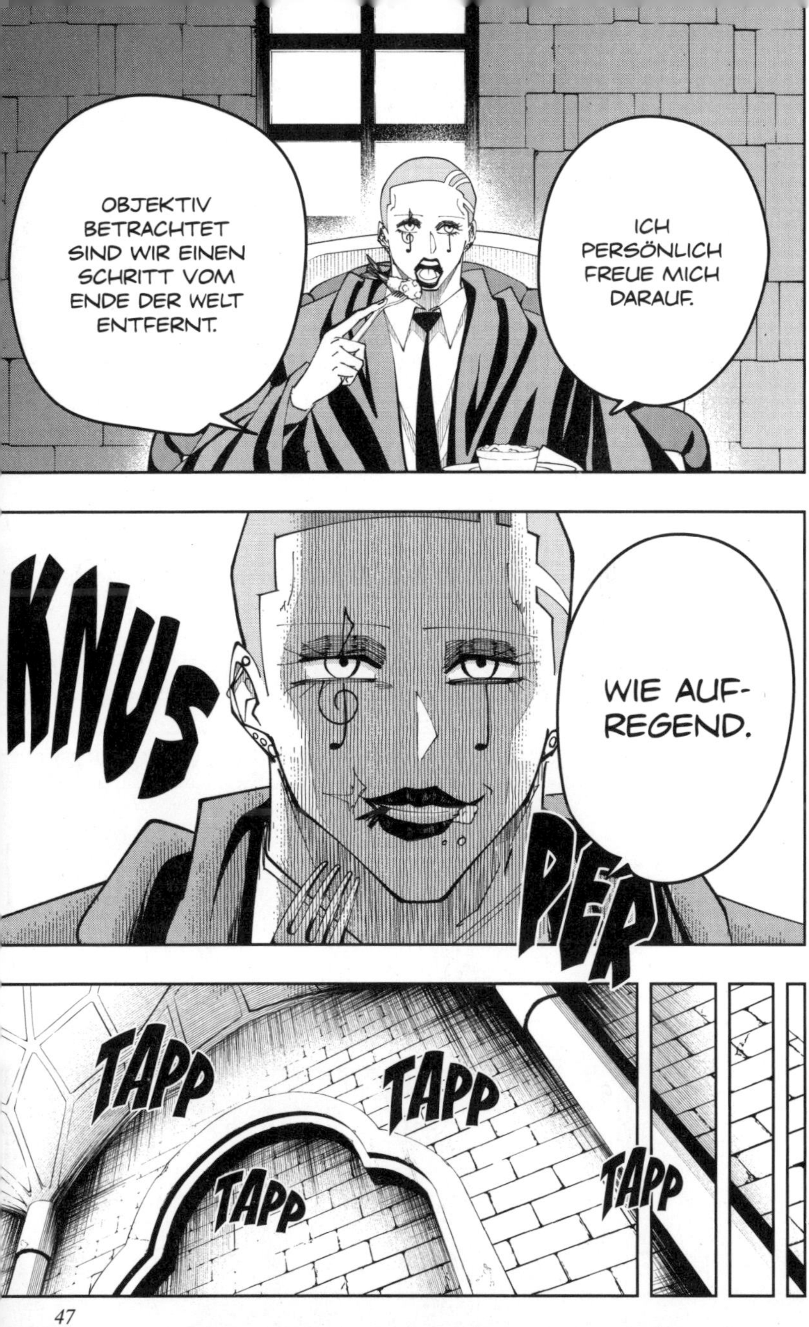
OBJEKTIV BETRACHTET SIND WIR EINEN SCHRITT VOM ENDE DER WELT ENTFERNT.
ICH PERSÖNLICH FREUE MICH DARAUF.
WIE AUF-REGEND.
KNUS
PER
TAPP
TAPP
TAPP
TAPP

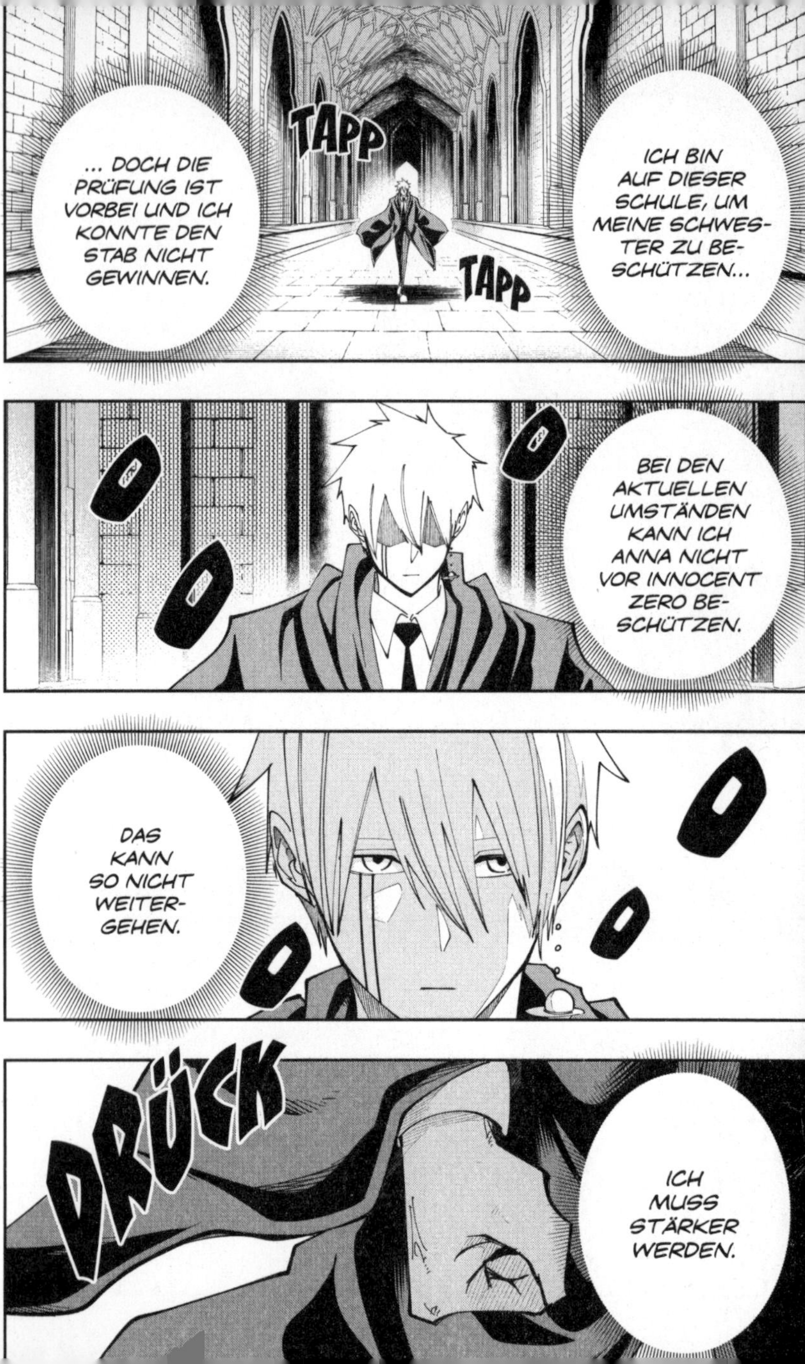
ICH BIN AUF DIESER SCHULE, UM MEINE SCHWESTER ZU BESCHÜTZEN...
TAPP
TAPP
... DOCH DIE PRÜFUNG IST VORBEI UND ICH KONNTE DEN STAB NICHT GEWINNEN.
BEI DEN AKTUELLEN UMSTÄNDEN KANN ICH ANNA NICHT VOR INNOCENT ZERO BESCHÜTZEN.
DAS KANN SO NICHT WEITERGEHEN.
ICH MUSS STÄRKER WERDEN.
DRÜCK

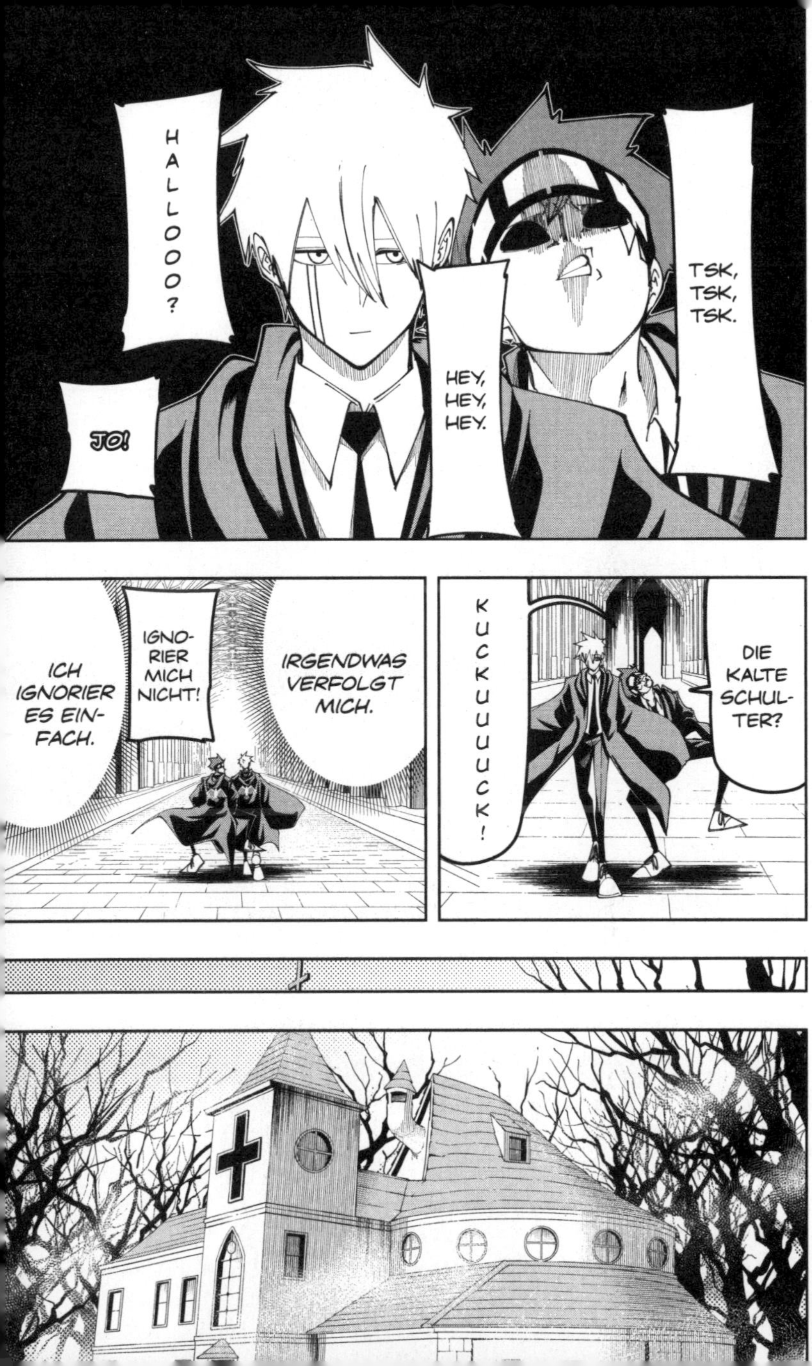
TSK, TSK, TSK.
HEY, HEY, HEY.
HALLOOOO?
JO!
DIE KALTE SCHULTER?
KUCKUUUUUCK!
IRGENDWAS VERFOLGT MICH.
IGNORIER MICH NICHT!
ICH IGNORIER ES EINFACH.

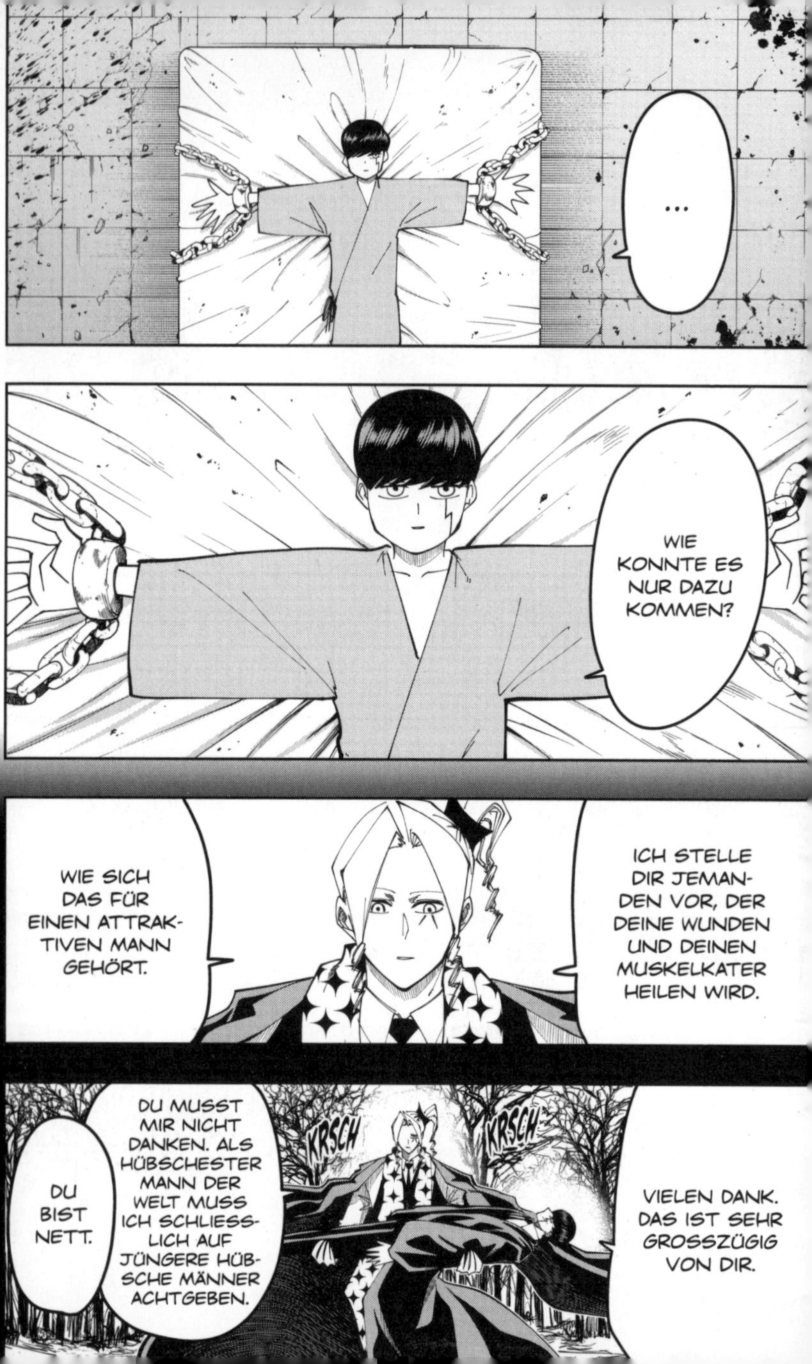
...
WIE KONNTE ES NUR DAZU KOMMEN?
ICH STELLE DIR JEMANDEN VOR, DER DEINE WUNDEN UND DEINEN MUSKELKATER HEILEN WIRD.
WIE SICH DAS FÜR EINEN ATTRAKTIVEN MANN GEHÖRT.
VIELEN DANK. DAS IST SEHR GROSSZÜGIG VON DIR.
KRSCH
KRSCH
DU MUSST MIR NICHT DANKEN. ALS HÜBSCHESTER MANN DER WELT MUSS ICH SCHLIESSLICH AUF JÜNGERE HÜBSCHE MÄNNER ACHTGEBEN.
DU BIST NETT.

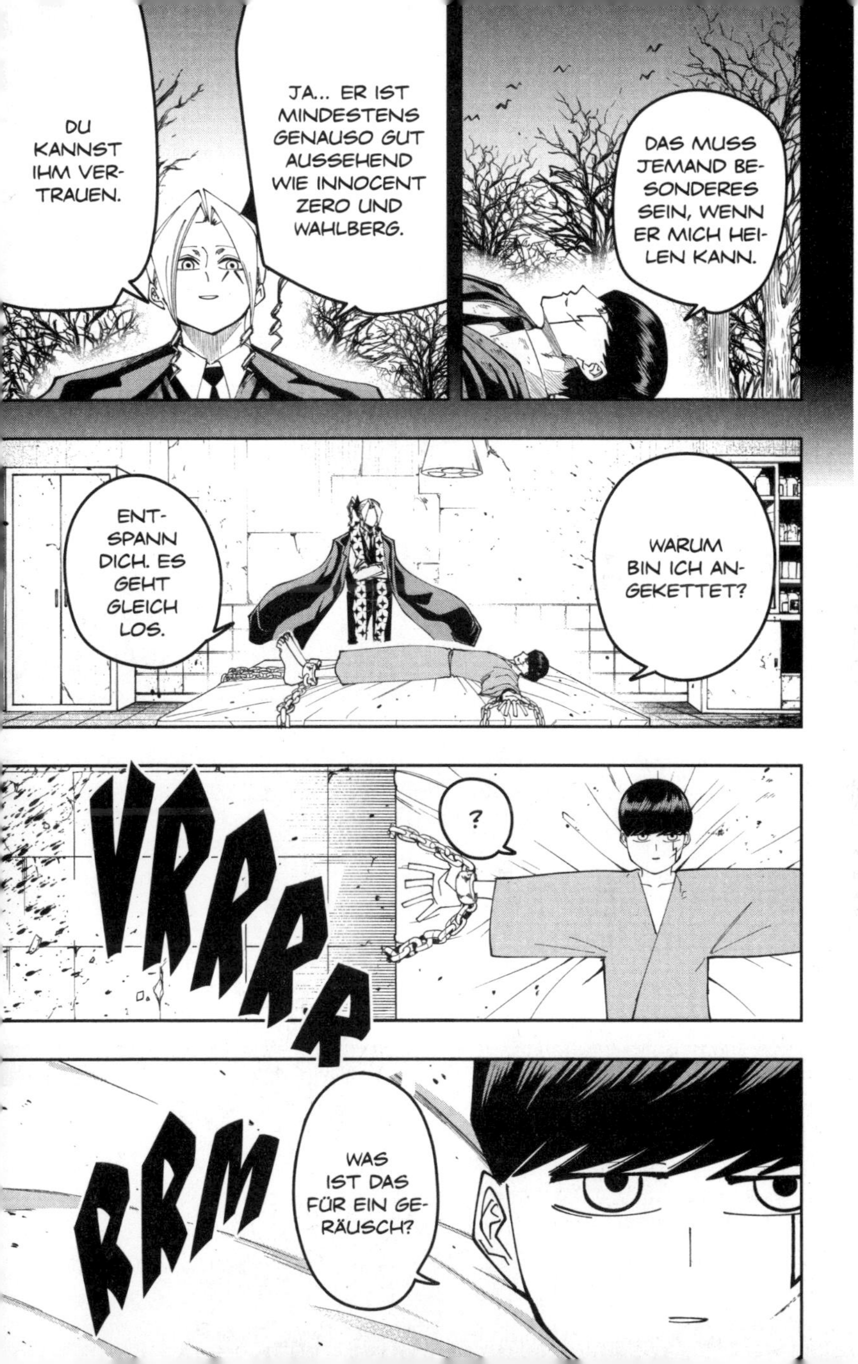
DAS MUSS JEMAND BESONDERES SEIN, WENN ER MICH HEILEN KANN.
JA... ER IST MINDESTENS GENAUSO GUT AUSSEHEND WIE INNOCENT ZERO UND WAHLBERG.
DU KANNST IHM VERTRAUEN.
WARUM BIN ICH ANGEKETTET?
ENTSPANN DICH. ES GEHT GLEICH LOS.
?
VRRRR
RRM
WAS IST DAS FÜR EIN GERÄUSCH?

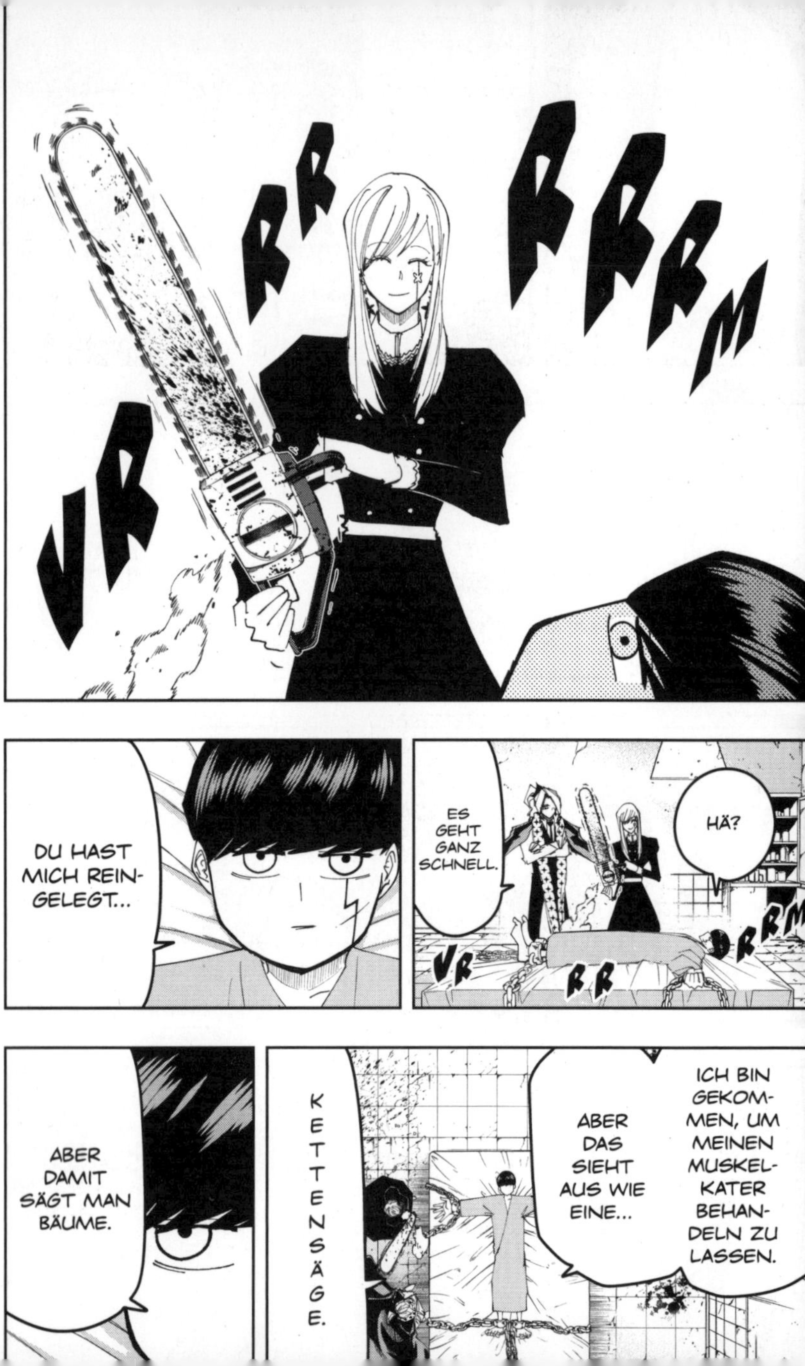
VR RR RRRM
HÄ?
ES GEHT GANZ SCHNELL.
VR RR RRRM
DU HAST MICH REIN-GELEGT...
ICH BIN GEKOM-MEN, UM MEINEN MUSKEL-KATER BEHAN-DELN ZU LASSEN.
ABER DAS SIEHT AUS WIE EINE...
KETTENSÄGE.
ABER DAMIT SÄGT MAN BÄUME.

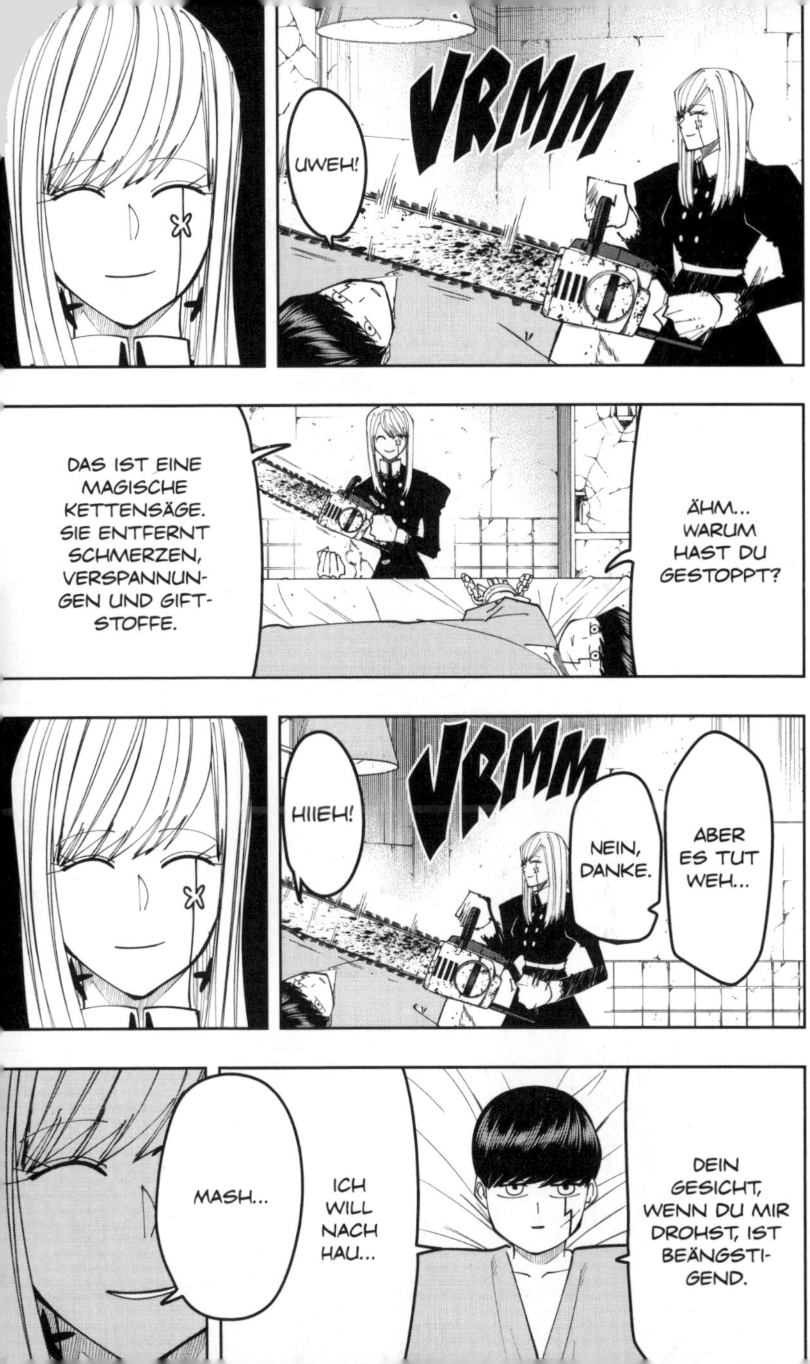
VRMM
UWEH!
ÄHM... WARUM HAST DU GESTOPPT?
DAS IST EINE MAGISCHE KETTENSÄGE. SIE ENTFERNT SCHMERZEN, VERSPANNUNGEN UND GIFTSTOFFE.
ABER ES TUT WEH...
NEIN, DANKE.
VRMM
HIIEH!
DEIN GESICHT, WENN DU MIR DROHST, IST BEÄNGSTIGEND.
ICH WILL NACH HAU...
MASH...

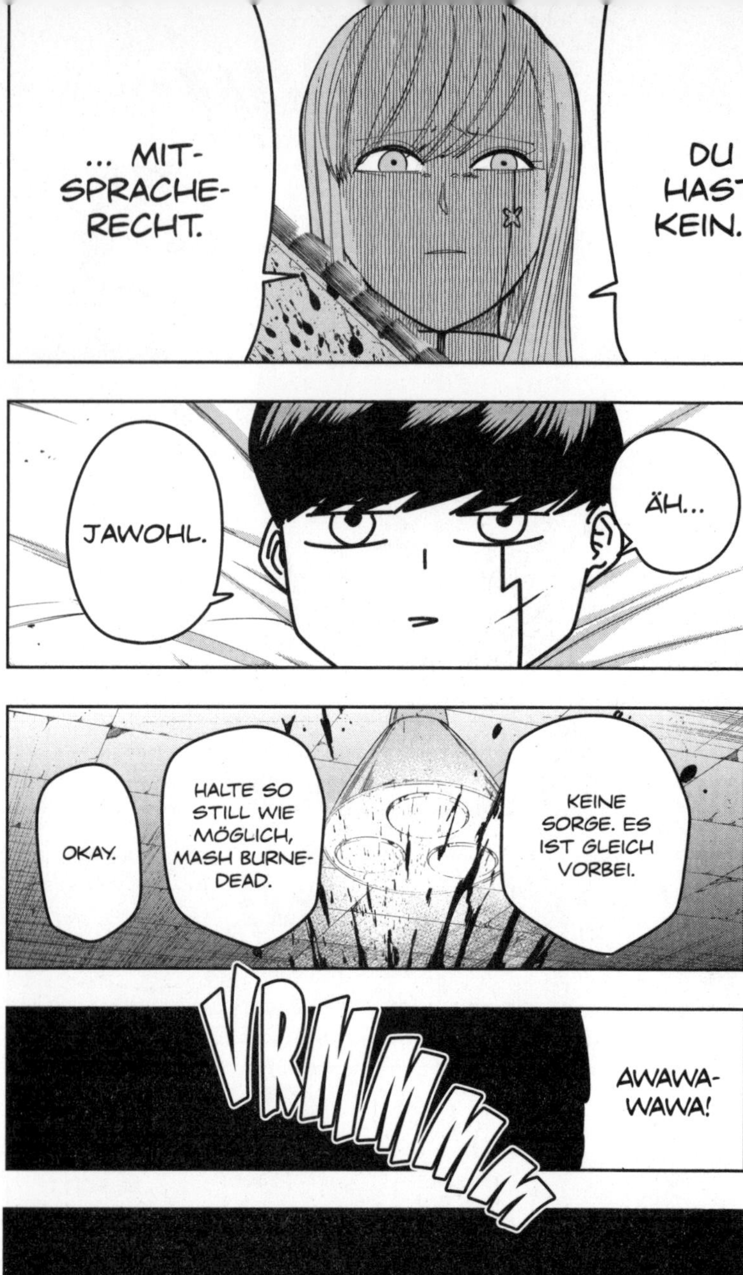
DU HAST KEIN...
... MIT-SPRACHE-RECHT.
ÄH...
JAWOHL.
KEINE SORGE. ES IST GLEICH VORBEI.
HALTE SO STILL WIE MÖGLICH, MASH BURNE-DEAD.
OKAY.
VRMMMMM
AWAWA-WAWA!

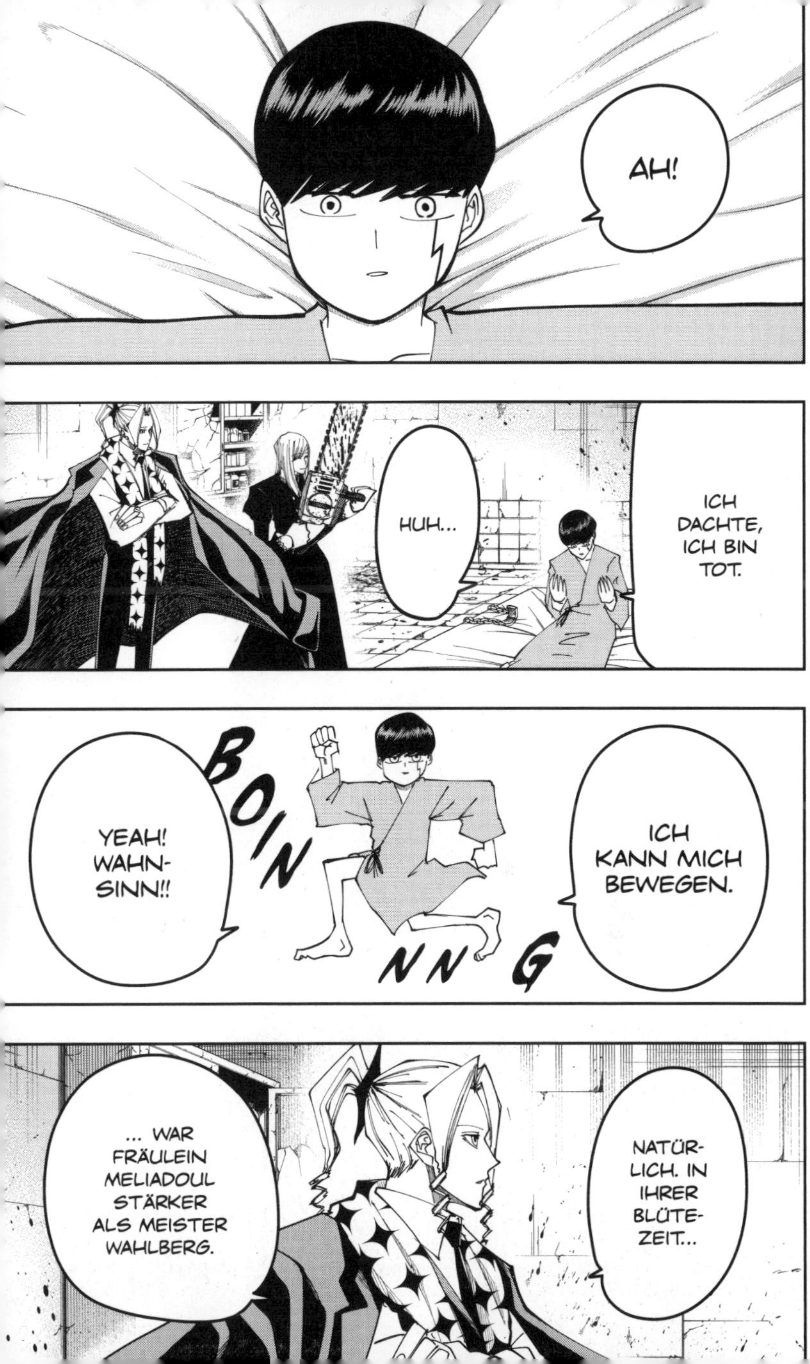
AH!
ICH DACHTE, ICH BIN TOT.
HUH...
ICH KANN MICH BEWEGEN.
BOINNNG
YEAH! WAHN-SINN!!
NATÜR-LICH. IN IHRER BLÜTE-ZEIT...
... WAR FRÄULEIN MELIADOUL STÄRKER ALS MEISTER WAHLBERG.

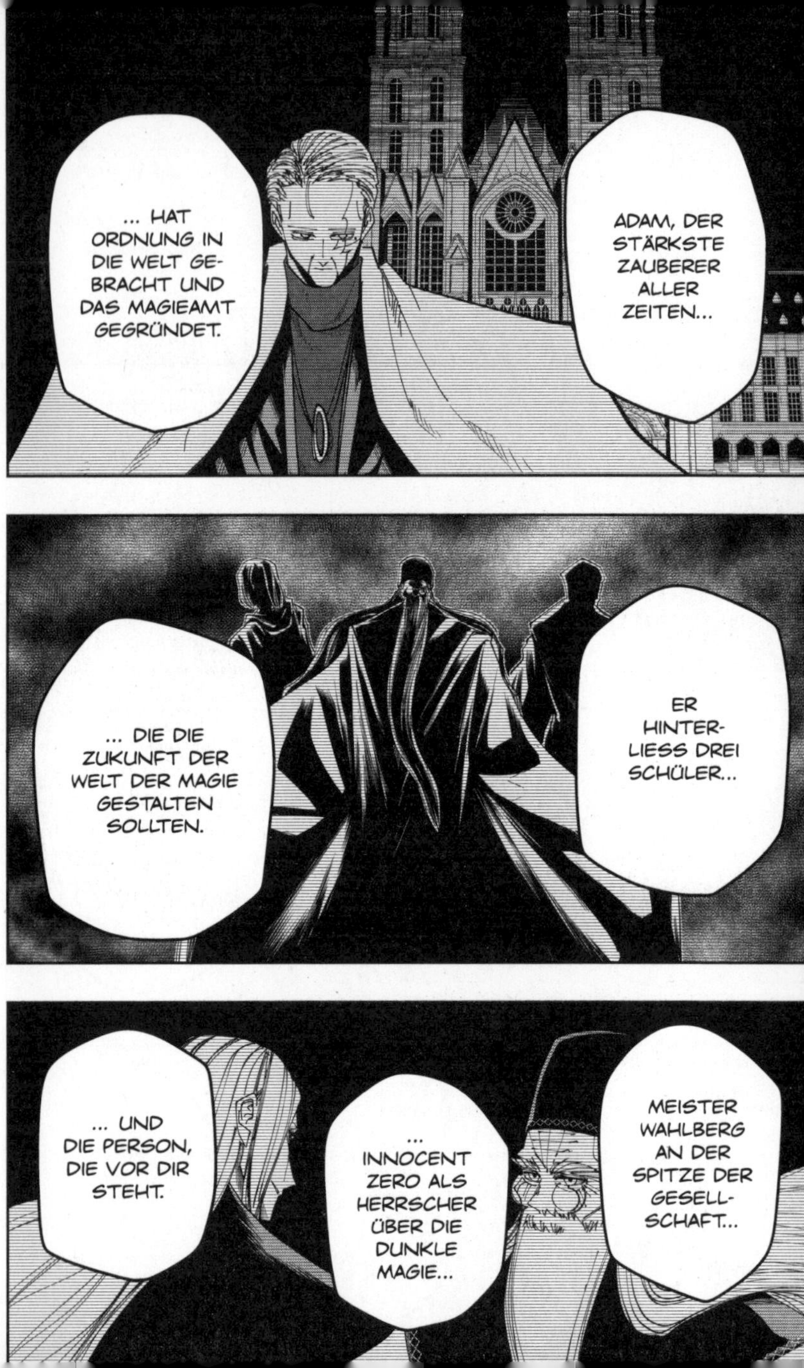
ADAM, DER STÄRKSTE ZAUBERER ALLER ZEITEN...
... HAT ORDNUNG IN DIE WELT GEBRACHT UND DAS MAGIEAMT GEGRÜNDET.
ER HINTERLIESS DREI SCHÜLER...
... DIE DIE ZUKUNFT DER WELT DER MAGIE GESTALTEN SOLLTEN.
MEISTER WAHLBERG AN DER SPITZE DER GESELLSCHAFT...
... INNOCENT ZERO ALS HERRSCHER ÜBER DIE DUNKLE MAGIE...
... UND DIE PERSON, DIE VOR DIR STEHT.

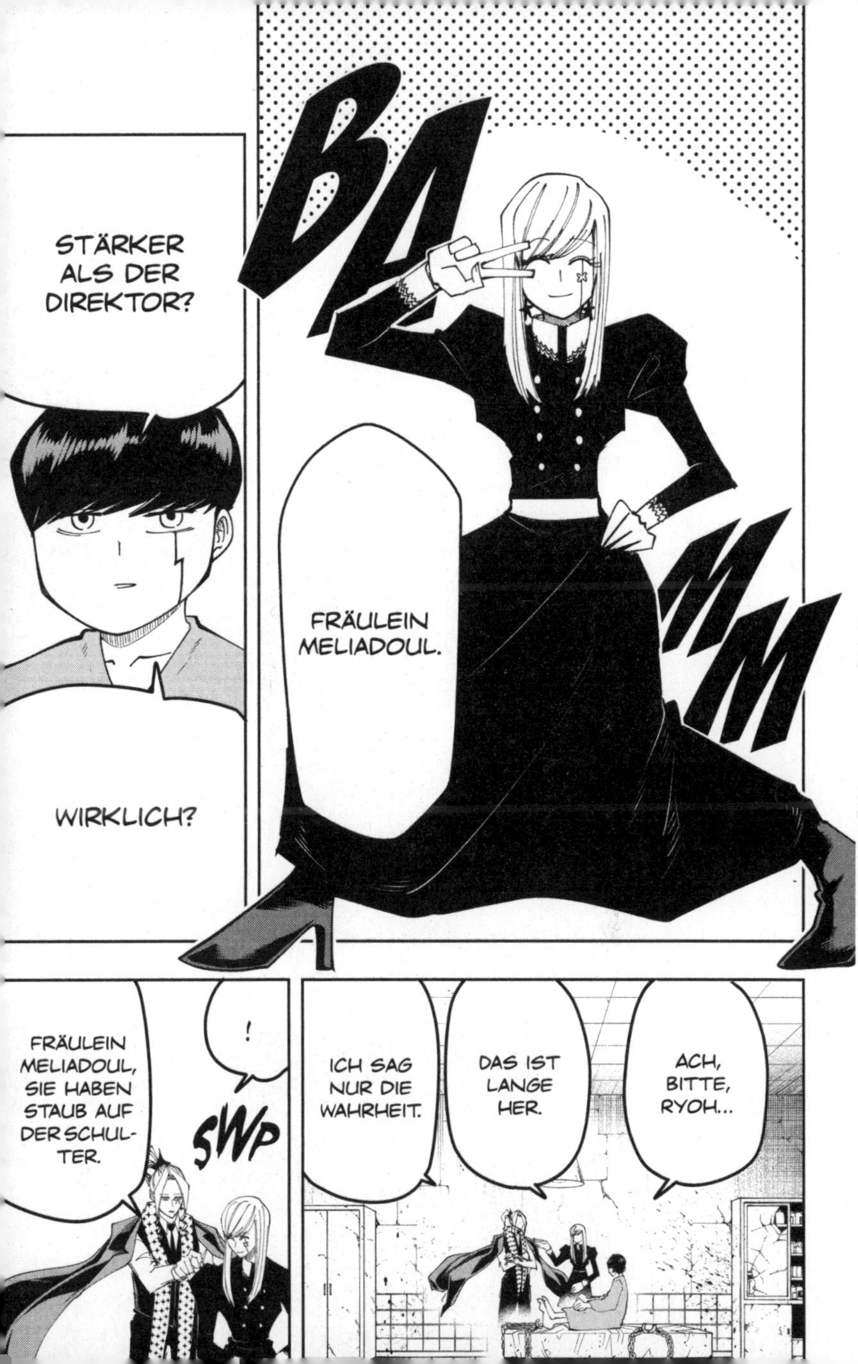
BAMM
FRÄULEIN MELIADOUL.
STÄRKER ALS DER DIREKTOR?
WIRKLICH?
ACH, BITTE, RYOH...
DAS IST LANGE HER.
ICH SAG NUR DIE WAHRHEIT.
!
SWP
FRÄULEIN MELIADOUL, SIE HABEN STAUB AUF DER SCHUL-TER.

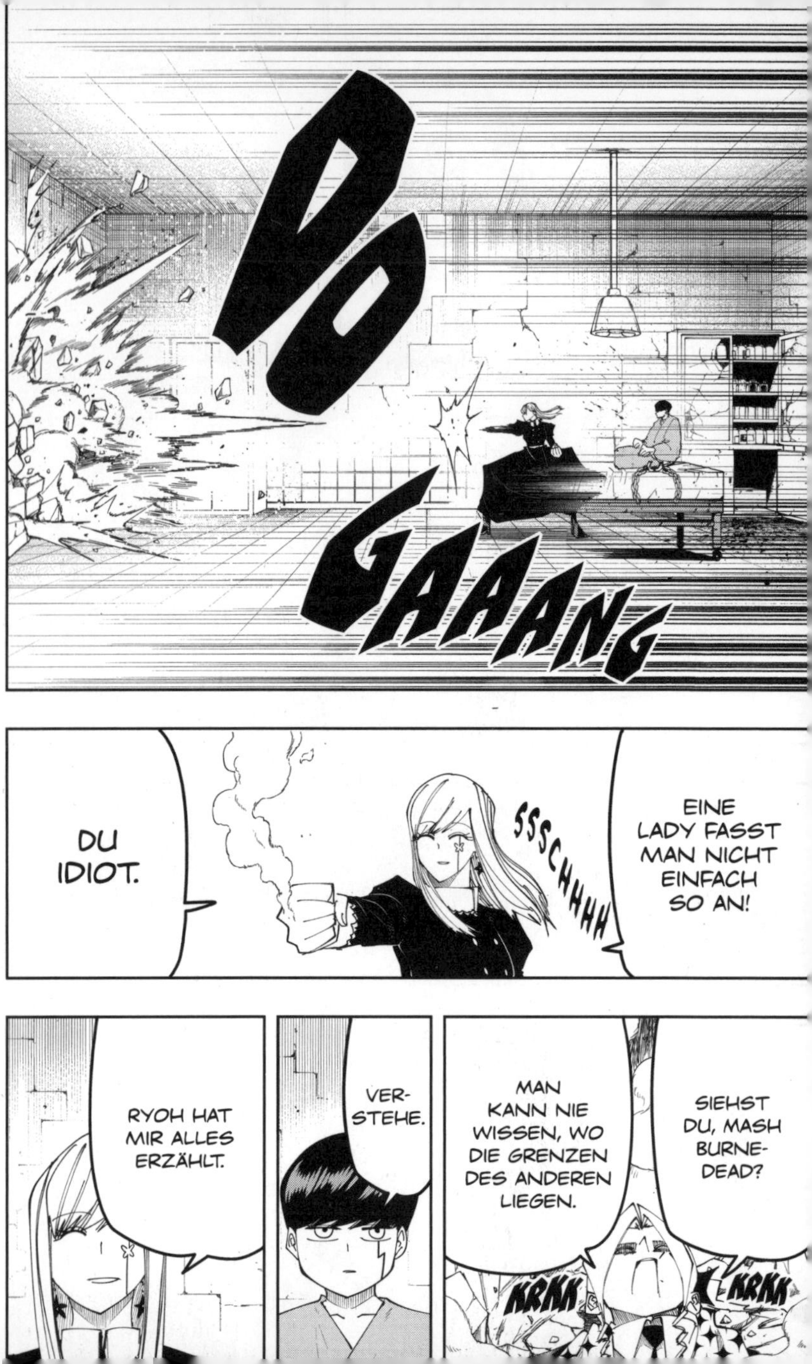

DO
GAAANG
EINE LADY FASST MAN NICHT EINFACH SO AN!
SSSCHHHH
DU IDIOT.
SIEHST DU, MASH BURNE-DEAD?
MAN KANN NIE WISSEN, WO DIE GRENZEN DES ANDEREN LIEGEN.
KRKK
KRKK
VER-STEHE.
RYOH HAT MIR ALLES ERZÄHLT.

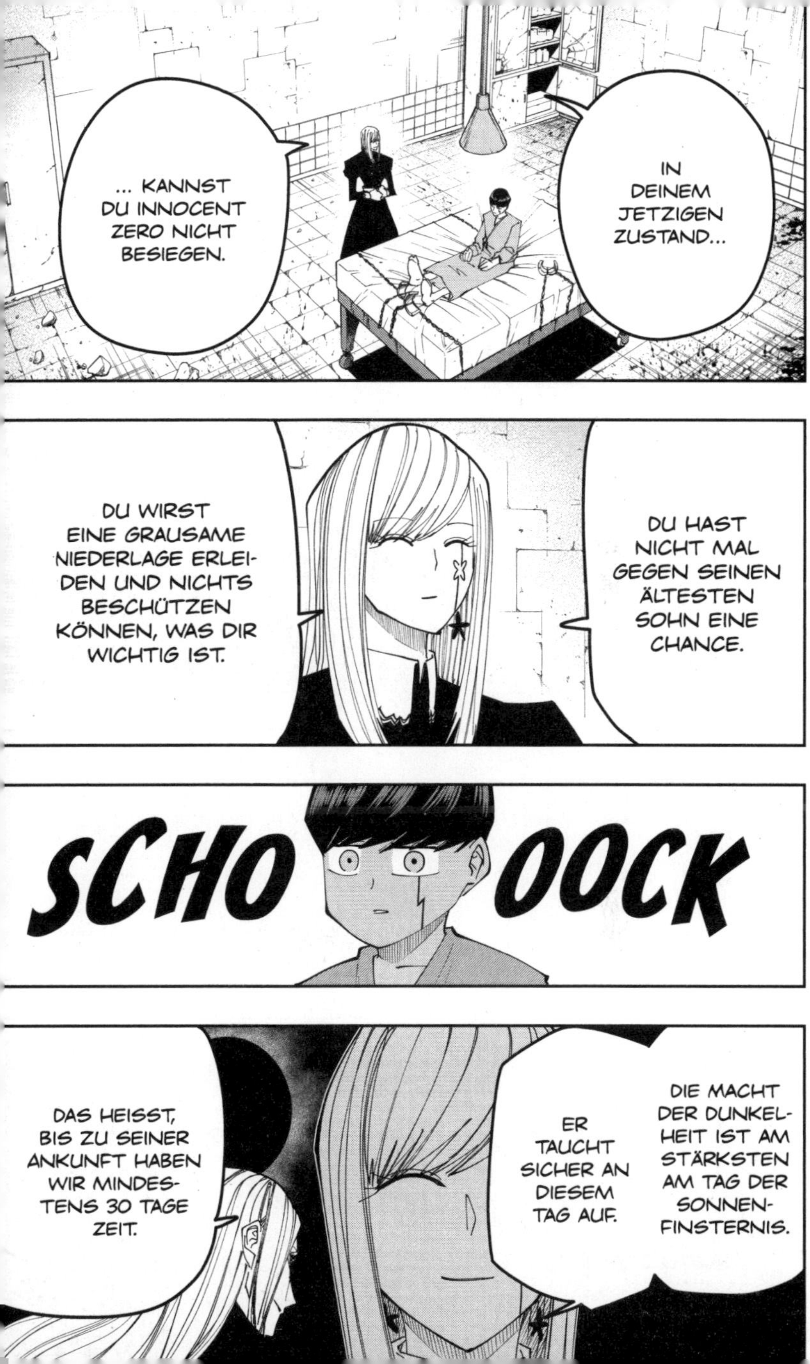
IN DEINEM JETZIGEN ZUSTAND…
… KANNST DU INNOCENT ZERO NICHT BESIEGEN.
DU HAST NICHT MAL GEGEN SEINEN ÄLTESTEN SOHN EINE CHANCE.
DU WIRST EINE GRAUSAME NIEDERLAGE ERLEI-DEN UND NICHTS BESCHÜTZEN KÖNNEN, WAS DIR WICHTIG IST.
SCHO OOCK
DIE MACHT DER DUNKEL-HEIT IST AM STÄRKSTEN AM TAG DER SONNEN-FINSTERNIS.
ER TAUCHT SICHER AN DIESEM TAG AUF.
DAS HEISST, BIS ZU SEINER ANKUNFT HABEN WIR MINDES-TENS 30 TAGE ZEIT.

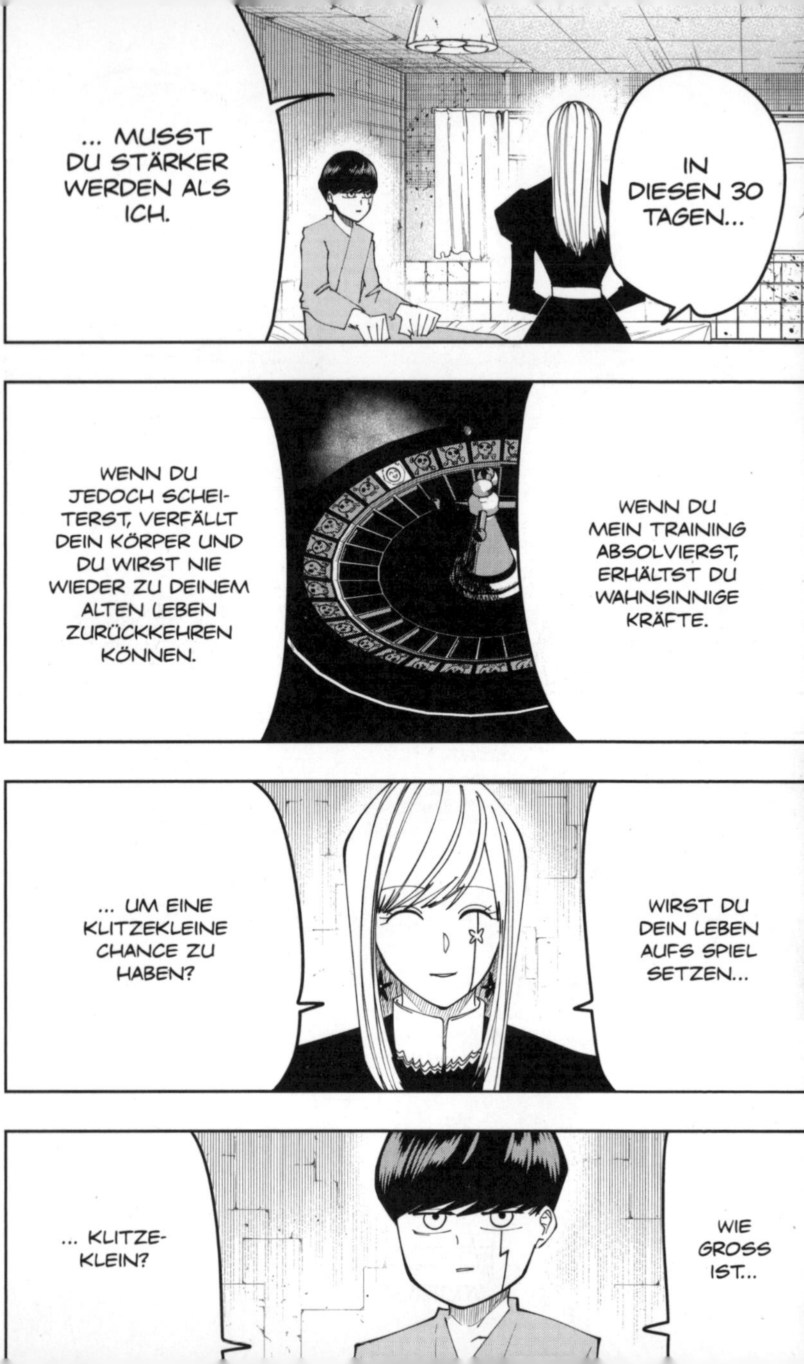
IN DIESEN 30 TAGEN...
... MUSST DU STÄRKER WERDEN ALS ICH.
WENN DU MEIN TRAINING ABSOLVIERST, ERHÄLTST DU WAHNSINNIGE KRÄFTE.
WENN DU JEDOCH SCHEI-TERST, VERFÄLLT DEIN KÖRPER UND DU WIRST NIE WIEDER ZU DEINEM ALTEN LEBEN ZURÜCKKEHREN KÖNNEN.
WIRST DU DEIN LEBEN AUFS SPIEL SETZEN...
... UM EINE KLITZEKLEINE CHANCE ZU HABEN?
WIE GROSS IST...
... KLITZE-KLEIN?

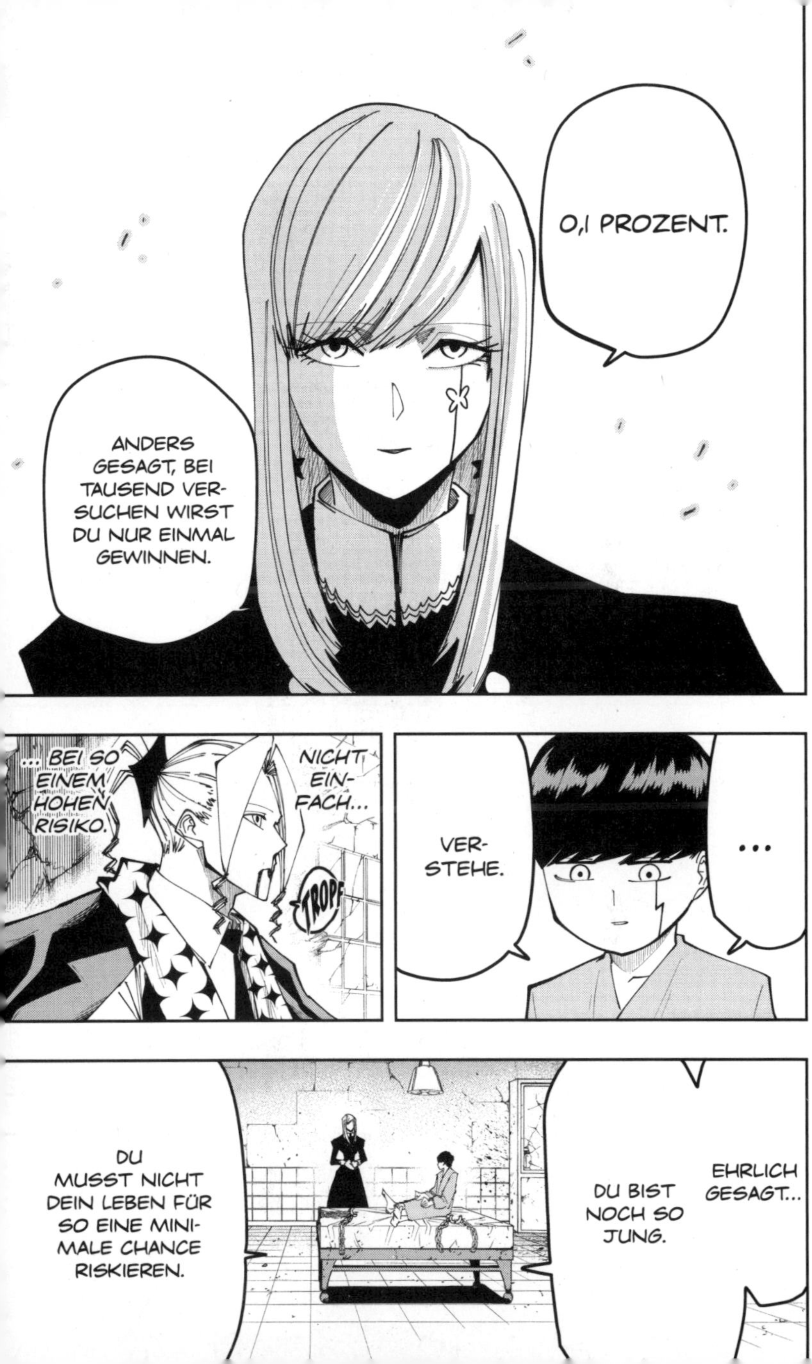
0,1 PROZENT.
ANDERS GESAGT, BEI TAUSEND VERSUCHEN WIRST DU NUR EINMAL GEWINNEN.
...
VERSTEHE.
NICHT EINFACH...
TROPF
... BEI SO EINEM HOHEN RISIKO.
EHRLICH GESAGT...
DU BIST NOCH SO JUNG.
DU MUSST NICHT DEIN LEBEN FÜR SO EINE MINIMALE CHANCE RISKIEREN.

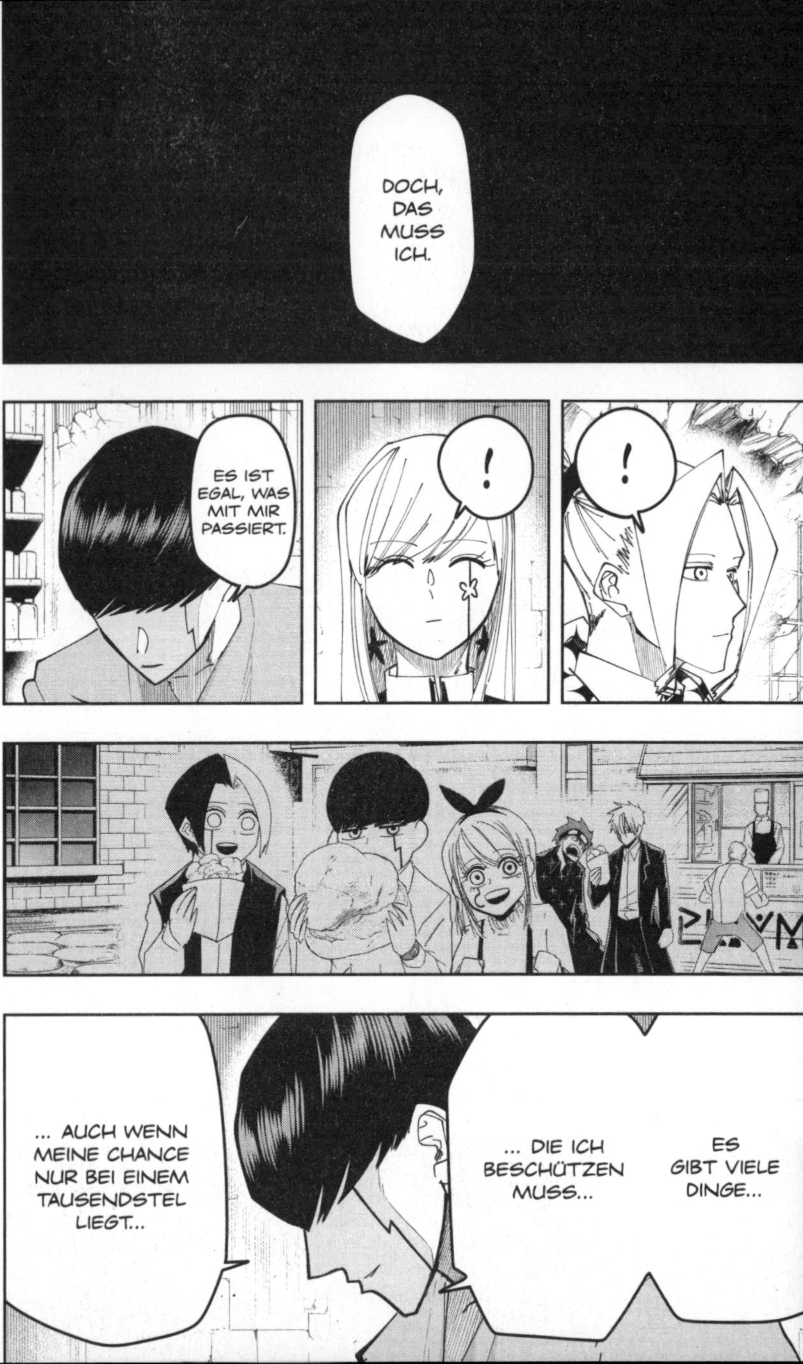
DOCH, DAS MUSS ICH.
!
!
ES IST EGAL, WAS MIT MIR PASSIERT.
ES GIBT VIELE DINGE...
... DIE ICH BESCHÜTZEN MUSS...
... AUCH WENN MEINE CHANCE NUR BEI EINEM TAUSENDSTEL LIEGT...

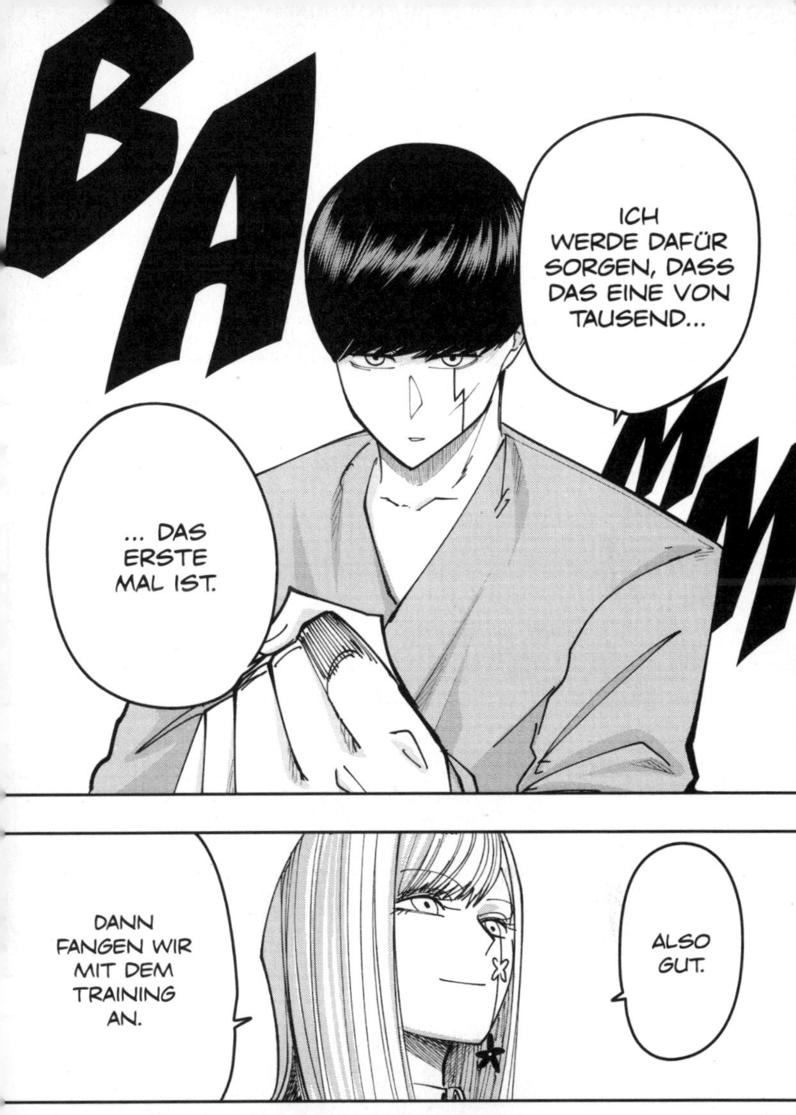

NOCH 30 TAGE BIS ZUM LETZTEN KAMPF!!

Extra ②

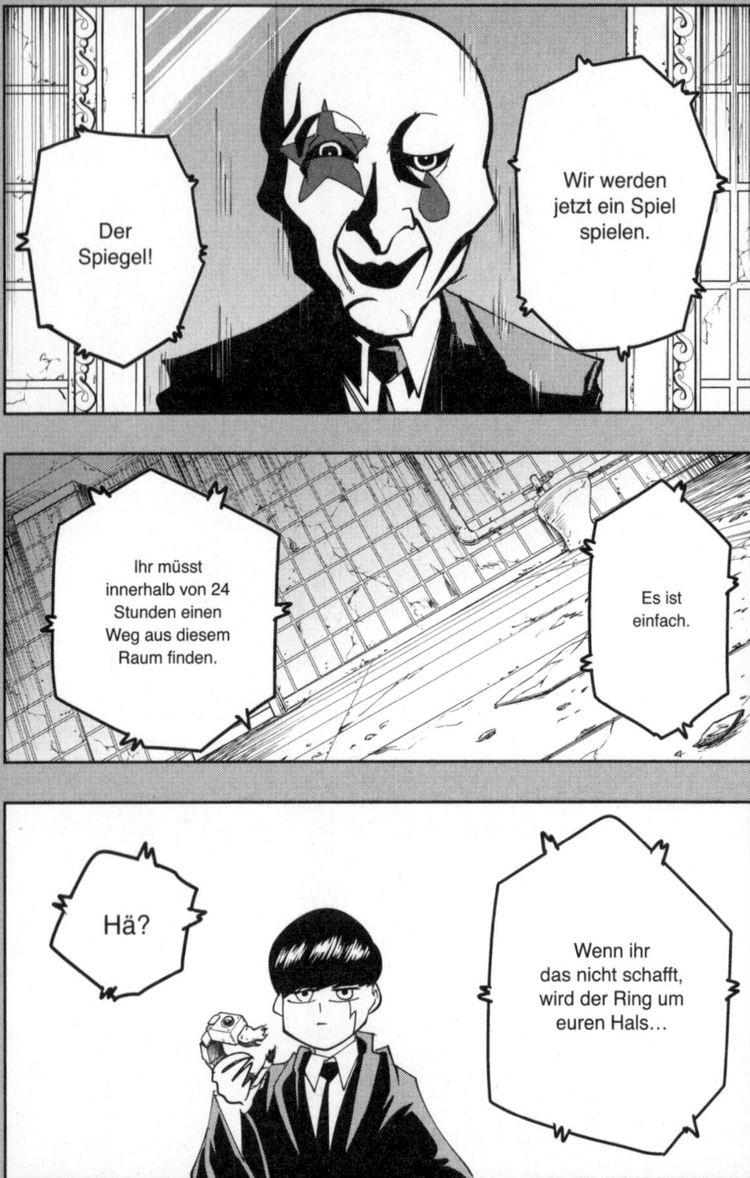

Fortsetzung auf Seite 86

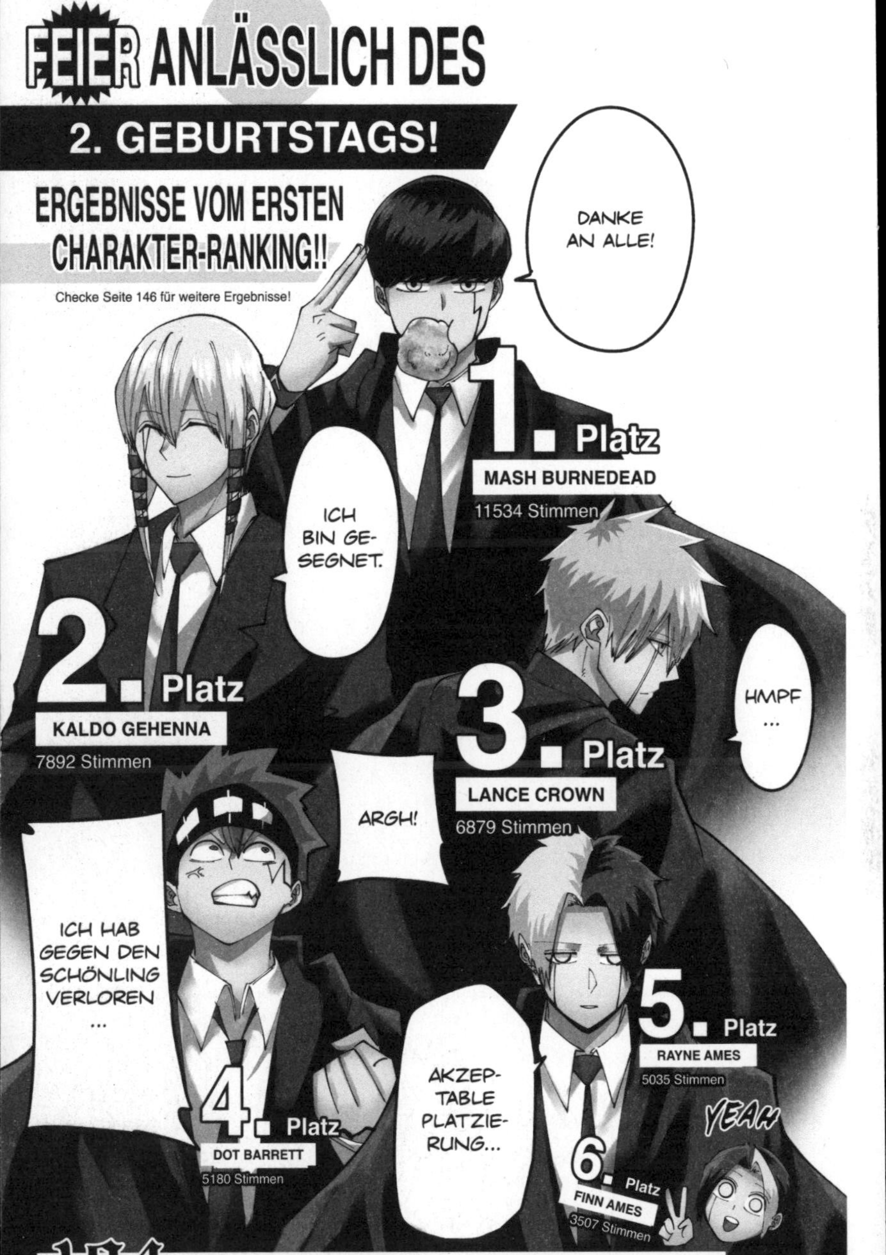

104. Kapitel Mash Burnedead und »Fang den Schwanz«

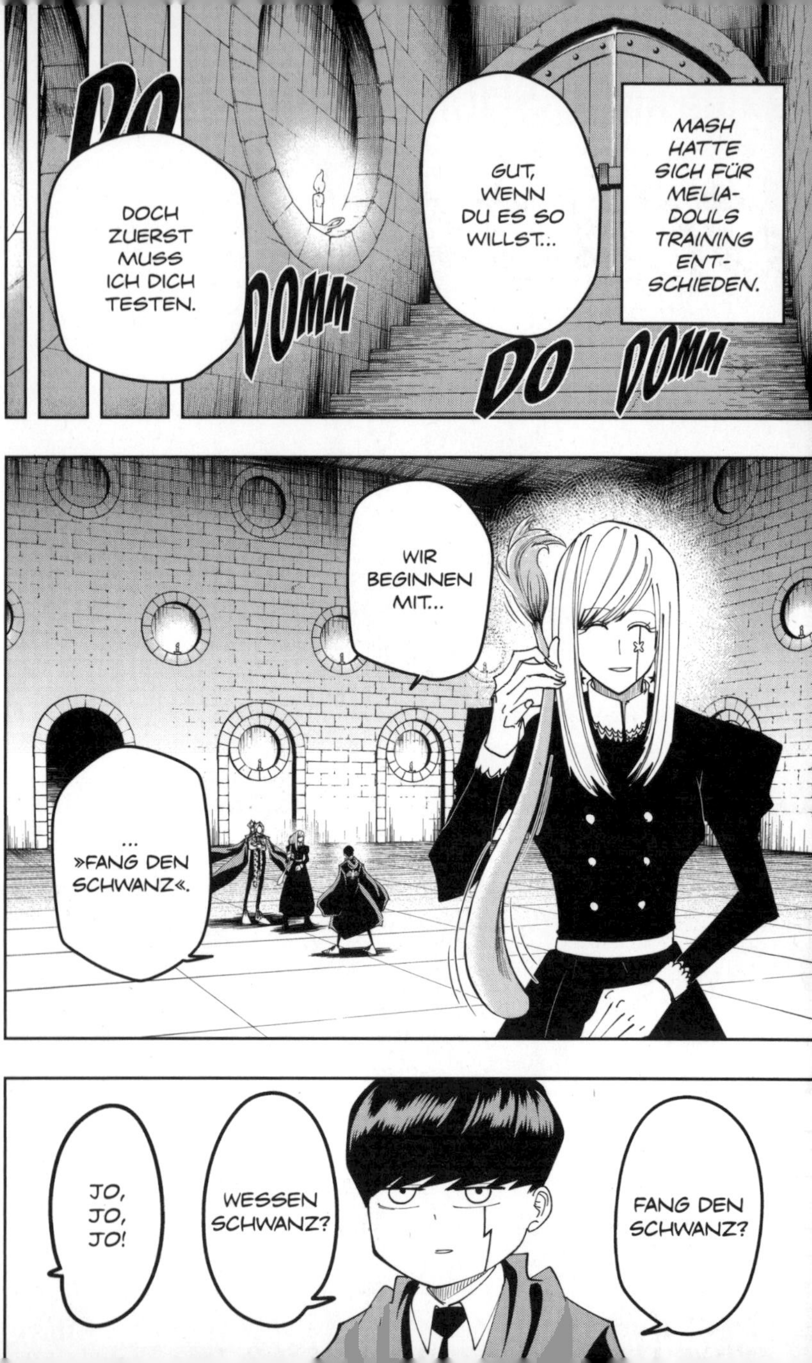
MASH HATTE SICH FÜR MELIA-DOULS TRAINING ENT-SCHIEDEN.
GUT, WENN DU ES SO WILLST...
DOCH ZUERST MUSS ICH DICH TESTEN.
DO DOMM DO DOMM
WIR BEGINNEN MIT...
... »FANG DEN SCHWANZ«.
FANG DEN SCHWANZ?
WESSEN SCHWANZ?
JO, JO, JO!

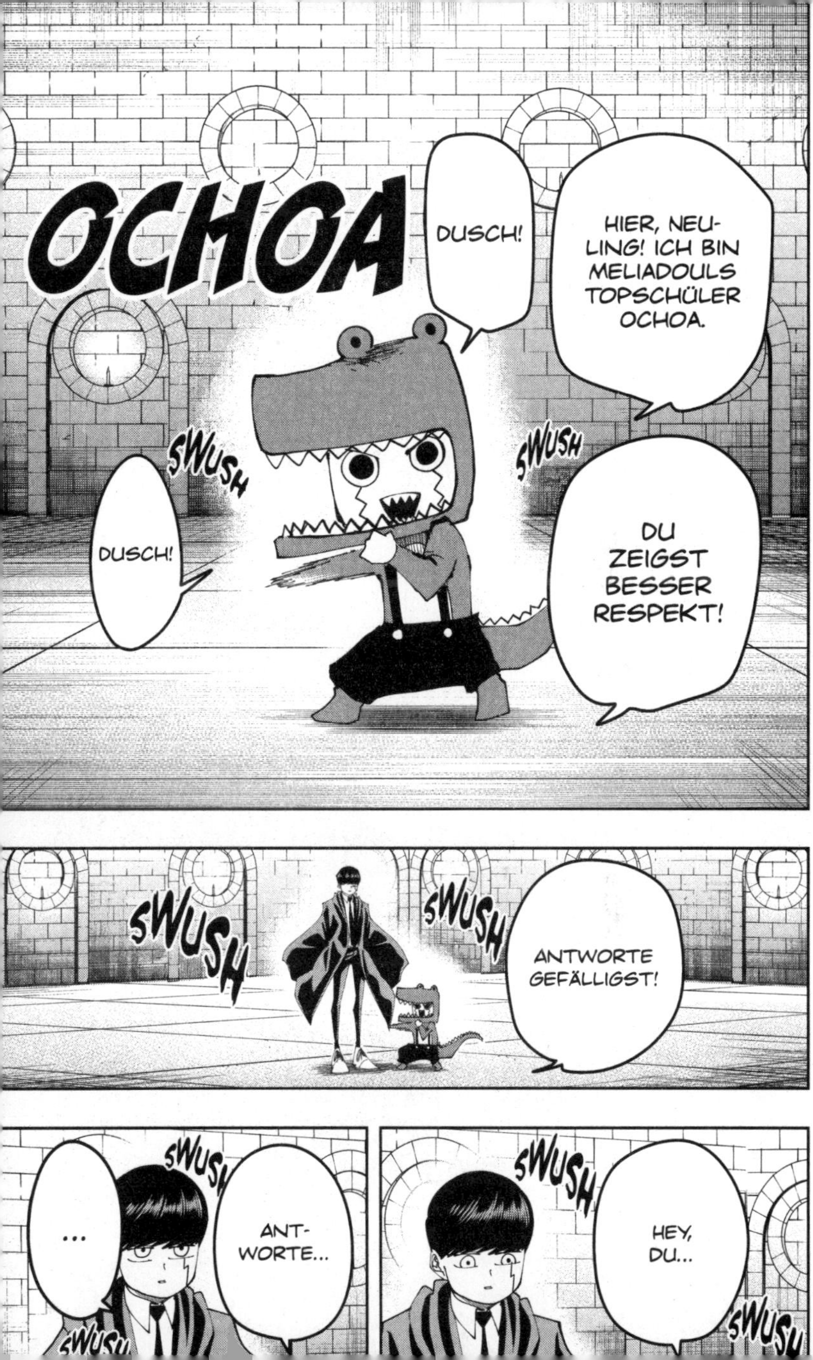
HIER, NEU-
LING! ICH BIN
MELIADOULS
TOPSCHÜLER
OCHOA.
DUSCH!
OCHOA
SWUSH
SWUSH
DU ZEIGST BESSER RESPEKT!
DUSCH!
ANTWORTE GEFÄLLIGST!
SWUSH
SWUSH
HEY, DU...
SWUSH
SWUSH
ANT-
WORTE...
SWUSH
...
SWUSH

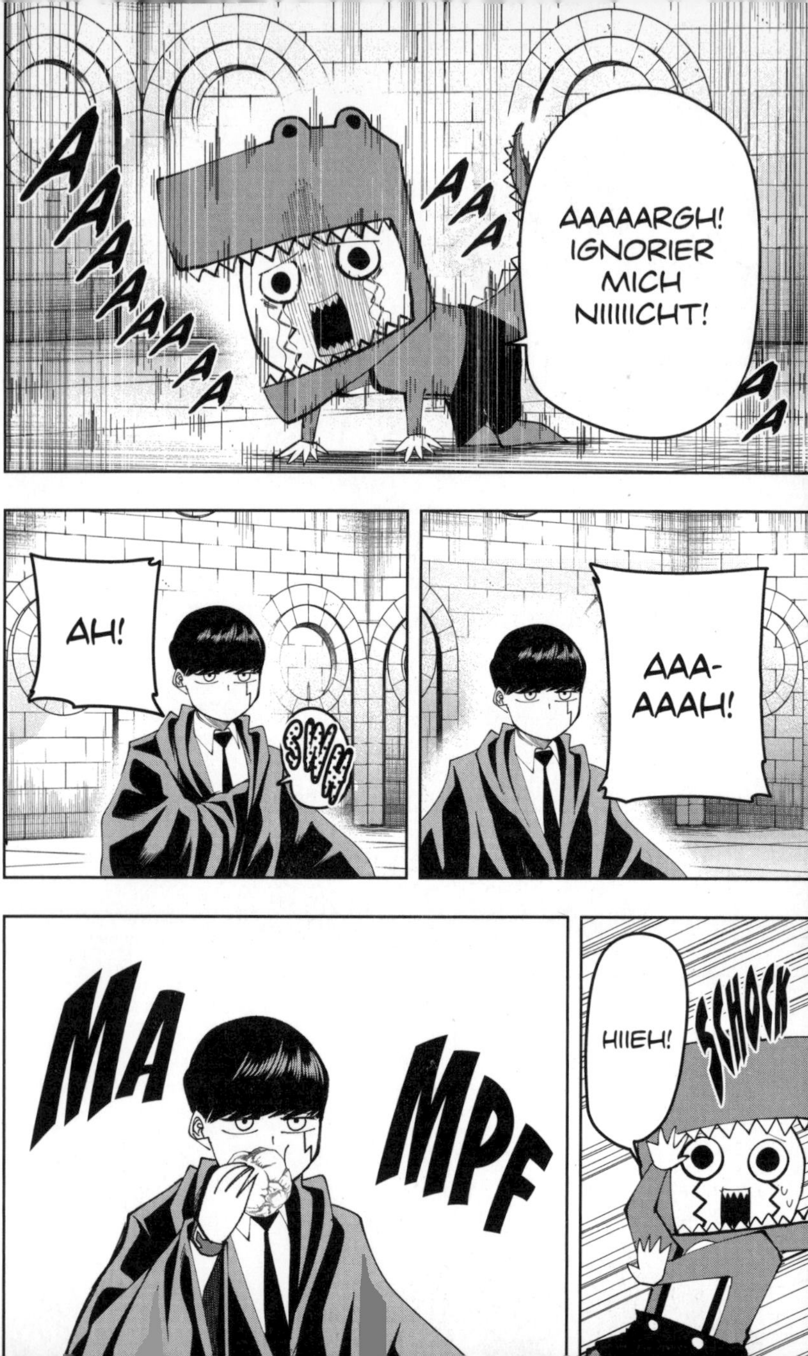
AAAAAAAAAA
AAA
AAAAARGH! IGNORIER MICH NIIIIICHT!
AA
AAA-AAAH!
AH!
SCHOCK
HIIEH!
MA MPF

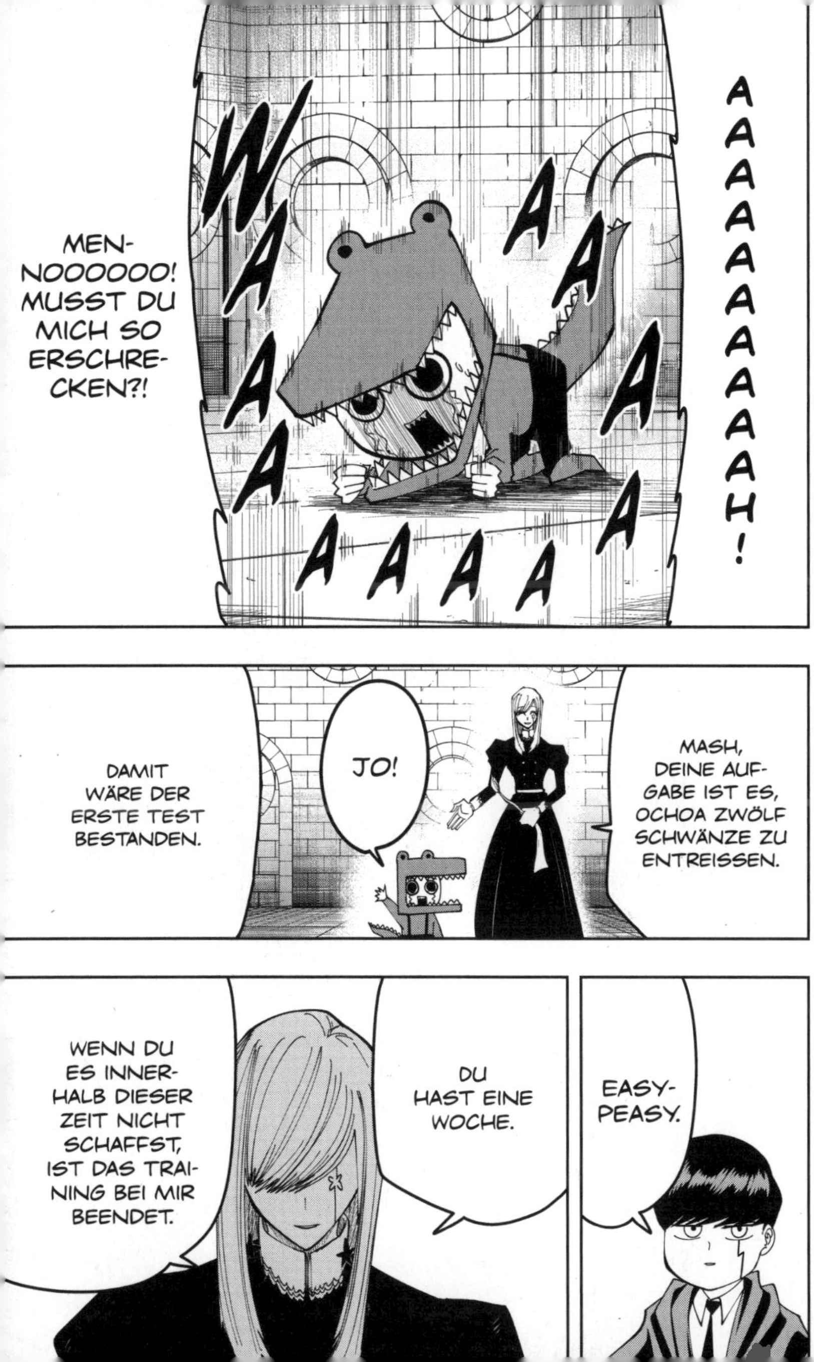
AAAAAAAAAAAAAH!
WAAAAAAAAAAAAA
MEN-NOOOOOO! MUSST DU MICH SO ERSCHRE-CKEN?!
MASH, DEINE AUF-GABE IST ES, OCHOA ZWÖLF SCHWÄNZE ZU ENTREISSEN.
JO!
DAMIT WÄRE DER ERSTE TEST BESTANDEN.
EASY-PEASY.
DU HAST EINE WOCHE.
WENN DU ES INNER-HALB DIESER ZEIT NICHT SCHAFFST, IST DAS TRAI-NING BEI MIR BEENDET.

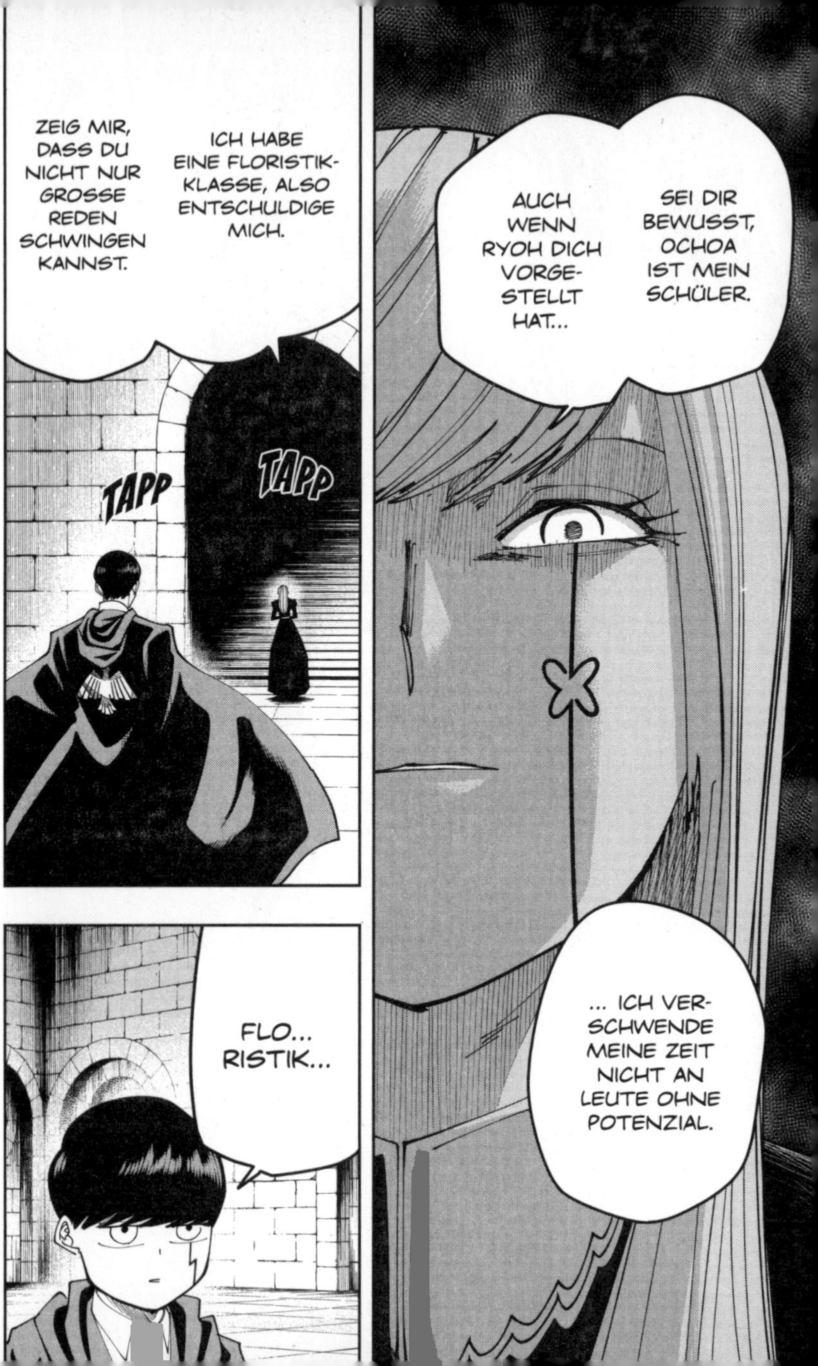
SEI DIR BEWUSST, OCHOA IST MEIN SCHÜLER.
AUCH WENN RYOH DICH VORGE-STELLT HAT...
... ICH VER-SCHWENDE MEINE ZEIT NICHT AN LEUTE OHNE POTENZIAL.
ICH HABE EINE FLORISTIK-KLASSE, ALSO ENTSCHULDIGE MICH.
ZEIG MIR, DASS DU NICHT NUR GROSSE REDEN SCHWINGEN KANNST.
TAPP
TAPP
FLO... RISTIK...

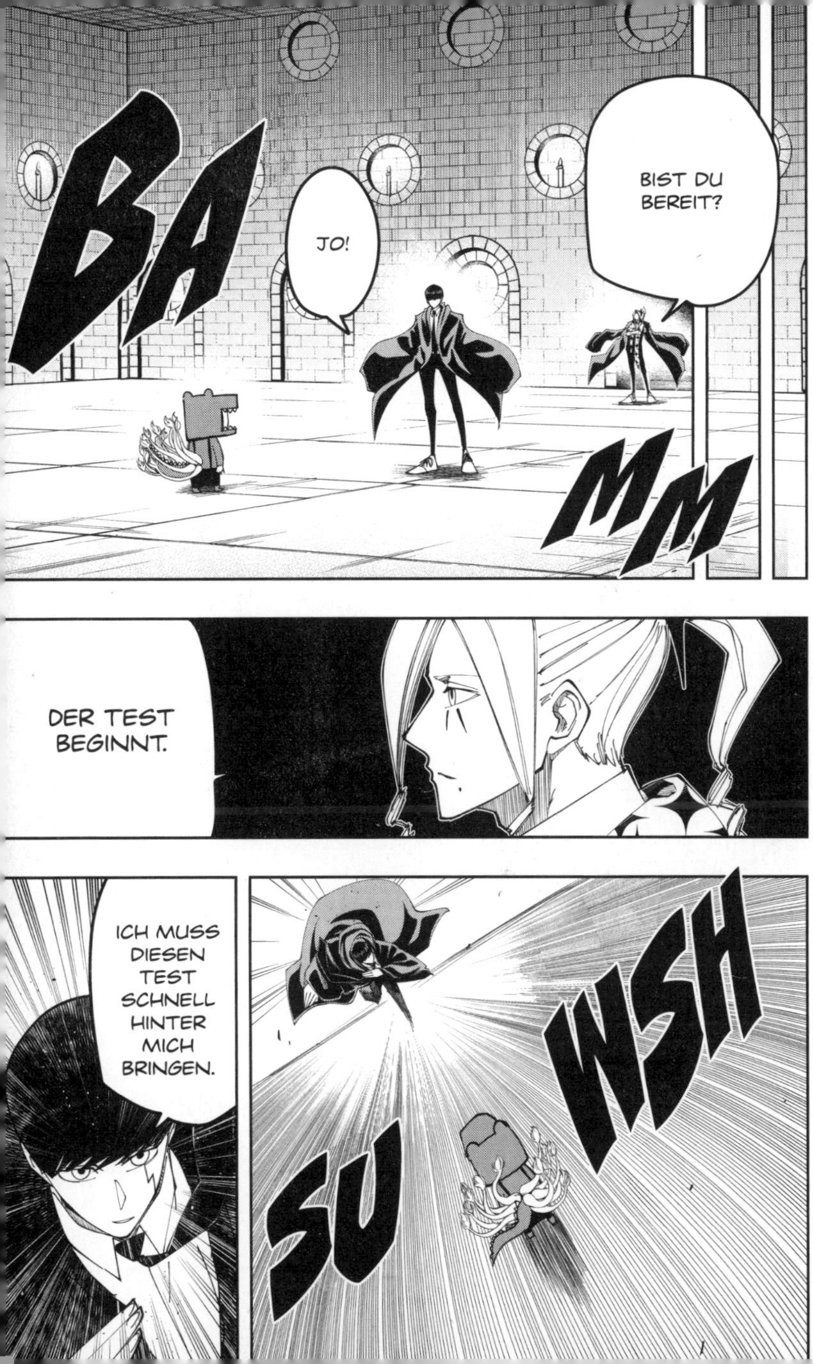
BA
BIST DU BEREIT?
JO!
MM
DER TEST BEGINNT.
WSH
SU
ICH MUSS DIESEN TEST SCHNELL HINTER MICH BRINGEN.

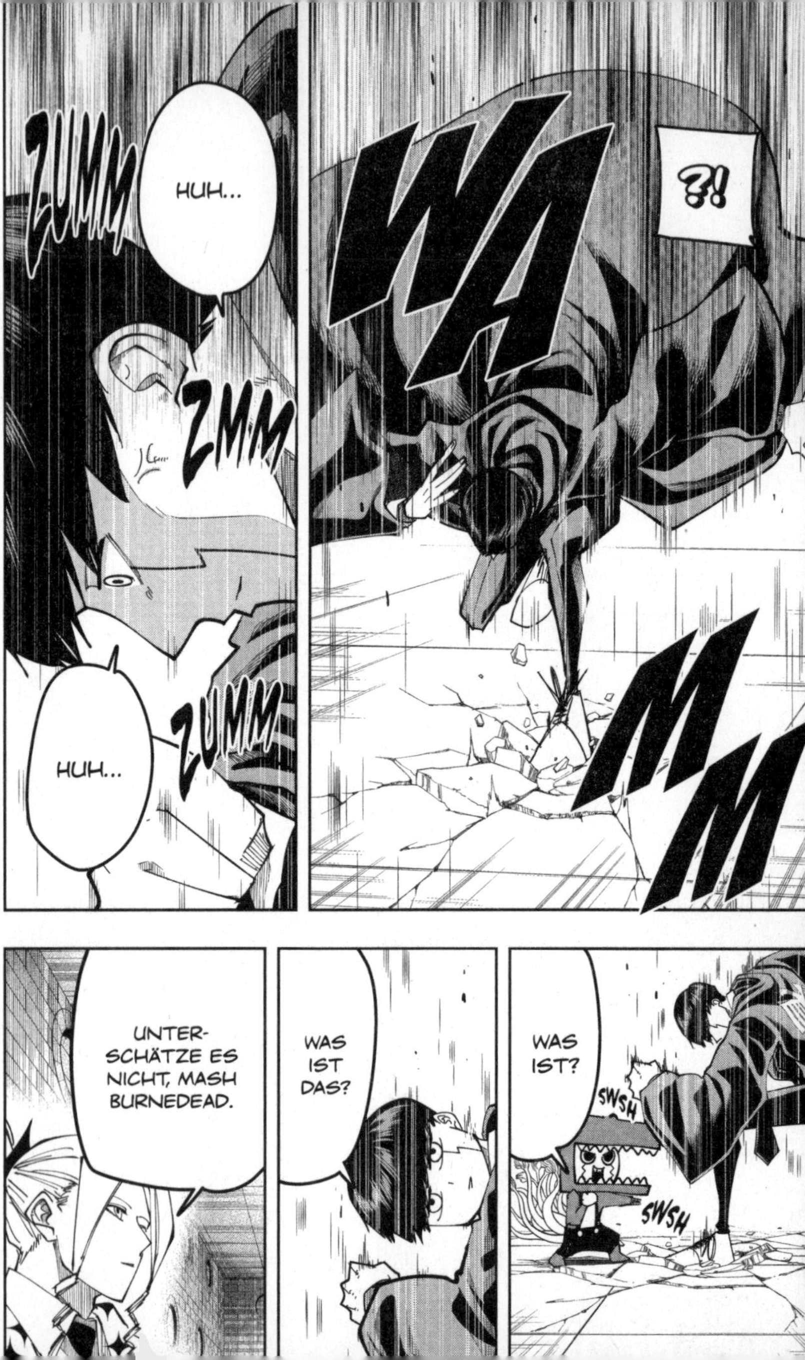
?!
WA
MM
HUH...
ZUMM
ZMM
HUH...
ZUMM
WAS IST?
SWSH
SWSH
WAS IST DAS?
UNTER-SCHÄTZE ES NICHT, MASH BURNEDEAD.

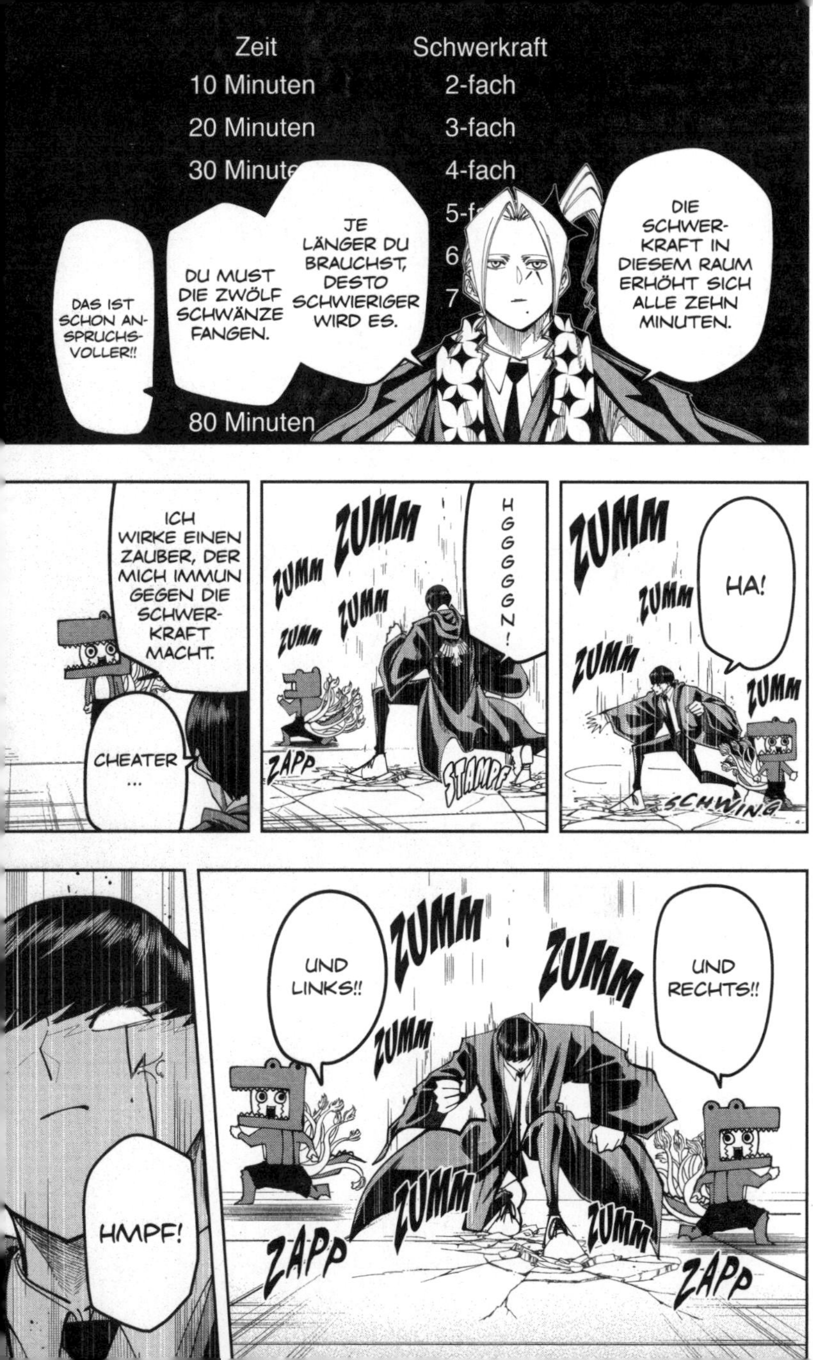
Zeit
Schwerkraft
10 Minuten
2-fach
20 Minuten
3-fach
30 Minute
4-fach
5-f
6
7
80 Minuten
DIE SCHWERKRAFT IN DIESEM RAUM ERHÖHT SICH ALLE ZEHN MINUTEN.
JE LÄNGER DU BRAUCHST, DESTO SCHWIERIGER WIRD ES.
DU MUST DIE ZWÖLF SCHWÄNZE FANGEN.
DAS IST SCHON ANSPRUCHSVOLLER!!
ZUMM
ZUMM
ZUMM
ZUMM
HA!
SCHWING
HGGGGGN!
ZUMM
ZUMM
ZUMM
ZUMM
ZAPP
STAMPF
ICH WIRKE EINEN ZAUBER, DER MICH IMMUN GEGEN DIE SCHWERKRAFT MACHT.
CHEATER ...
UND RECHTS!!
ZUMM
UND LINKS!!
ZUMM
ZUMM
ZUMM
ZUMM
ZAPP
ZAPP
HMPF!

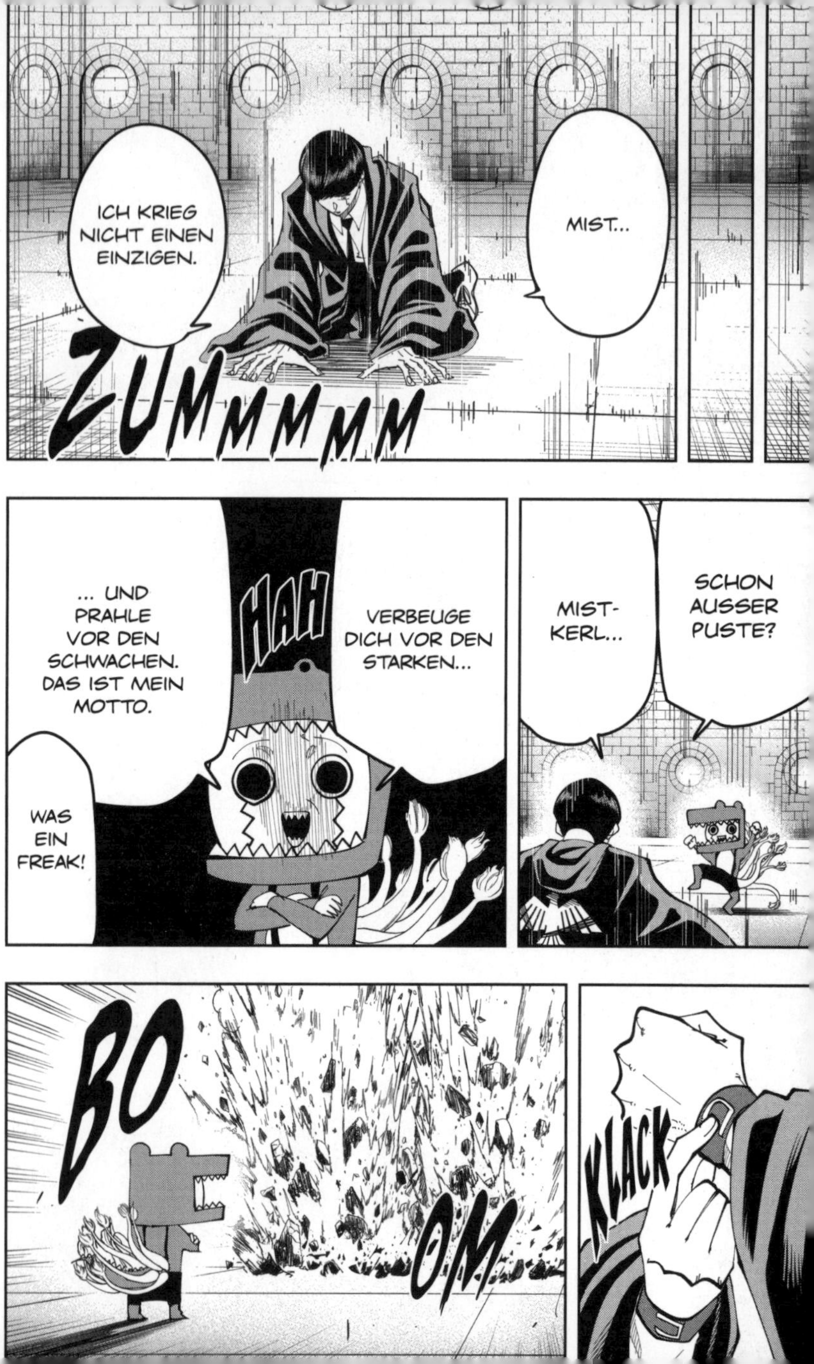
MIST...
ICH KRIEG NICHT EINEN EINZIGEN.
ZUMMMMMM
SCHON AUSSER PUSTE?
MIST-KERL...
VERBEUGE DICH VOR DEN STARKEN...
HAH
... UND PRAHLE VOR DEN SCHWACHEN. DAS IST MEIN MOTTO.
WAS EIN FREAK!
KLACK
BOOM

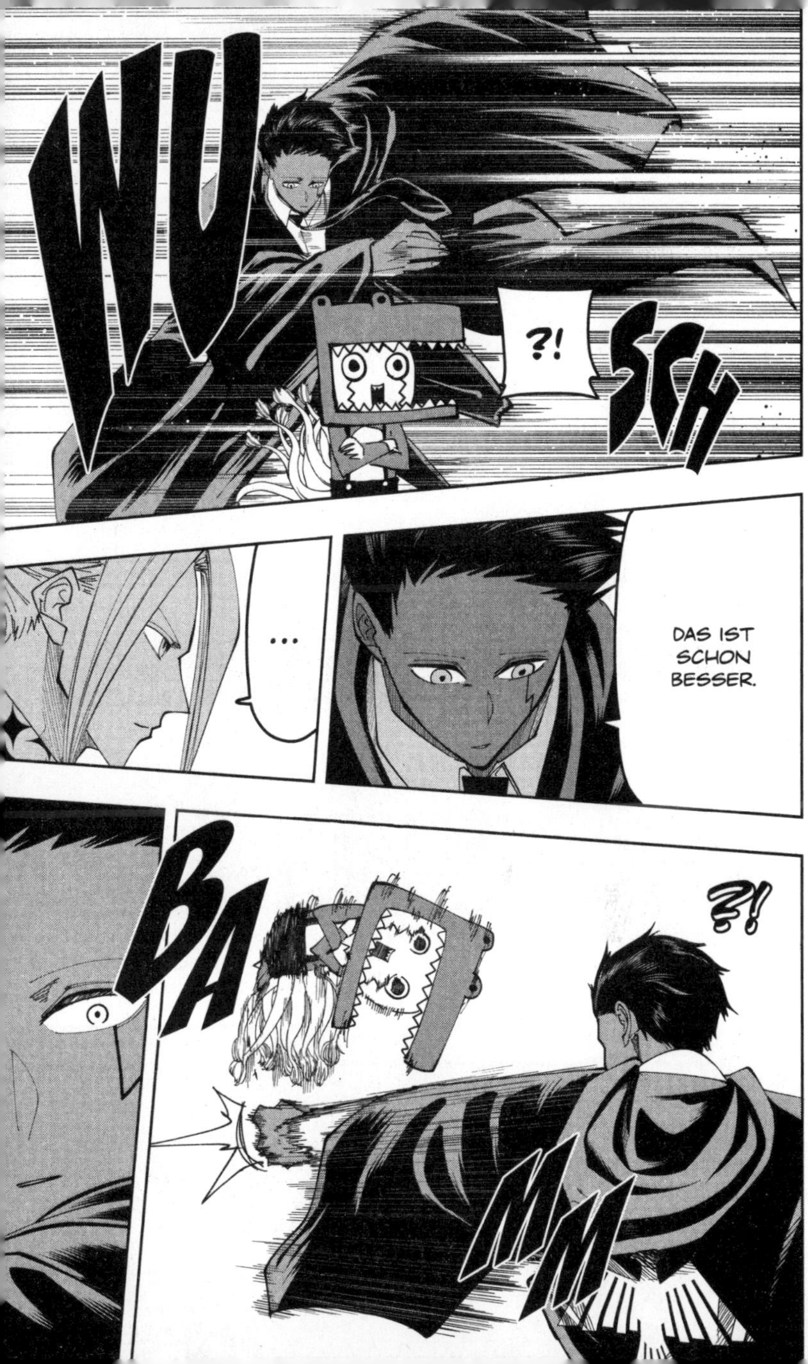

SCH
?!
WUU
DAS IST SCHON BESSER.
...
?!
BA
MMM

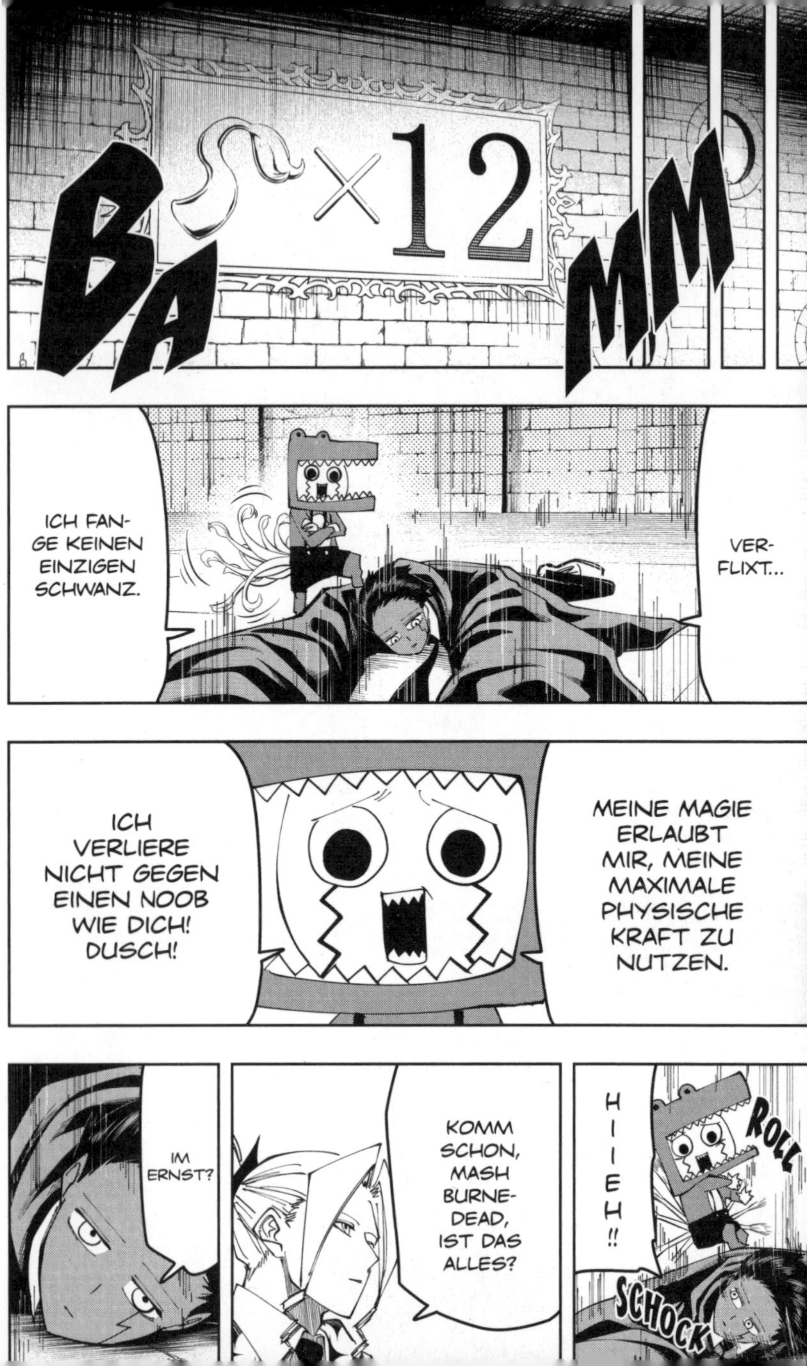
×12
BAMM
VERFLIXT...
ICH FANGE KEINEN EINZIGEN SCHWANZ.
MEINE MAGIE ERLAUBT MIR, MEINE MAXIMALE PHYSISCHE KRAFT ZU NUTZEN.
ICH VERLIERE NICHT GEGEN EINEN NOOB WIE DICH! DUSCH!
HIIEH!!
ROLL
SCHOCK
KOMM SCHON, MASH BURNEDEAD, IST DAS ALLES?
IM ERNST?

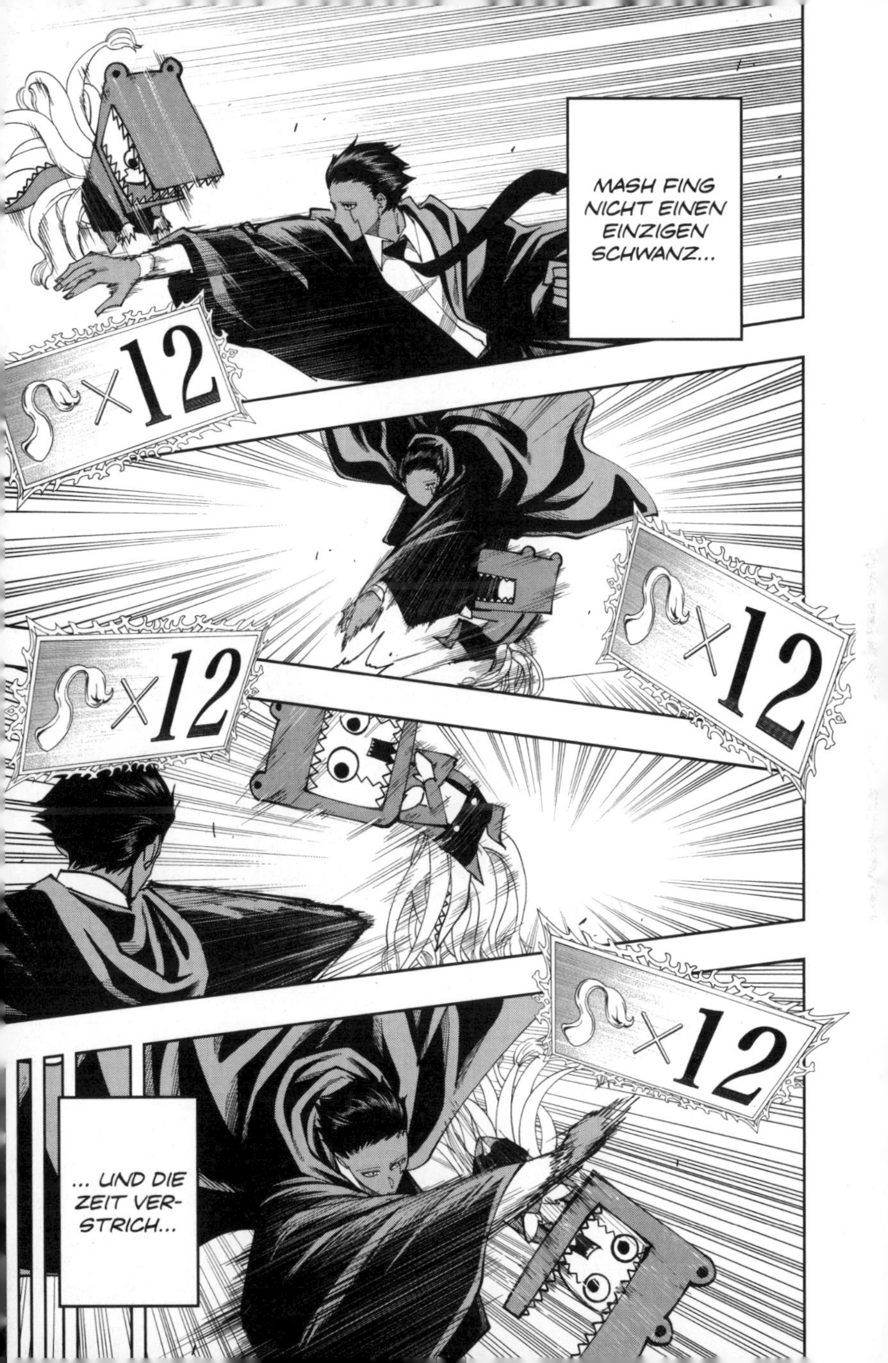
MASH FING NICHT EINEN EINZIGEN SCHWANZ...
×12
×12
×12
×12
... UND DIE ZEIT VER-STRICH...

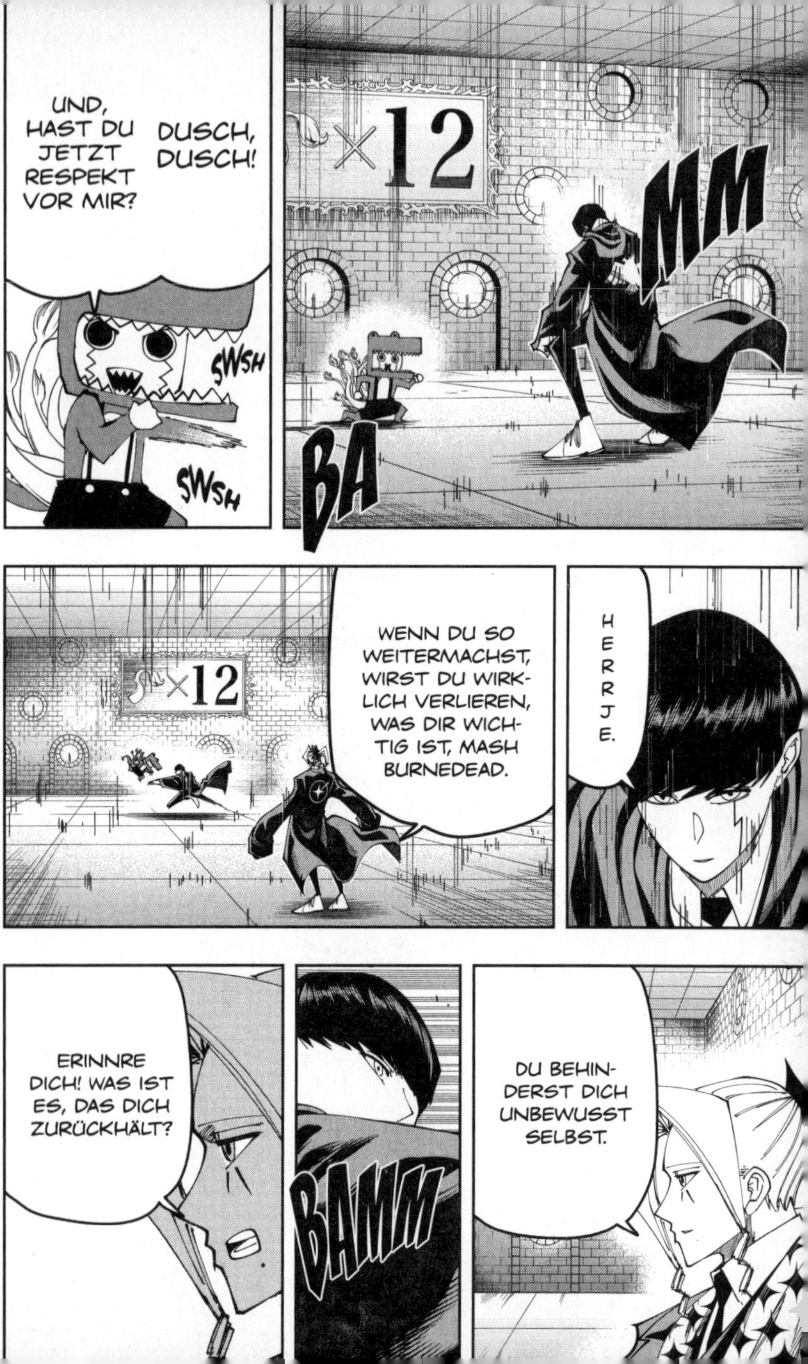
UND, HAST DU JETZT RESPEKT VOR MIR?
DUSCH, DUSCH!
SWSH
SWSH
×12
MM
BA
WENN DU SO WEITERMACHST, WIRST DU WIRKLICH VERLIEREN, WAS DIR WICHTIG IST, MASH BURNEDEAD.
×12
HERRJE.
DU BEHINDERST DICH UNBEWUSST SELBST.
BAMM
ERINNRE DICH! WAS IST ES, DAS DICH ZURÜCKHÄLT?

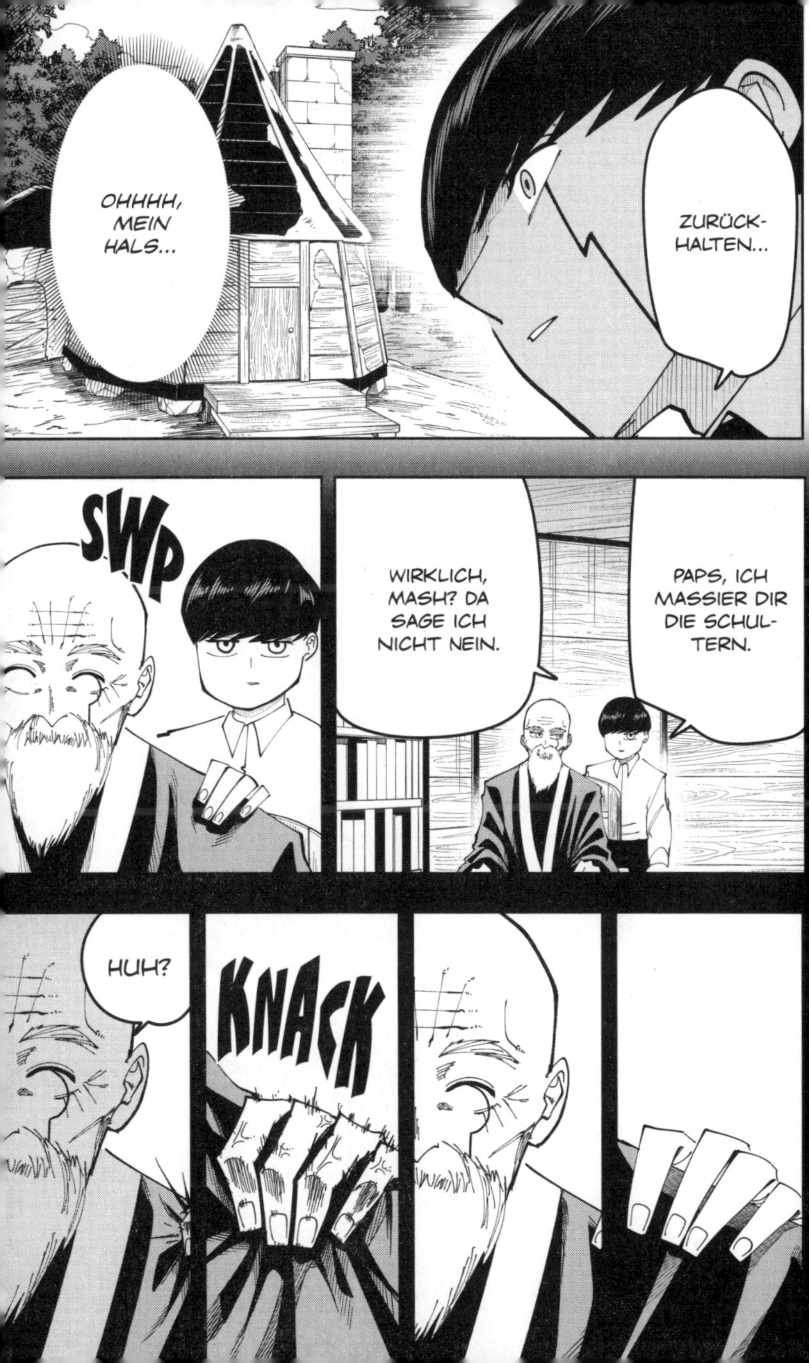
ZURÜCK-
HALTEN...
OHHHH,
MEIN
HALS...
PAPS, ICH
MASSIER DIR
DIE SCHUL-
TERN.
WIRKLICH,
MASH? DA
SAGE ICH
NICHT NEIN.
SWP
KNACK
HUH?

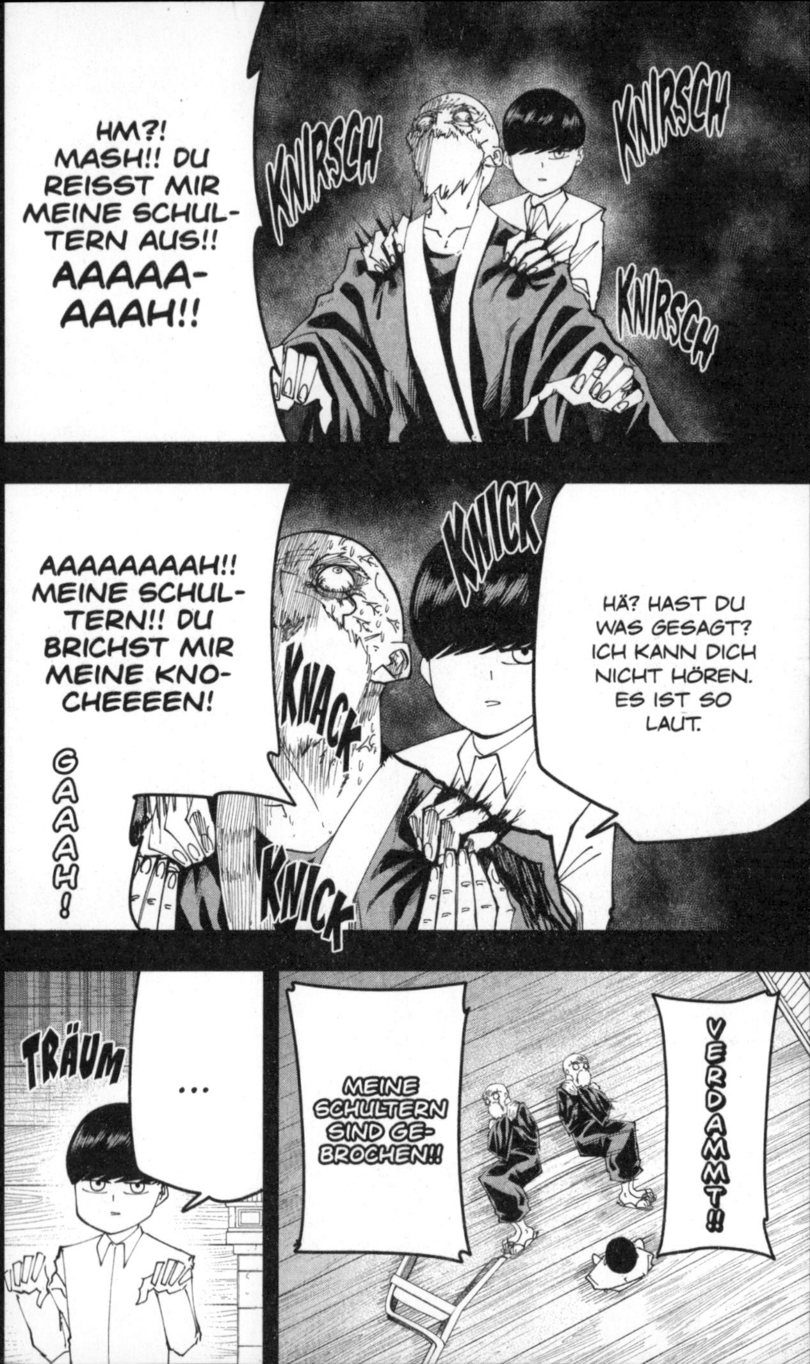
KNIRSCH
KNIRSCH
KNIRSCH
HM?! MASH!! DU REISST MIR MEINE SCHULTERN AUS!! AAAAAAAAH!!
KNICK
HÄ? HAST DU WAS GESAGT? ICH KANN DICH NICHT HÖREN. ES IST SO LAUT.
AAAAAAAAH!! MEINE SCHULTERN!! DU BRICHST MIR MEINE KNOCHEEEEN!
KNACK
KNICK
GAAAAH!
VERDAMMT!!
MEINE SCHULTERN SIND GEBROCHEN!!
...
TRÄUM

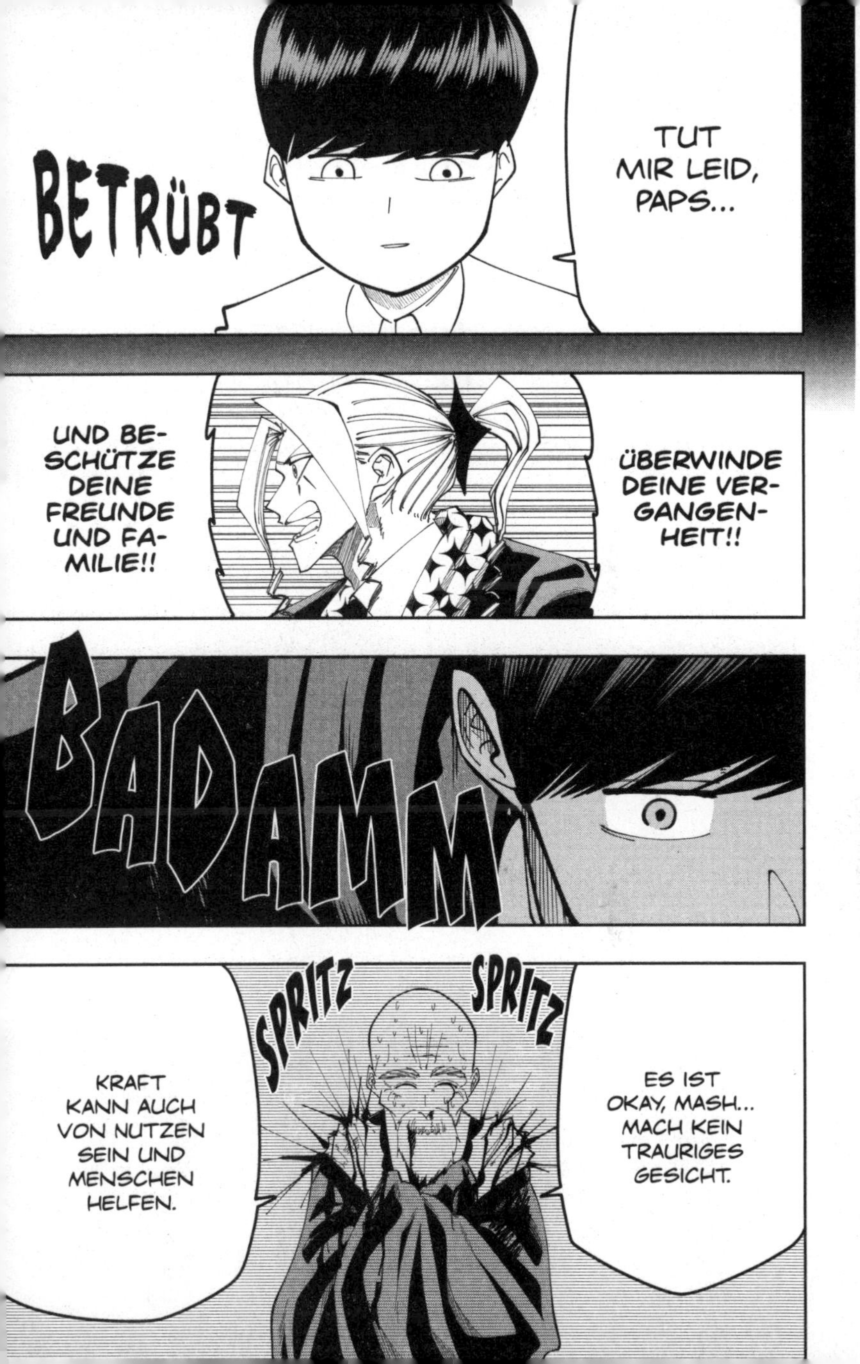
TUT MIR LEID, PAPS...
BETRÜBT
ÜBERWINDE DEINE VERGANGENHEIT!!
UND BESCHÜTZE DEINE FREUNDE UND FAMILIE!!
BADAMM
ES IST OKAY, MASH... MACH KEIN TRAURIGES GESICHT.
SPRITZ
SPRITZ
KRAFT KANN AUCH VON NUTZEN SEIN UND MENSCHEN HELFEN.

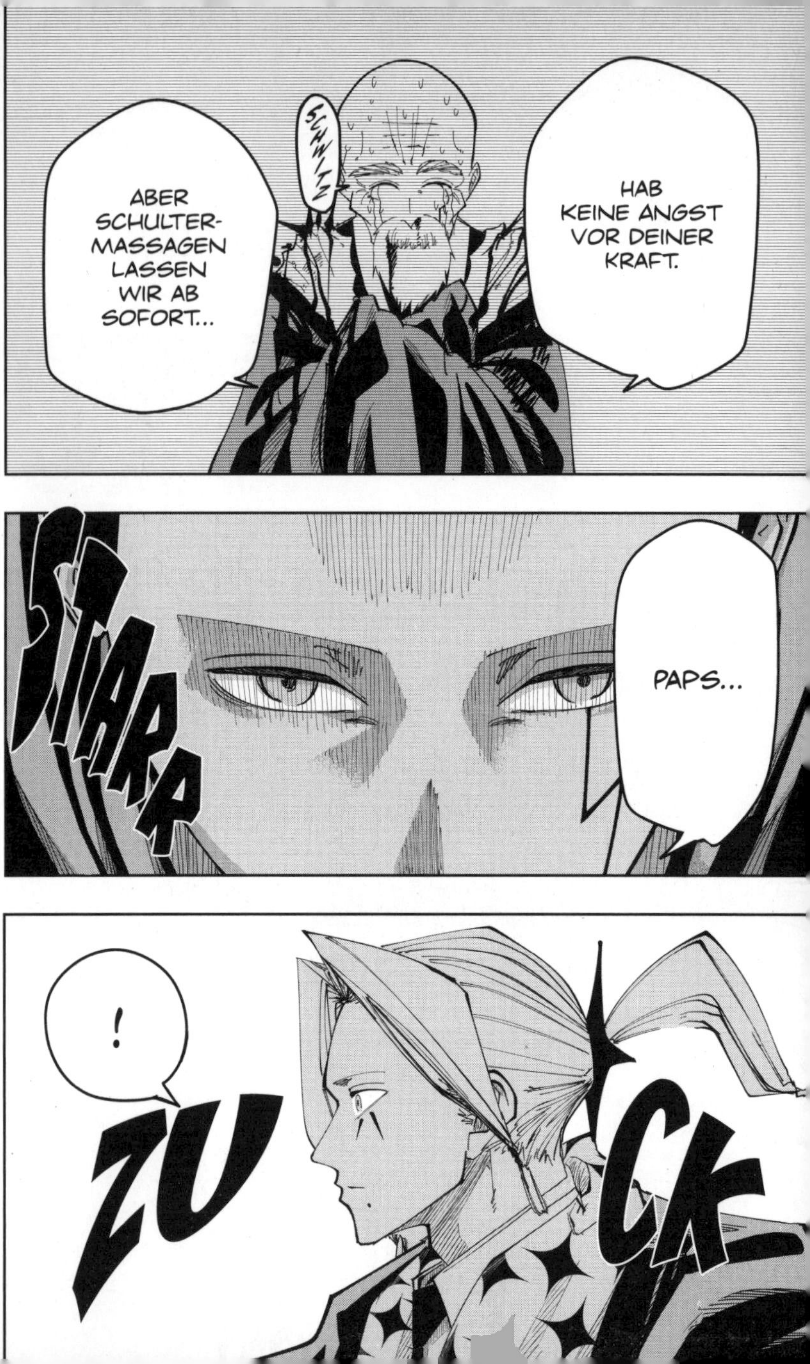
HAB KEINE ANGST VOR DEINER KRAFT.
SCHWITZ
ABER SCHULTER-MASSAGEN LASSEN WIR AB SOFORT...
PAPS...
STARR
!
ZU
CK

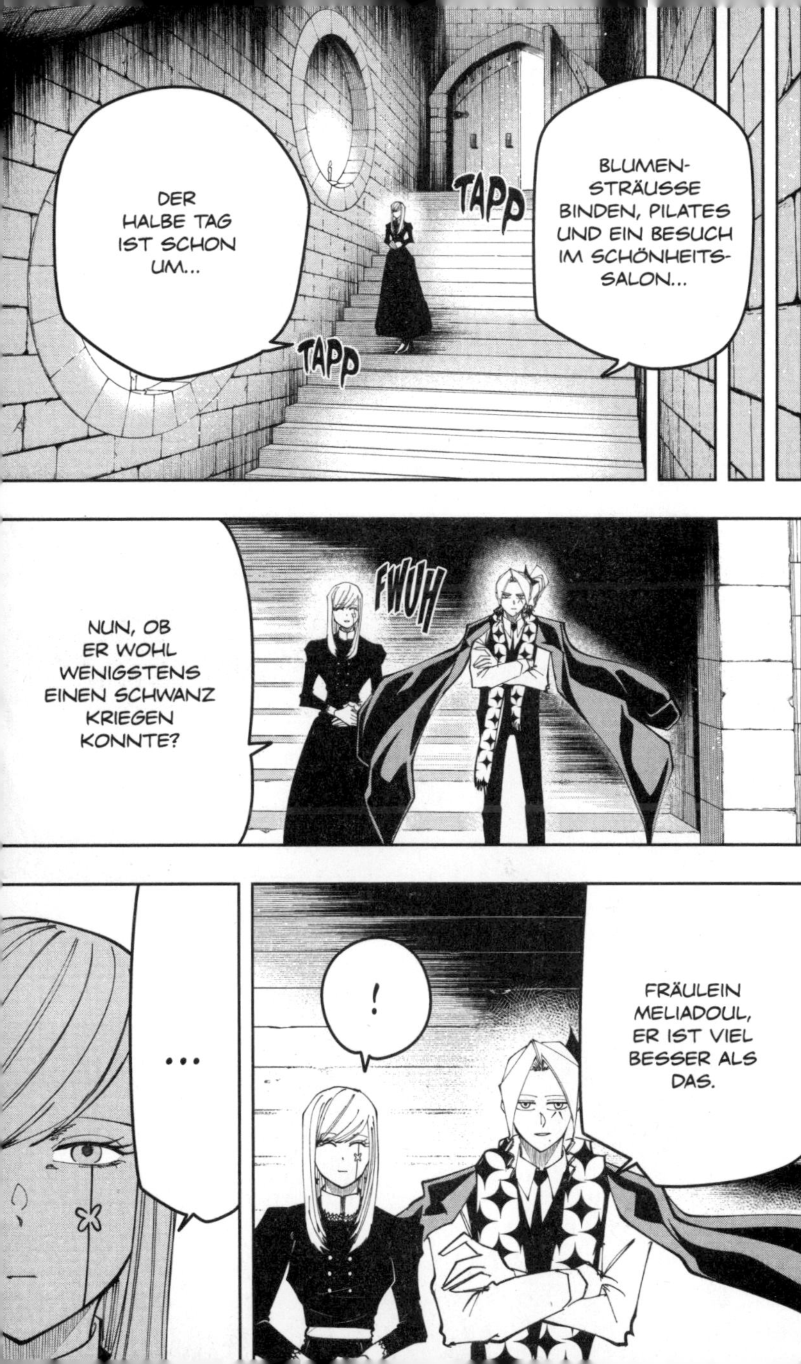
TAPP
BLUMEN-STRÄUSSE BINDEN, PILATES UND EIN BESUCH IM SCHÖNHEITS-SALON...
TAPP
DER HALBE TAG IST SCHON UM...
FWUH
NUN, OB ER WOHL WENIGSTENS EINEN SCHWANZ KRIEGEN KONNTE?
FRÄULEIN MELIADOUL, ER IST VIEL BESSER ALS DAS.
!
...

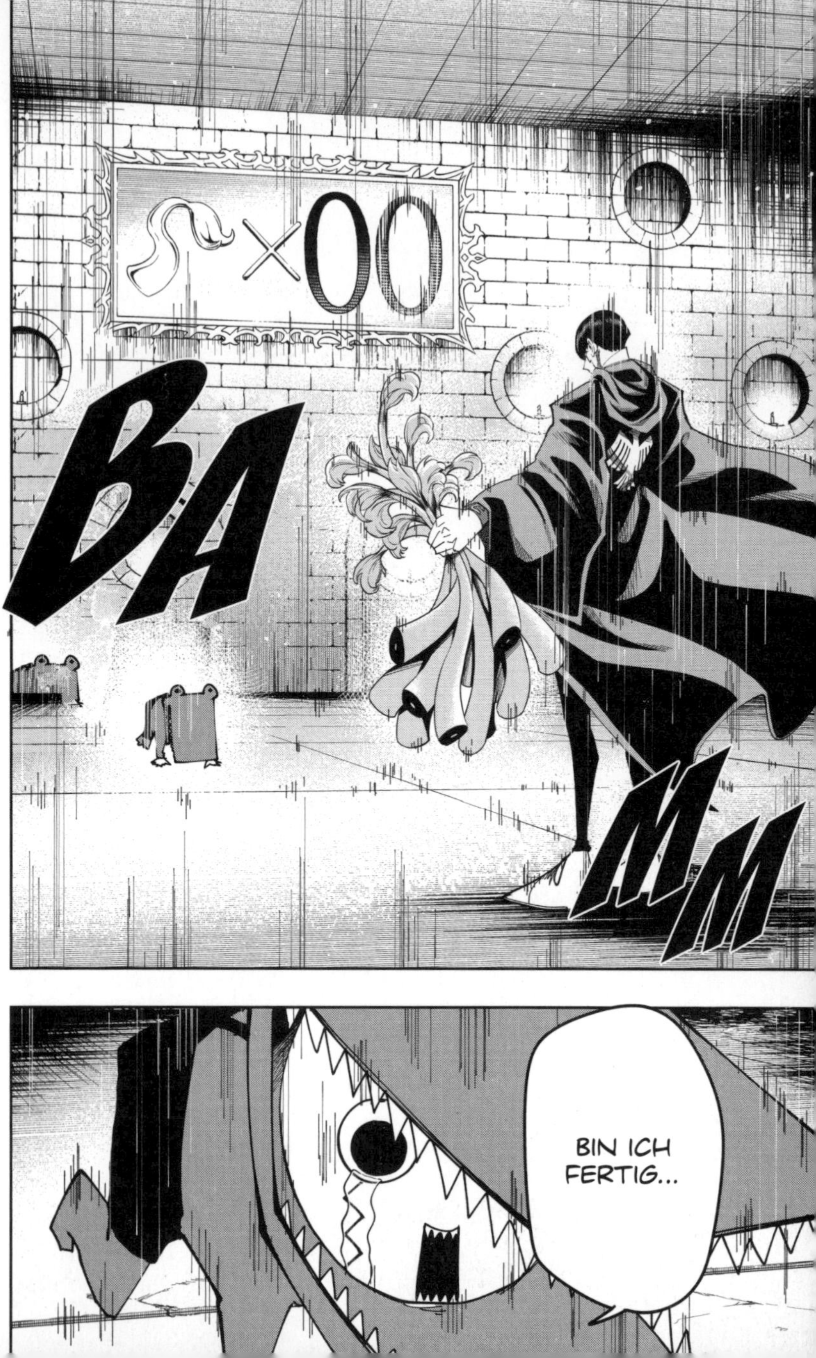
×00
BAMM
BIN ICH FERTIG...

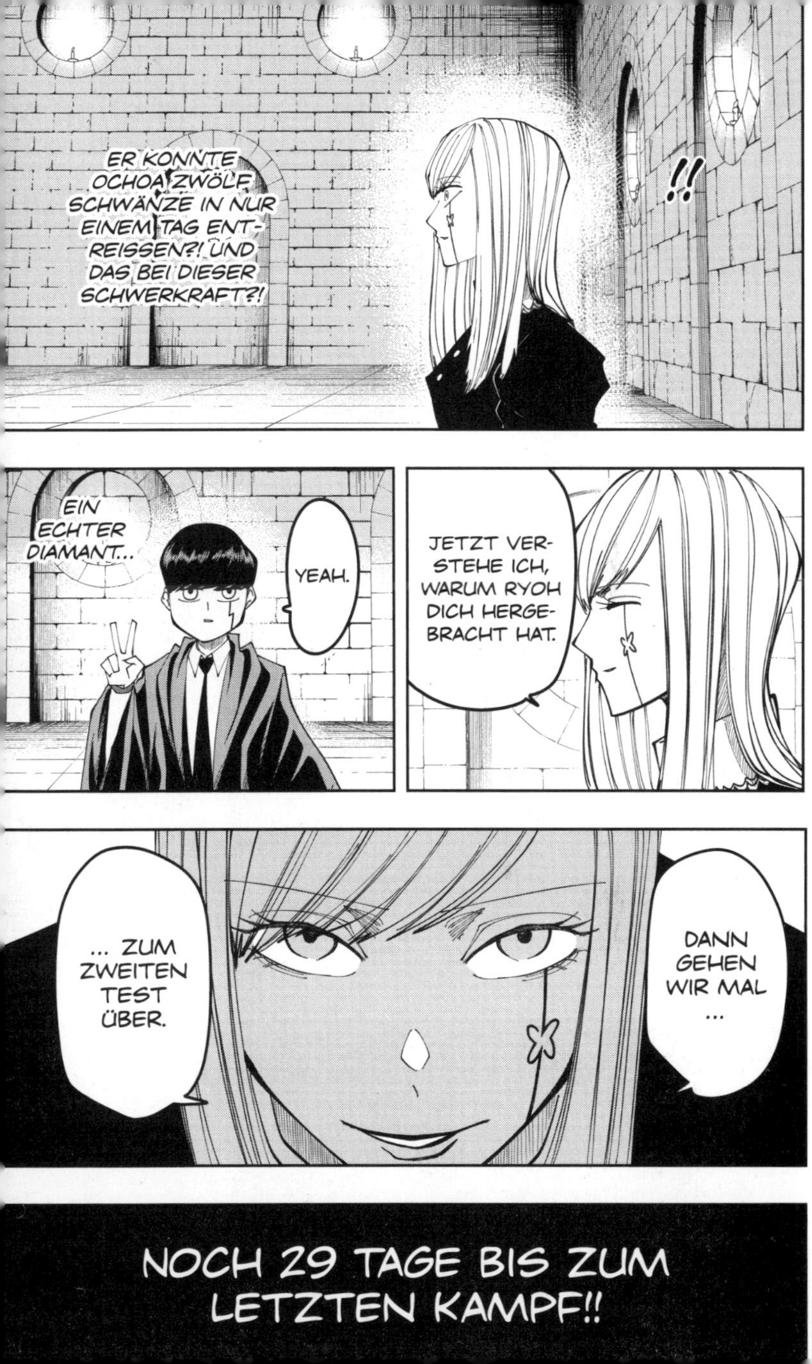
ER KONNTE OCHOA ZWÖLF SCHWÄNZE IN NUR EINEM TAG ENT-REISSEN?! UND DAS BEI DIESER SCHWERKRAFT?!
!!
JETZT VER-STEHE ICH, WARUM RYOH DICH HERGE-BRACHT HAT.
YEAH.
EIN ECHTER DIAMANT ...
DANN GEHEN WIR MAL ...
... ZUM ZWEITEN TEST ÜBER.
NOCH 29 TAGE BIS ZUM LETZTEN KAMPF!!

Extra ③

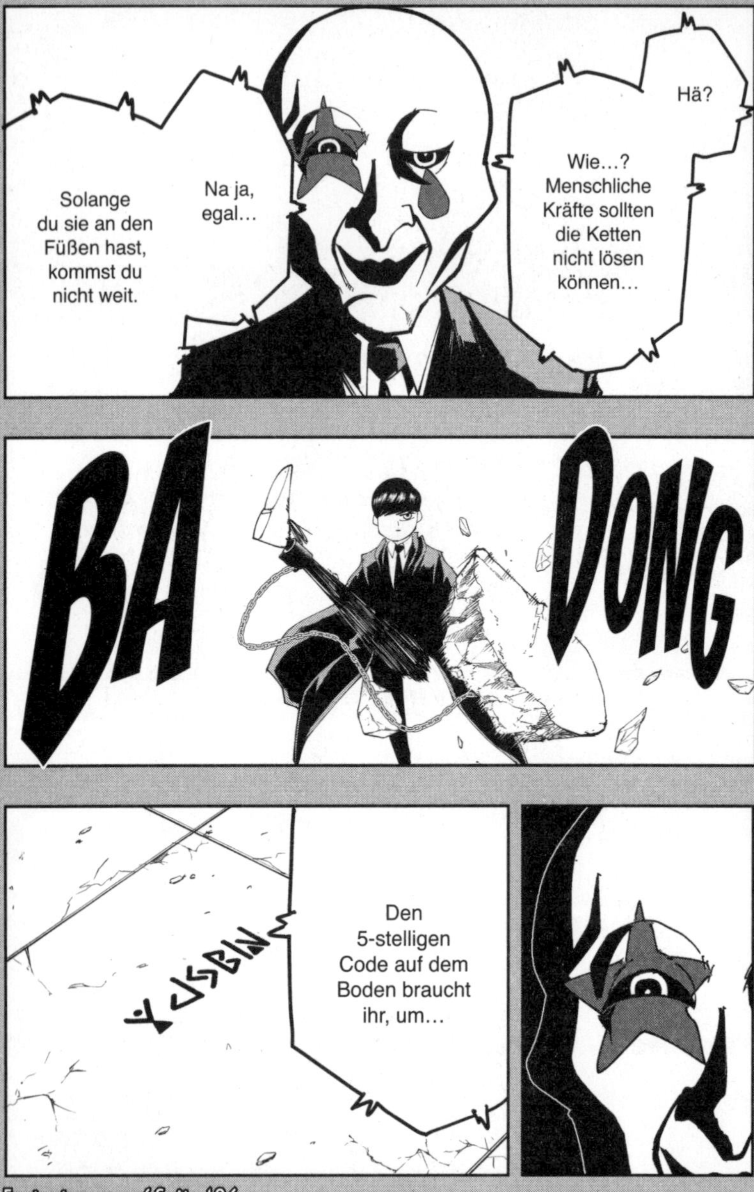

Fortsetzung auf Seite 106

105. Kapitel Mash Burnedead und die gepanzerten Krieger

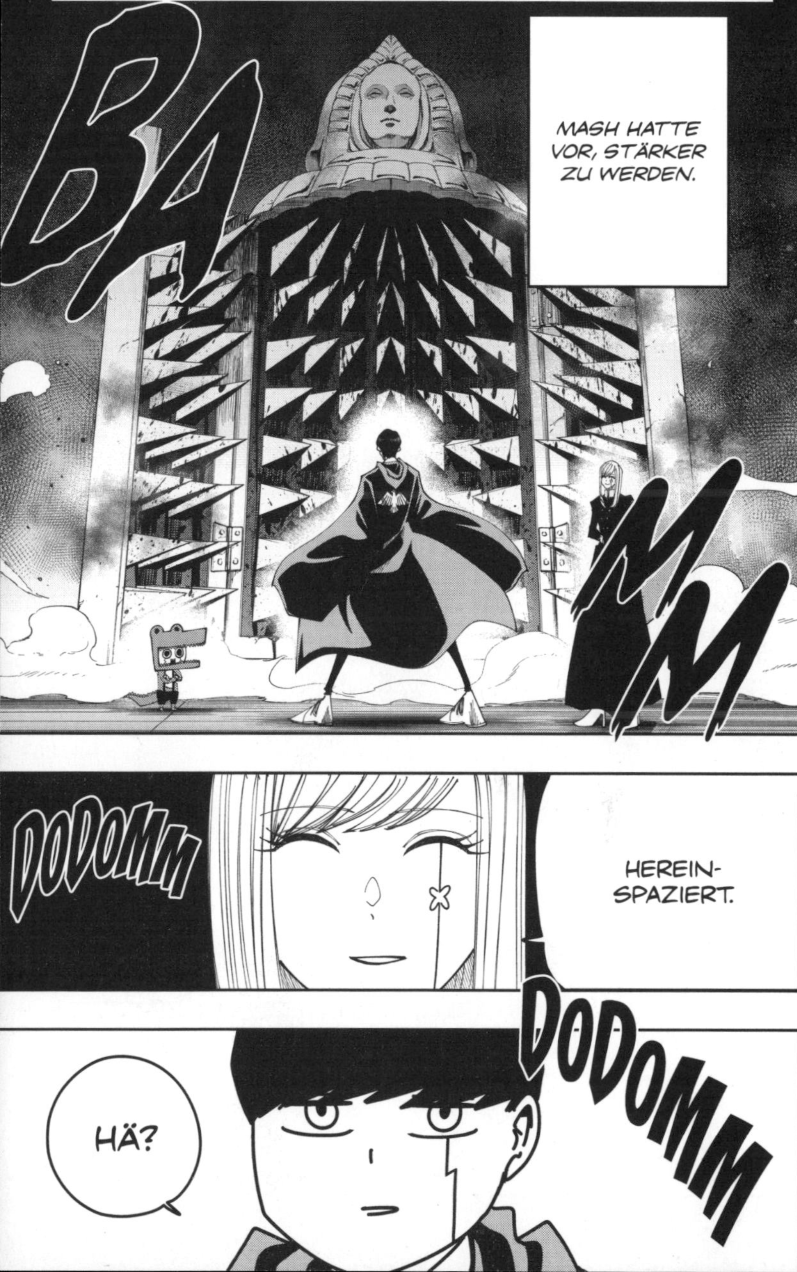

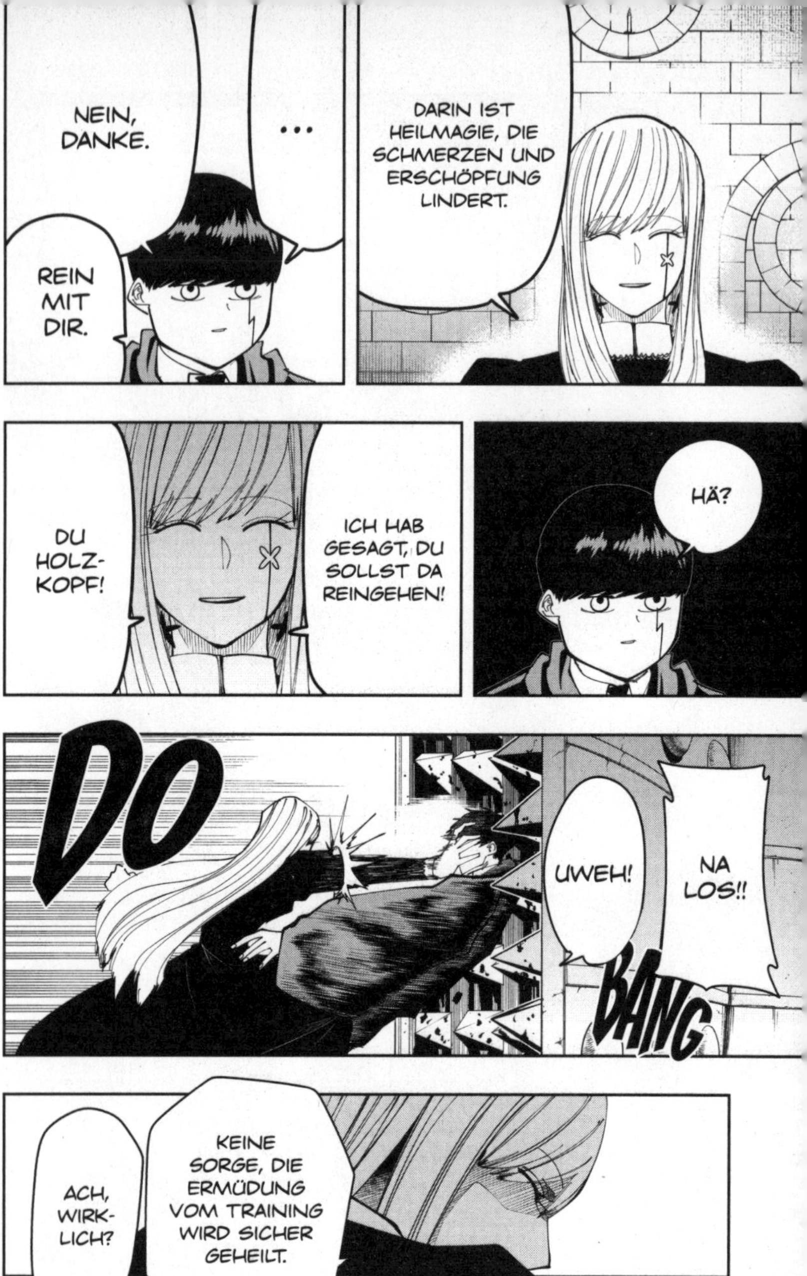
DARIN IST HEILMAGIE, DIE SCHMERZEN UND ERSCHÖPFUNG LINDERT.
...
NEIN, DANKE.
REIN MIT DIR.
HÄ?
ICH HAB GESAGT, DU SOLLST DA REINGEHEN!
DU HOLZ-KOPF!
NA LOS!!
UWEH!
BANG
DO
KEINE SORGE, DIE ERMÜDUNG VOM TRAINING WIRD SICHER GEHEILT.
ACH, WIRK-LICH?

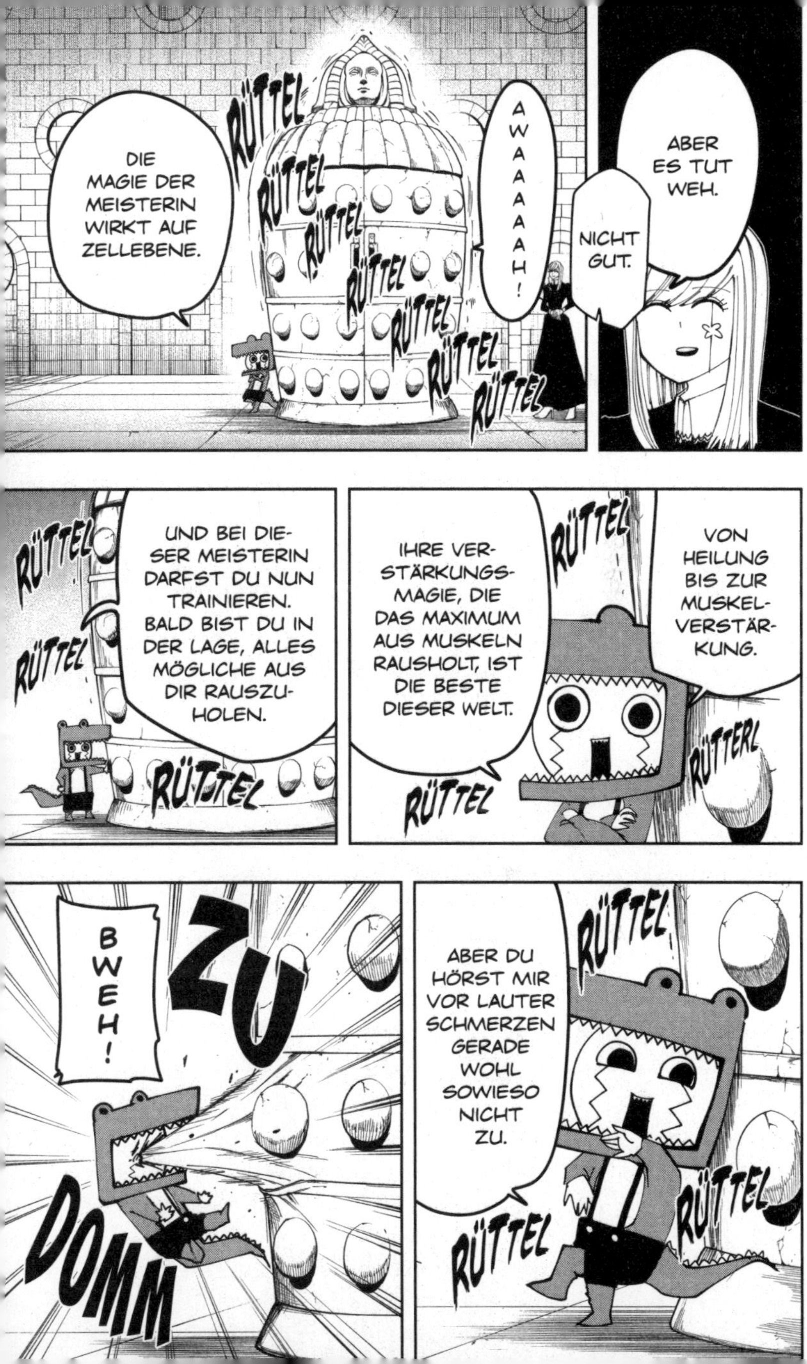
DIE MAGIE DER MEISTERIN WIRKT AUF ZELLEBENE.
RÜTTEL RÜTTEL RÜTTEL RÜTTEL RÜTTEL RÜTTEL RÜTTEL
AWAAAAAAH!
ABER ES TUT WEH.
NICHT GUT.
VON HEILUNG BIS ZUR MUSKELVERSTÄRKUNG.
RÜTTEL
IHRE VERSTÄRKUNGSMAGIE, DIE DAS MAXIMUM AUS MUSKELN RAUSHOLT, IST DIE BESTE DIESER WELT.
RÜTTEL
RÜTTERL
UND BEI DIESER MEISTERIN DARFST DU NUN TRAINIEREN. BALD BIST DU IN DER LAGE, ALLES MÖGLICHE AUS DIR RAUSZUHOLEN.
RÜTTEL
RÜTTEL
RÜTTEL
ABER DU HÖRST MIR VOR LAUTER SCHMERZEN GERADE WOHL SOWIESO NICHT ZU.
RÜTTEL
RÜTTEL
RÜTTEL
BWEH!
ZU
DOMM

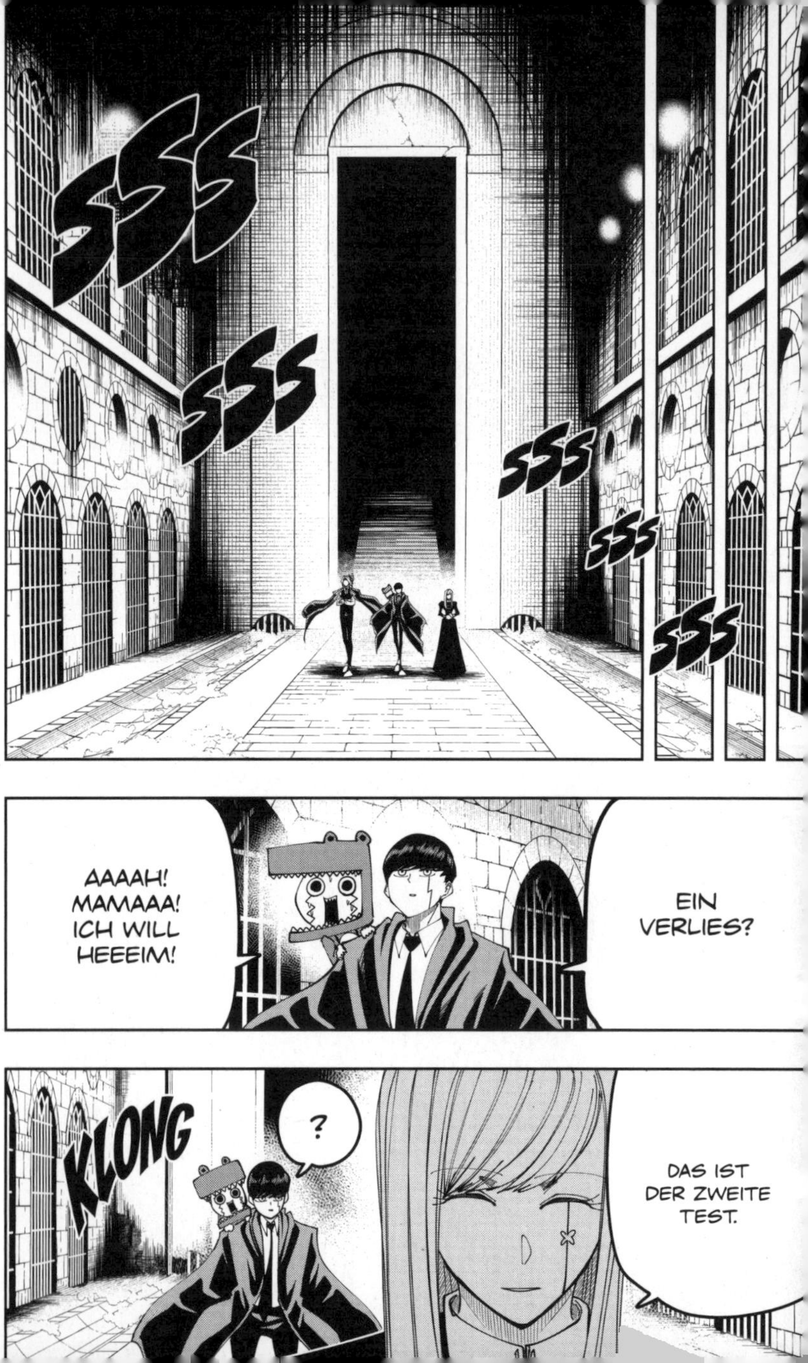
SSS
SSS
SSS
SSS
SSS
EIN VERLIES?
AAAAH! MAMAAA! ICH WILL HEEEIM!
DAS IST DER ZWEITE TEST.
?
KLONG

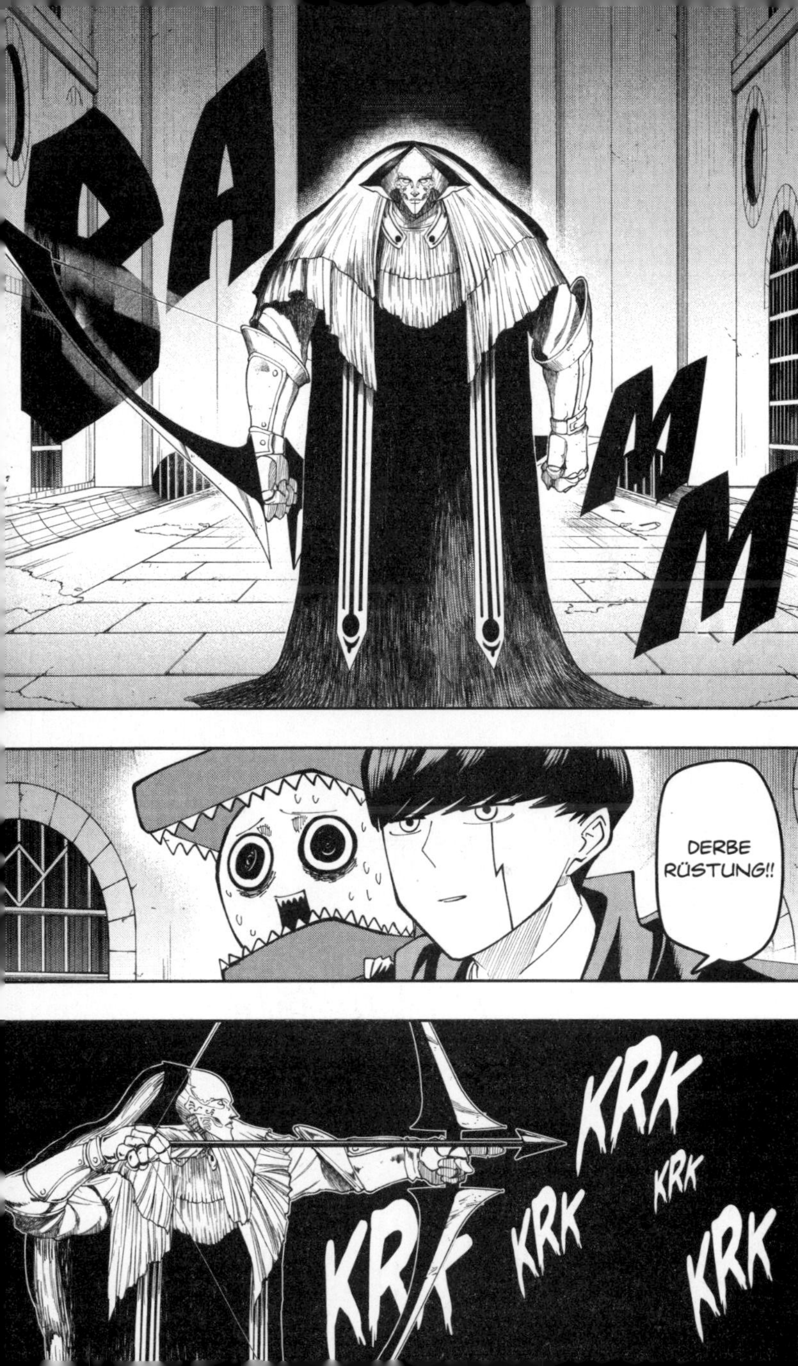
DERBE RÜSTUNG!!
KRK
KRK
KRK
KRK
KRK

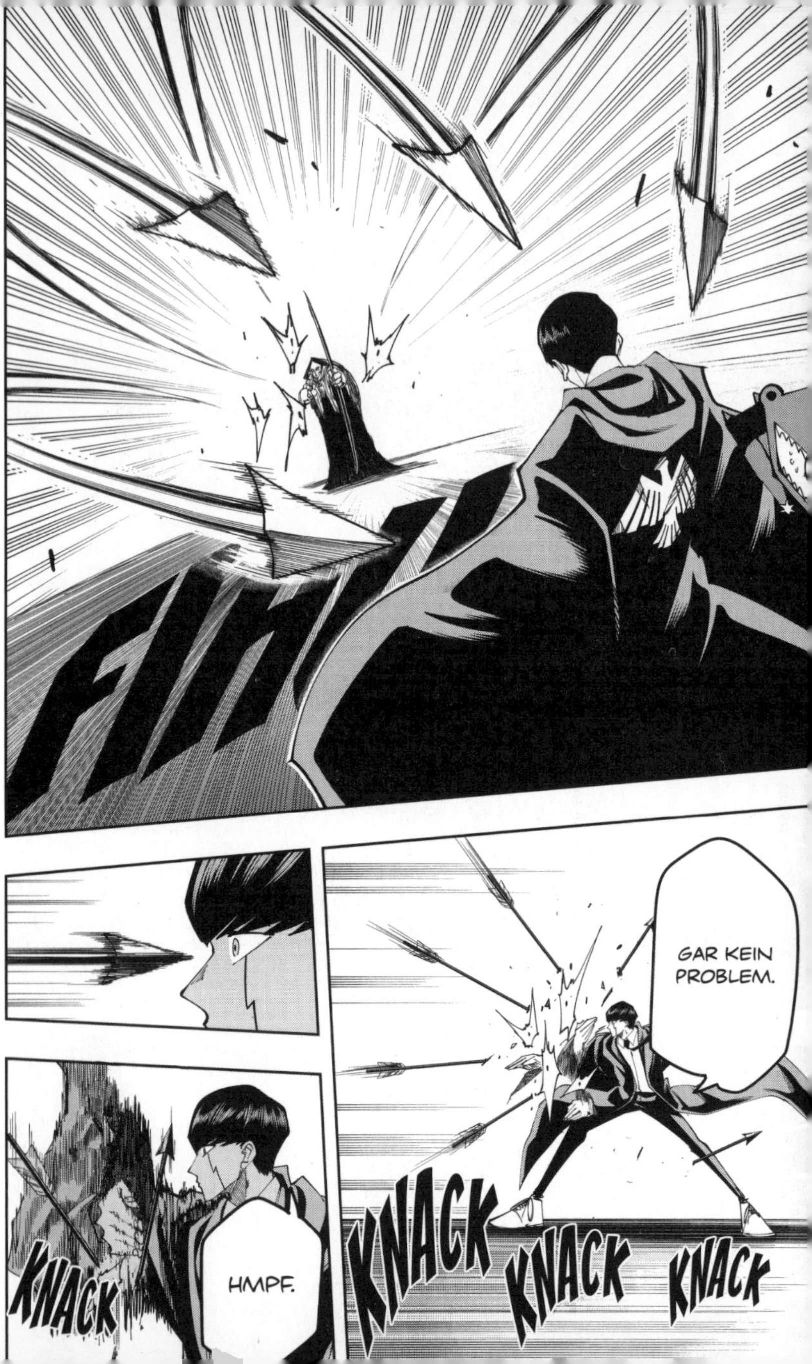
FLIT
GAR KEIN PROBLEM.
KNACK
KNACK
KNACK
HMPF.
KNACK

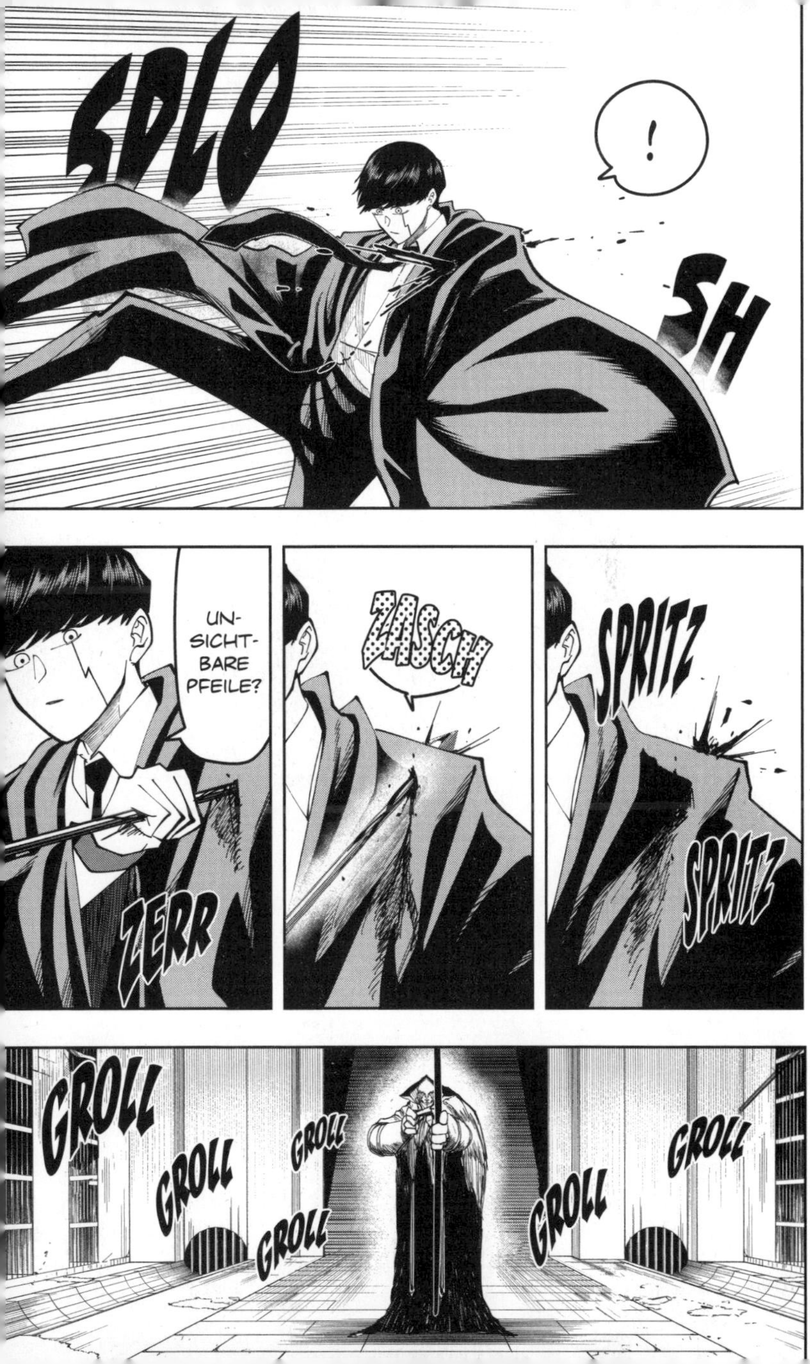

!
SH
SPLO
SPRITZ
SPRITZ
ZASCH
UN-
SICHT-
BARE
PFEILE?
ZERR
GROLL
GROLL
GROLL
GROLL
GROLL
GROLL

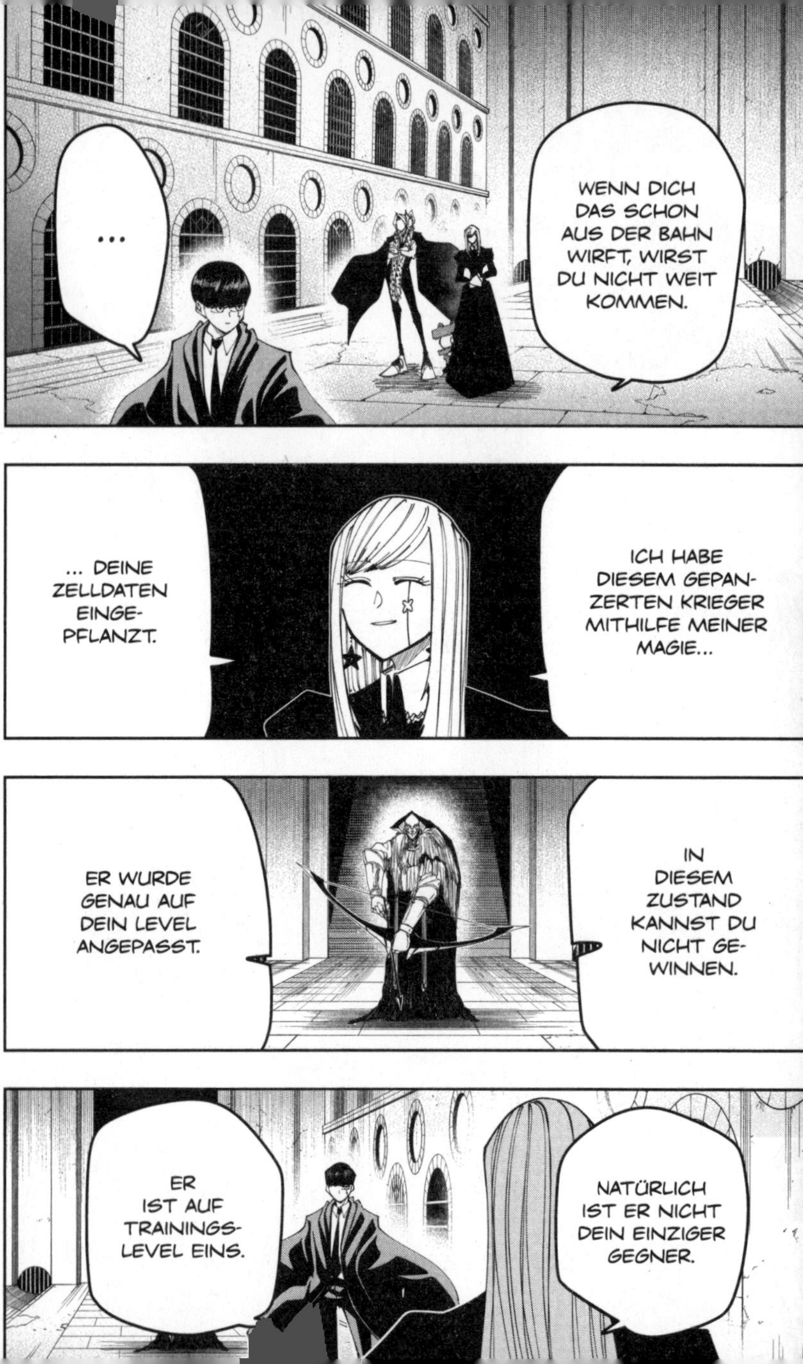
WENN DICH DAS SCHON AUS DER BAHN WIRFT, WIRST DU NICHT WEIT KOMMEN.
...
ICH HABE DIESEM GEPAN-ZERTEN KRIEGER MITHILFE MEINER MAGIE...
... DEINE ZELLDATEN EINGE-PFLANZT.
IN DIESEM ZUSTAND KANNST DU NICHT GE-WINNEN.
ER WURDE GENAU AUF DEIN LEVEL ANGEPASST.
NATÜRLICH IST ER NICHT DEIN EINZIGER GEGNER.
ER IST AUF TRAININGS-LEVEL EINS.

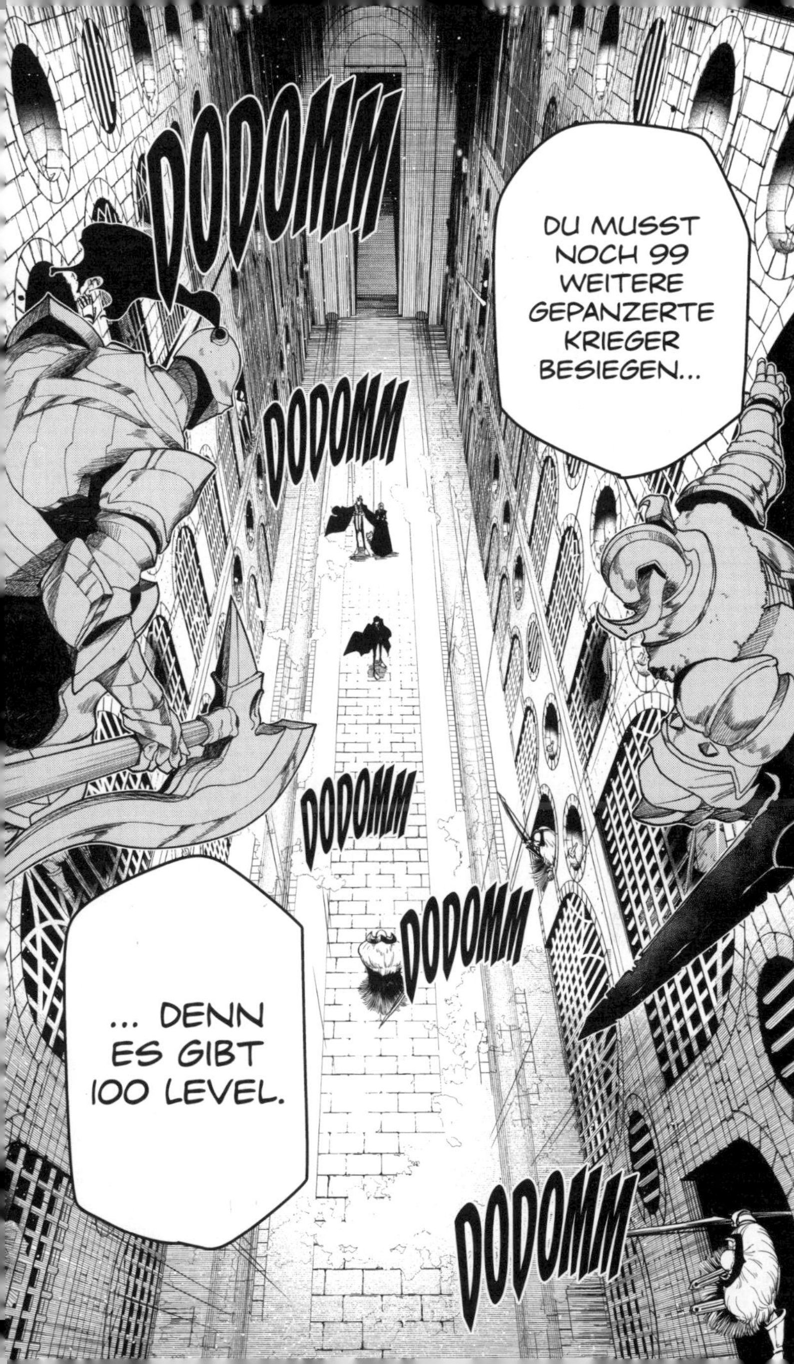
DU MUSST NOCH 99 WEITERE GEPANZERTE KRIEGER BESIEGEN...
... DENN ES GIBT 100 LEVEL.
DODOMM
DODOMM
DODOMM
DODOMM
DODOMM

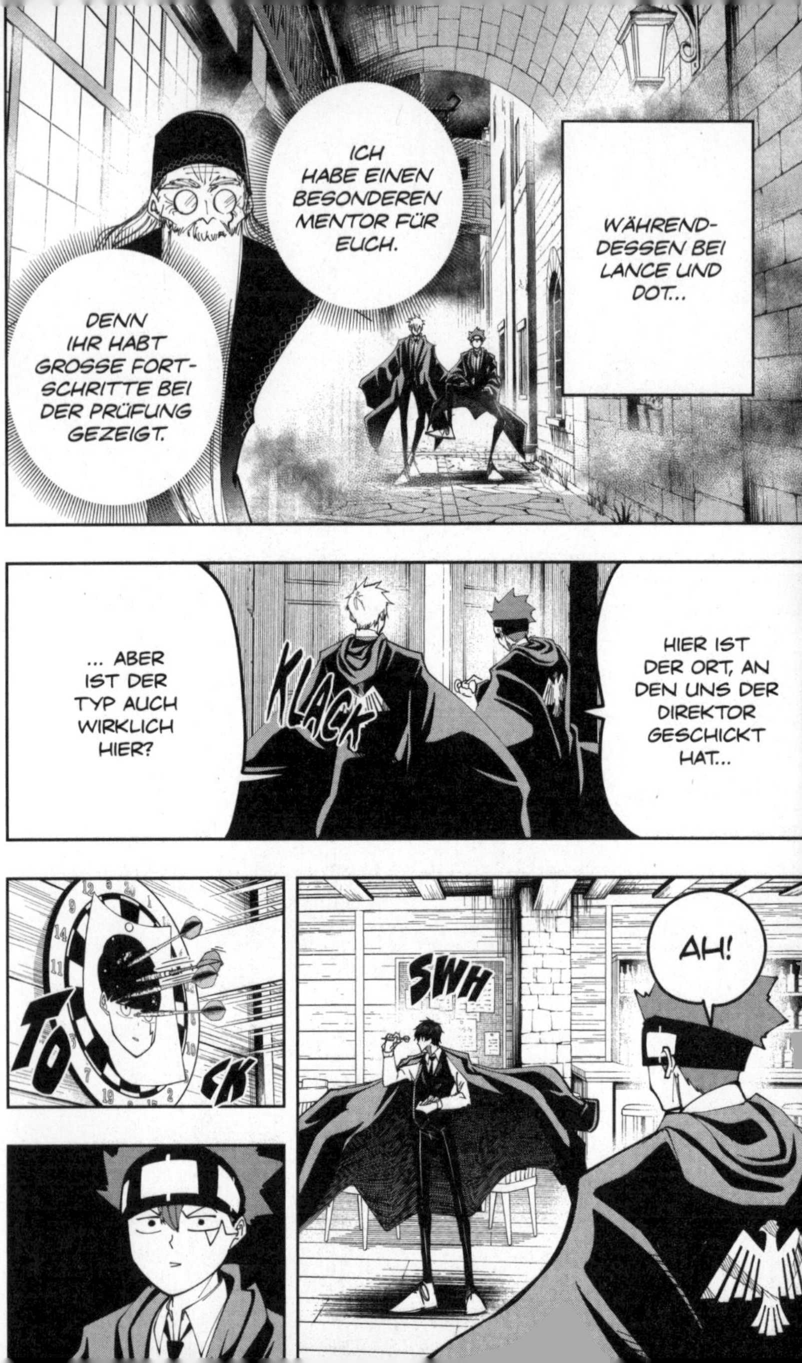
WÄHREND-DESSEN BEI LANCE UND DOT...
ICH HABE EINEN BESONDEREN MENTOR FÜR EUCH.
DENN IHR HABT GROSSE FORT-SCHRITTE BEI DER PRÜFUNG GEZEIGT.
HIER IST DER ORT, AN DEN UNS DER DIREKTOR GESCHICKT HAT...
KLACK
... ABER IST DER TYP AUCH WIRKLICH HIER?
AH!
SWH
TOCK

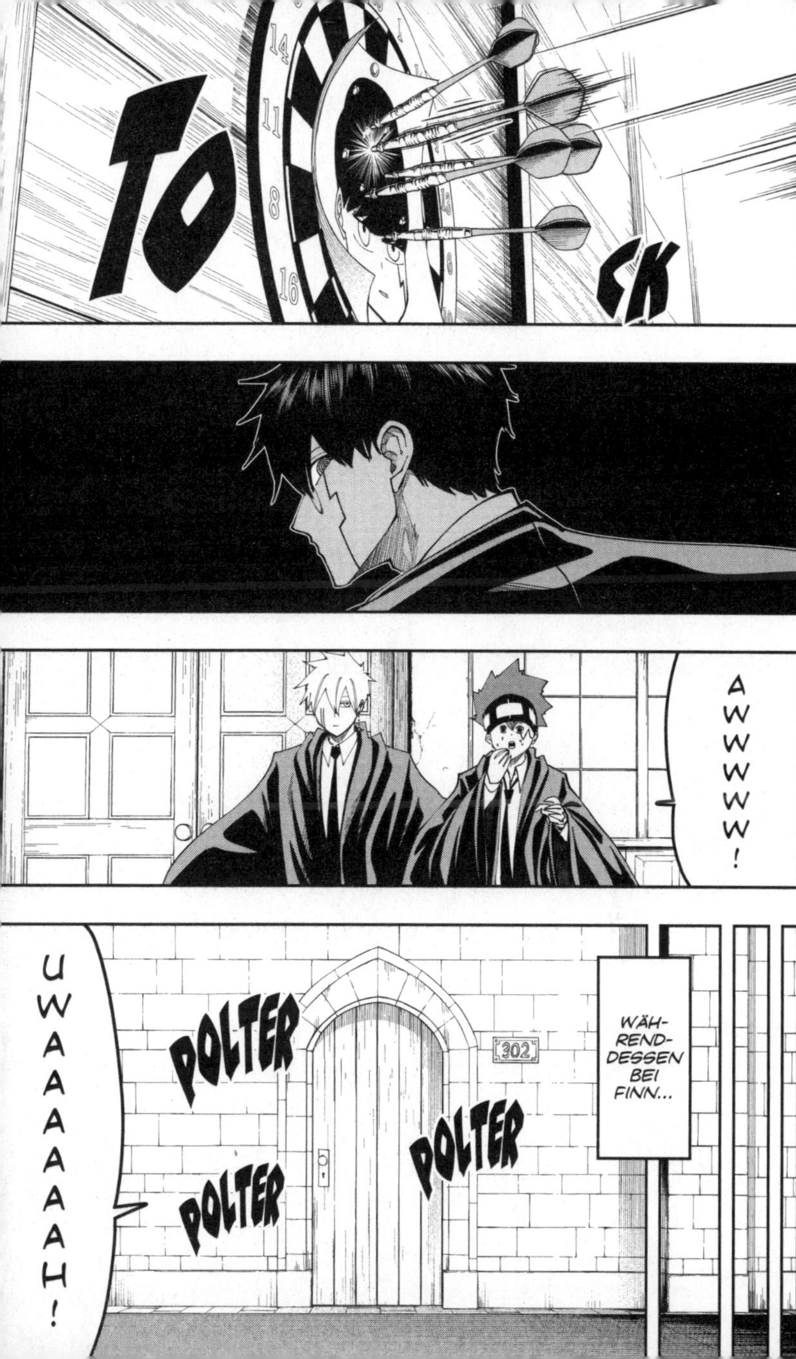

TOCK
AWWWWWW!
WÄHREND-DESSEN BEI FINN...
UWAAAAAAAAAH!
POLTER
POLTER
POLTER

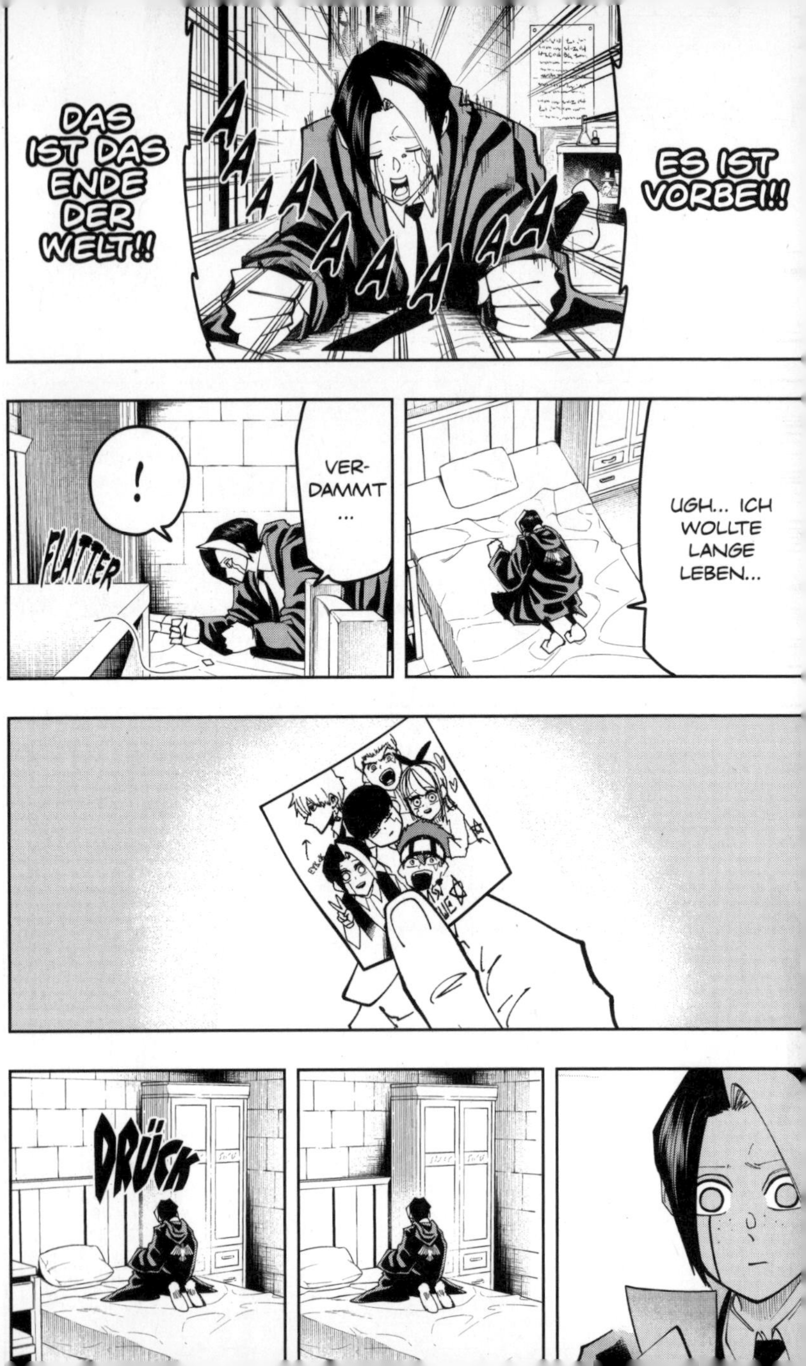
ES IST VORBEI!!
DAS IST DAS ENDE DER WELT!!
UGH... ICH WOLLTE LANGE LEBEN...
VER-DAMMT ...
!
FLATTER
DRÜCK

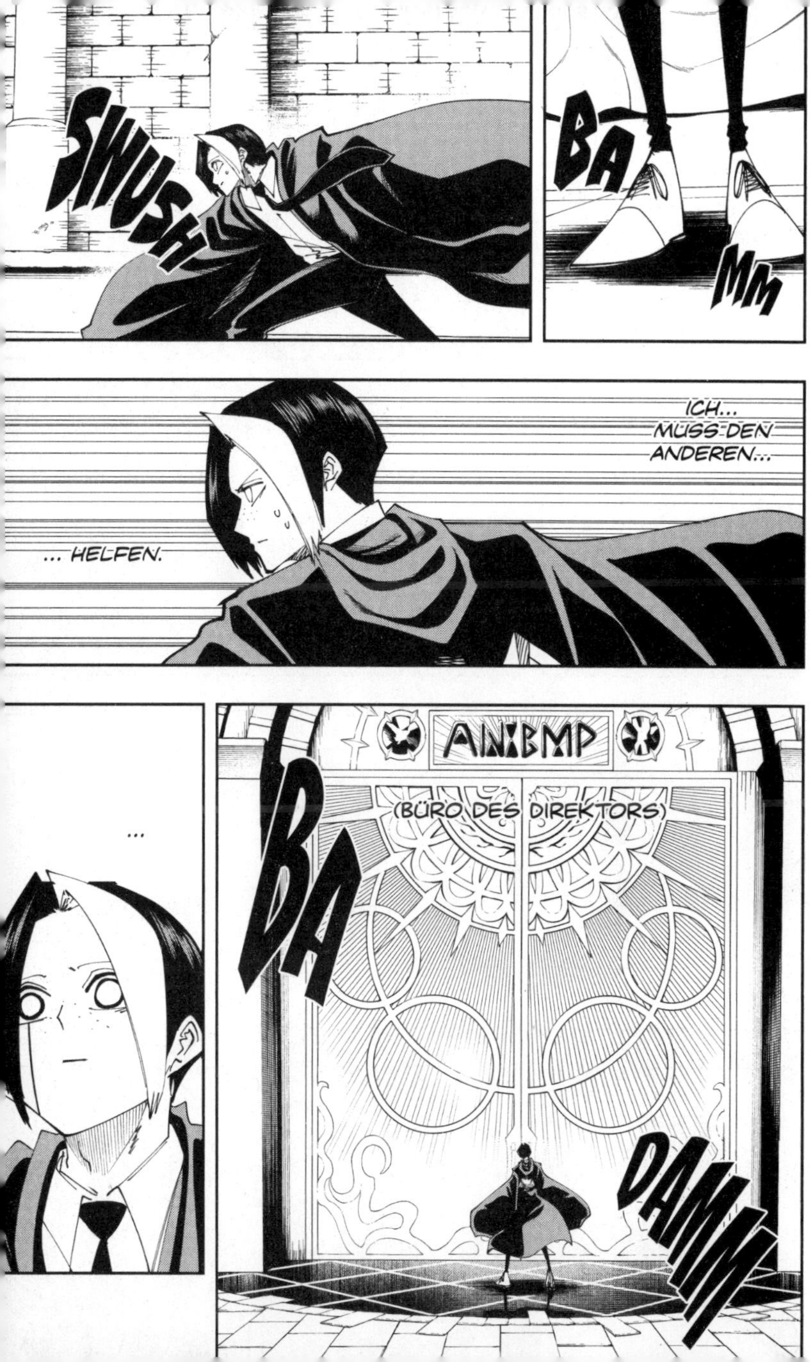
BAMM
SWUSH
ICH... MUSS DEN ANDEREN...
... HELFEN.
(BÜRO DES DIREKTORS)
BADAMM
...

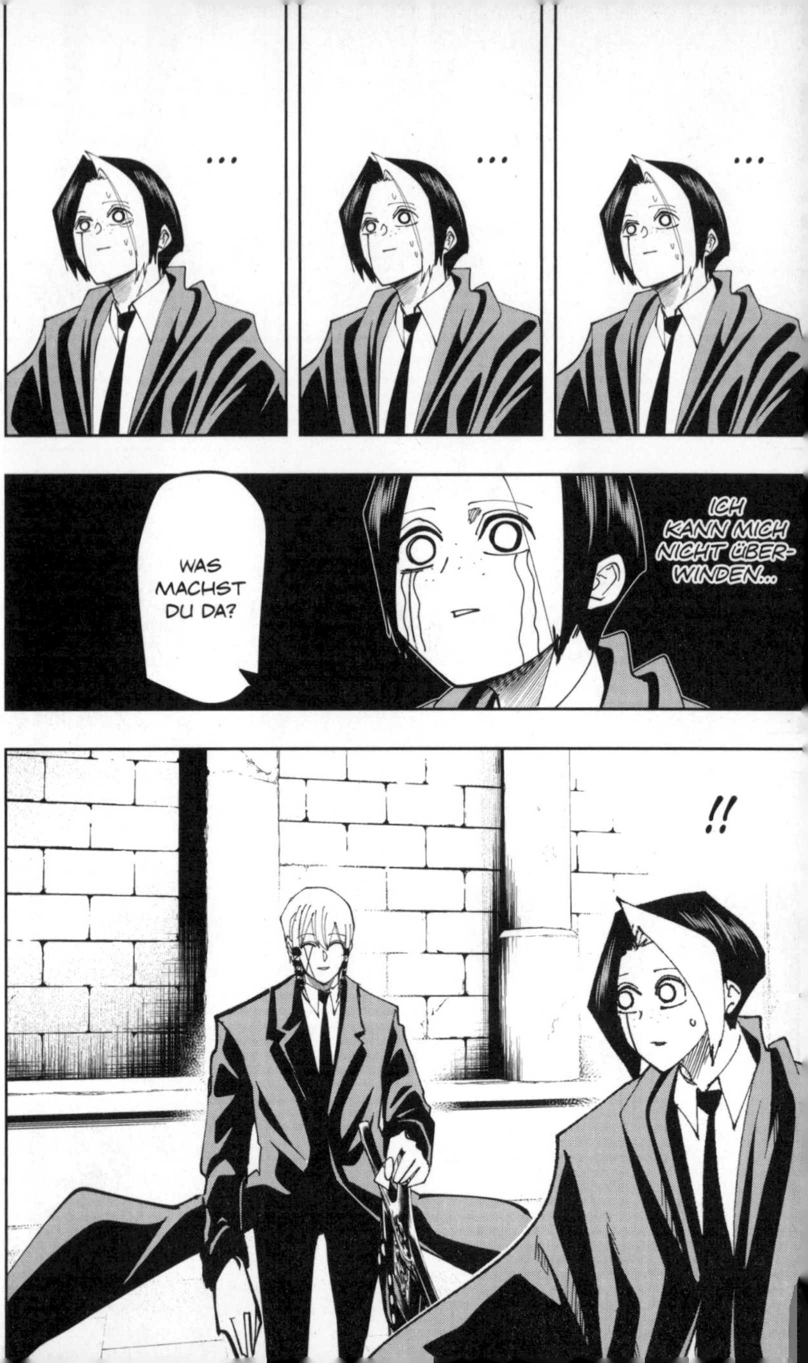
...
...
...
ICH KANN MICH NICHT ÜBER-WINDEN...
WAS MACHST DU DA?
!!

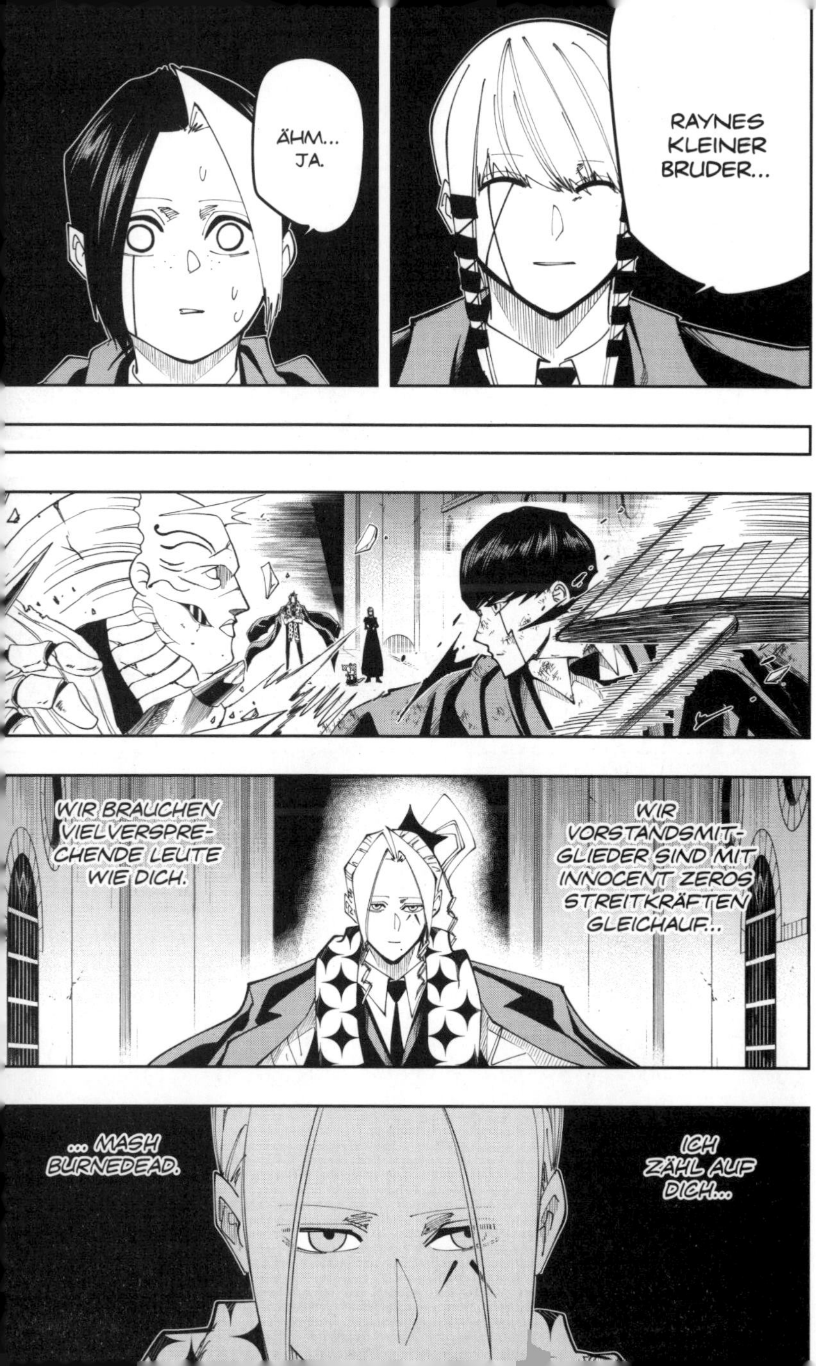
RAYNES KLEINER BRUDER...
ÄHM... JA.
WIR VORSTANDSMIT-GLIEDER SIND MIT INNOCENT ZEROS STREITKRÄFTEN GLEICHAUF...
WIR BRAUCHEN VIELVERSPRE-CHENDE LEUTE WIE DICH.
ICH ZÄHL AUF DICH...
... MASH BURNEDEAD.

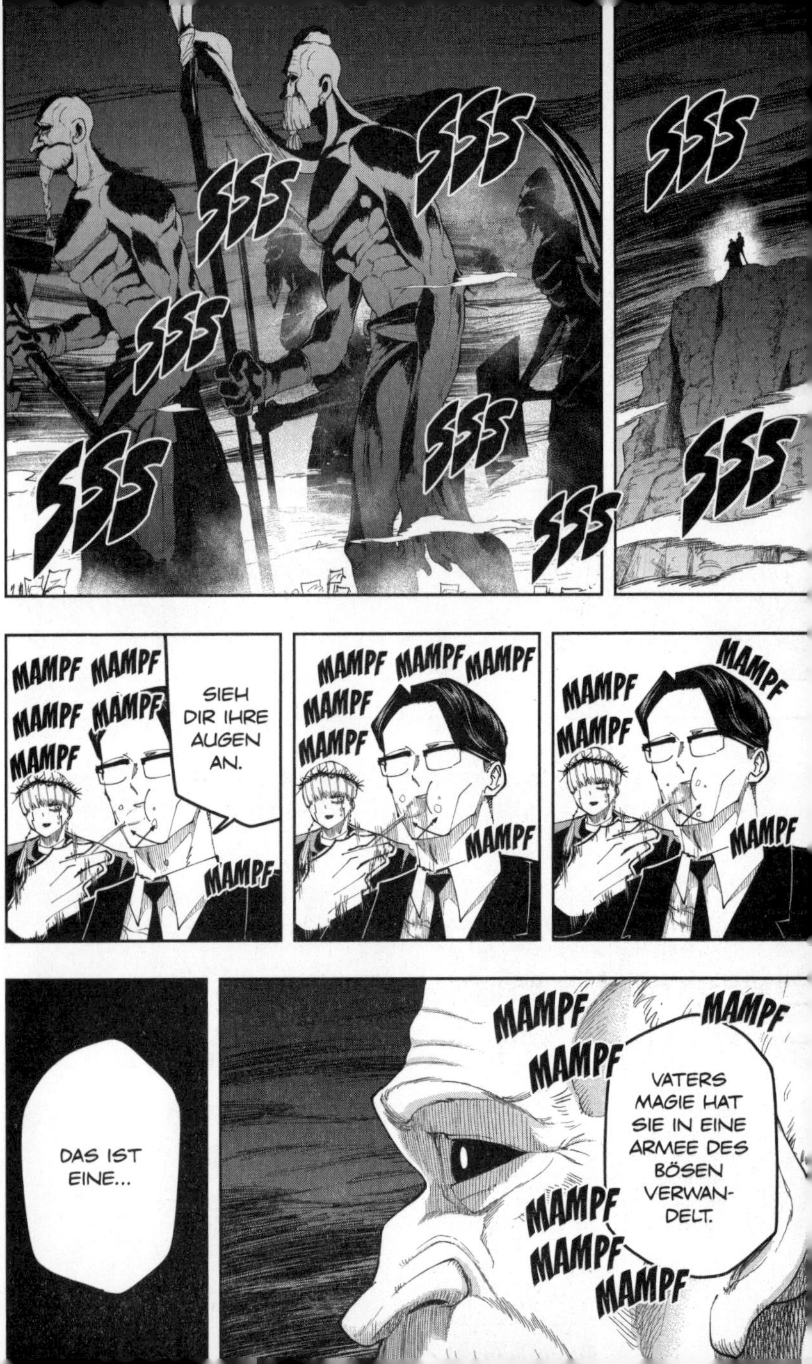
SSS
SSS
SSS
SSS
SSS
SSS
SSS
SSS
MAMPF
MAMPF
MAMPF
MAMPF
MAMPF
MAMPF
MAMPF
MAMPF
SIEH DIR IHRE AUGEN AN.
MAMPF
MAMPF
MAMPF
MAMPF
MAMPF
MAMPF
MAMPF
VATERS MAGIE HAT SIE IN EINE ARMEE DES BÖSEN VERWANDELT.
MAMPF
MAMPF
MAMPF
DAS IST EINE...

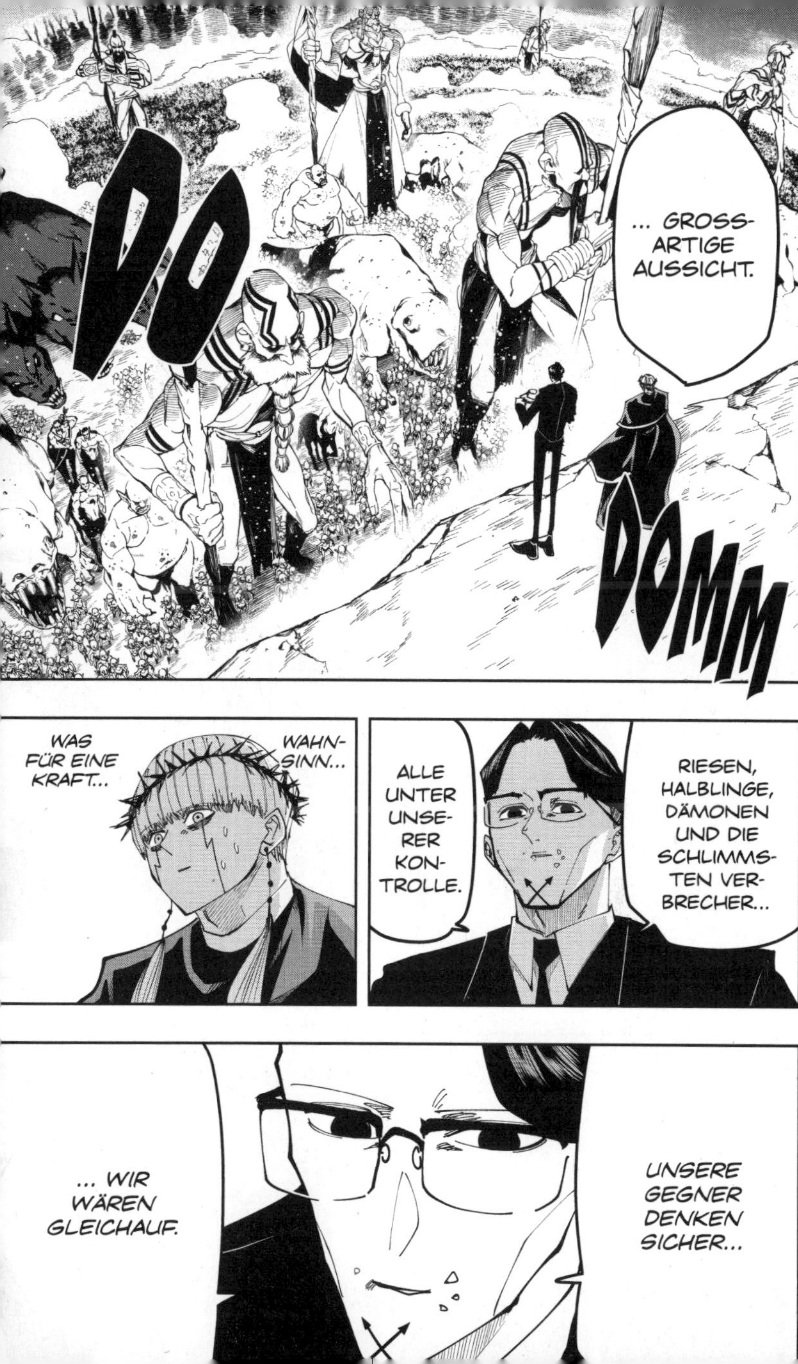

... GROSS-ARTIGE AUSSICHT.
DO
DOMM
RIESEN, HALBLINGE, DÄMONEN UND DIE SCHLIMMSTEN VERBRECHER...
ALLE UNTER UNSERER KONTROLLE.
WAHNSINN...
WAS FÜR EINE KRAFT...
UNSERE GEGNER DENKEN SICHER...
... WIR WÄREN GLEICHAUF.

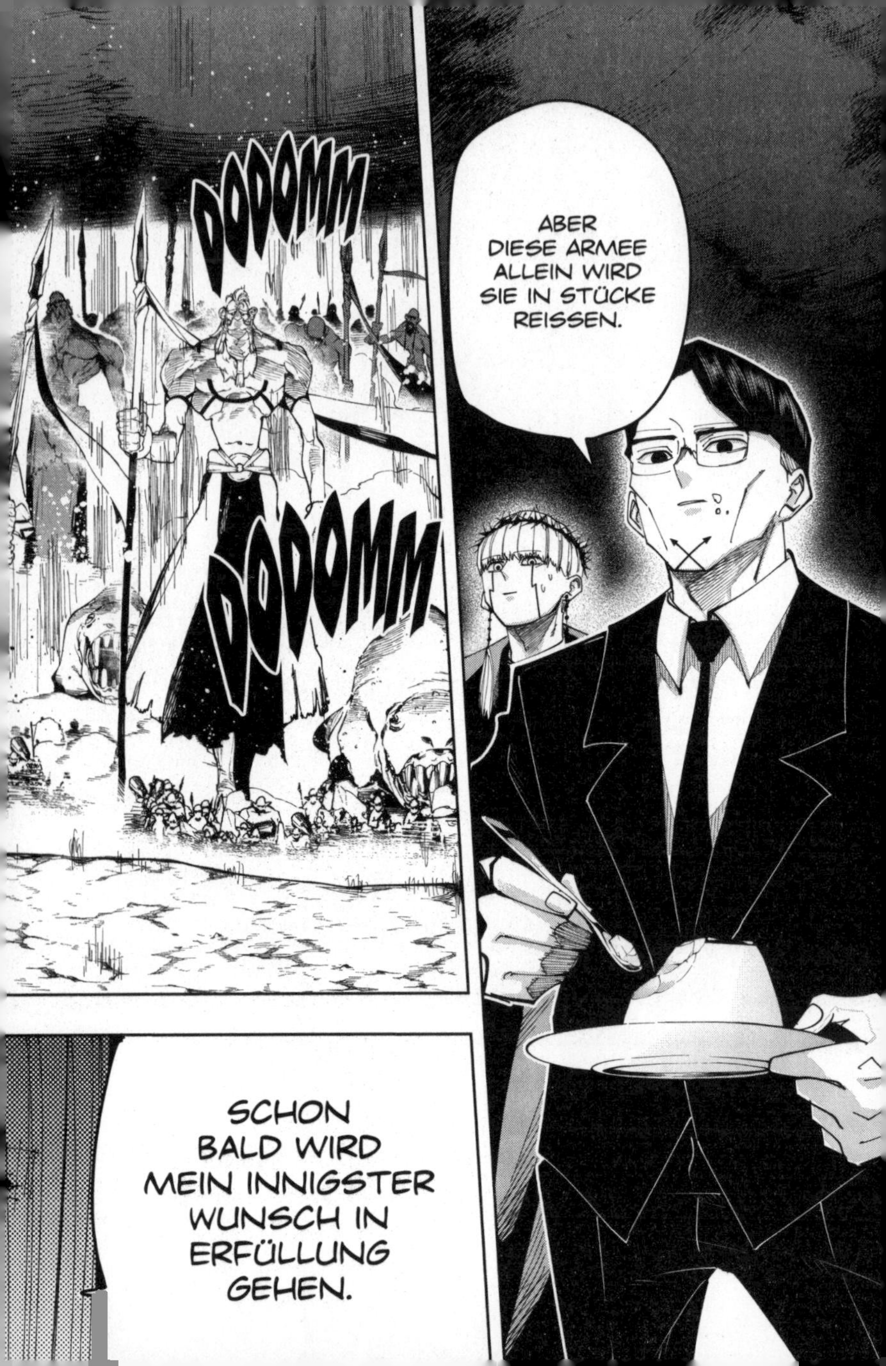
ABER DIESE ARMEE ALLEIN WIRD SIE IN STÜCKE REISSEN.
DODOMM
DODOMM
SCHON BALD WIRD MEIN INNIGSTER WUNSCH IN ERFÜLLUNG GEHEN.

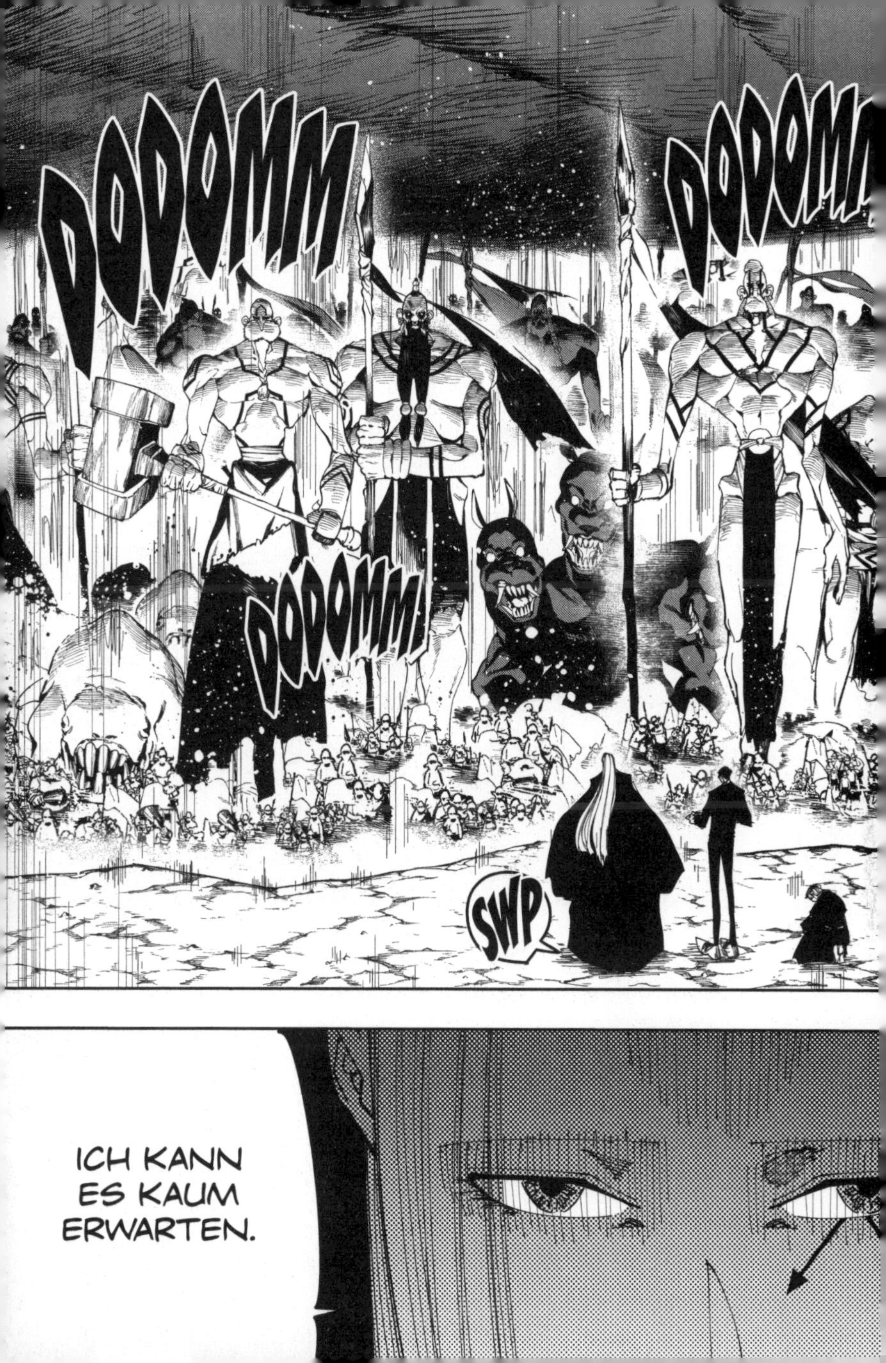
DODOM
DODOMM
DODOMM
SWP
ICH KANN ES KAUM ERWARTEN.

Extra 4

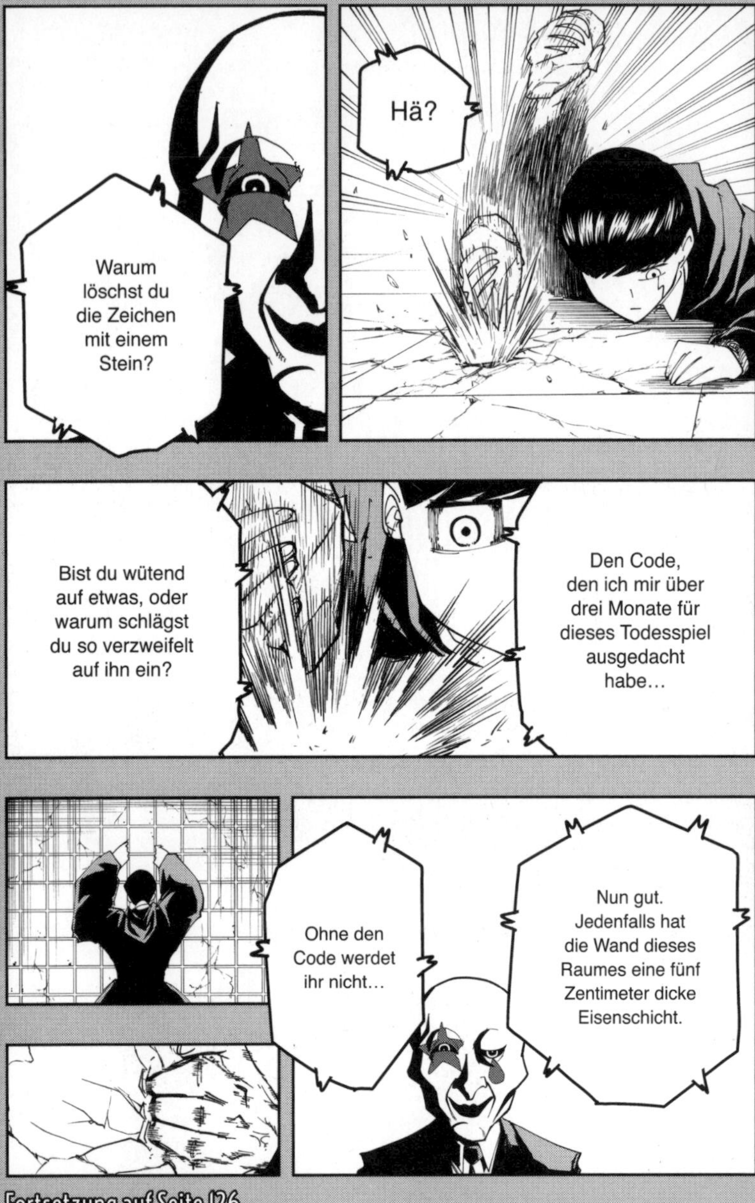

Fortsetzung auf Seite 126

106. Kapitel

Mash Burnedead und der Grund, zu kämpfen

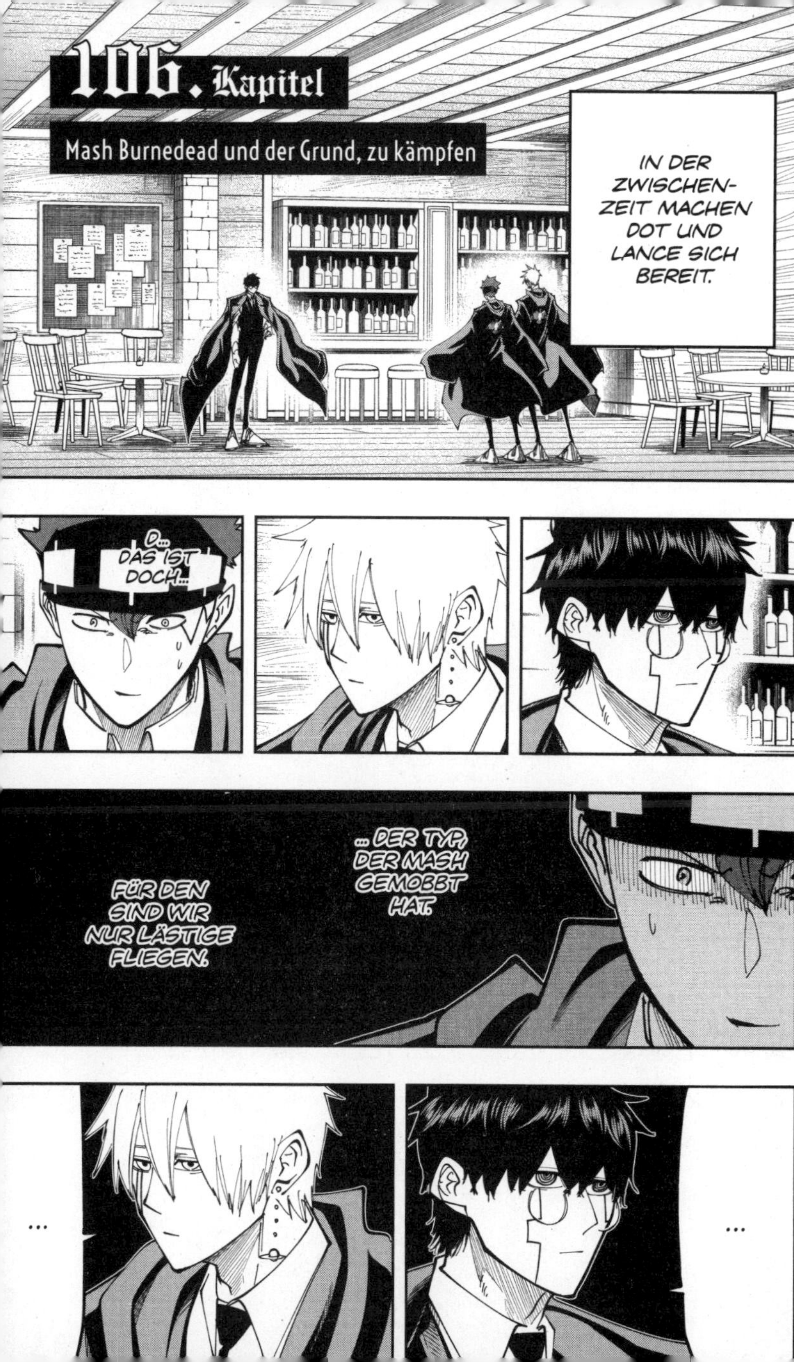

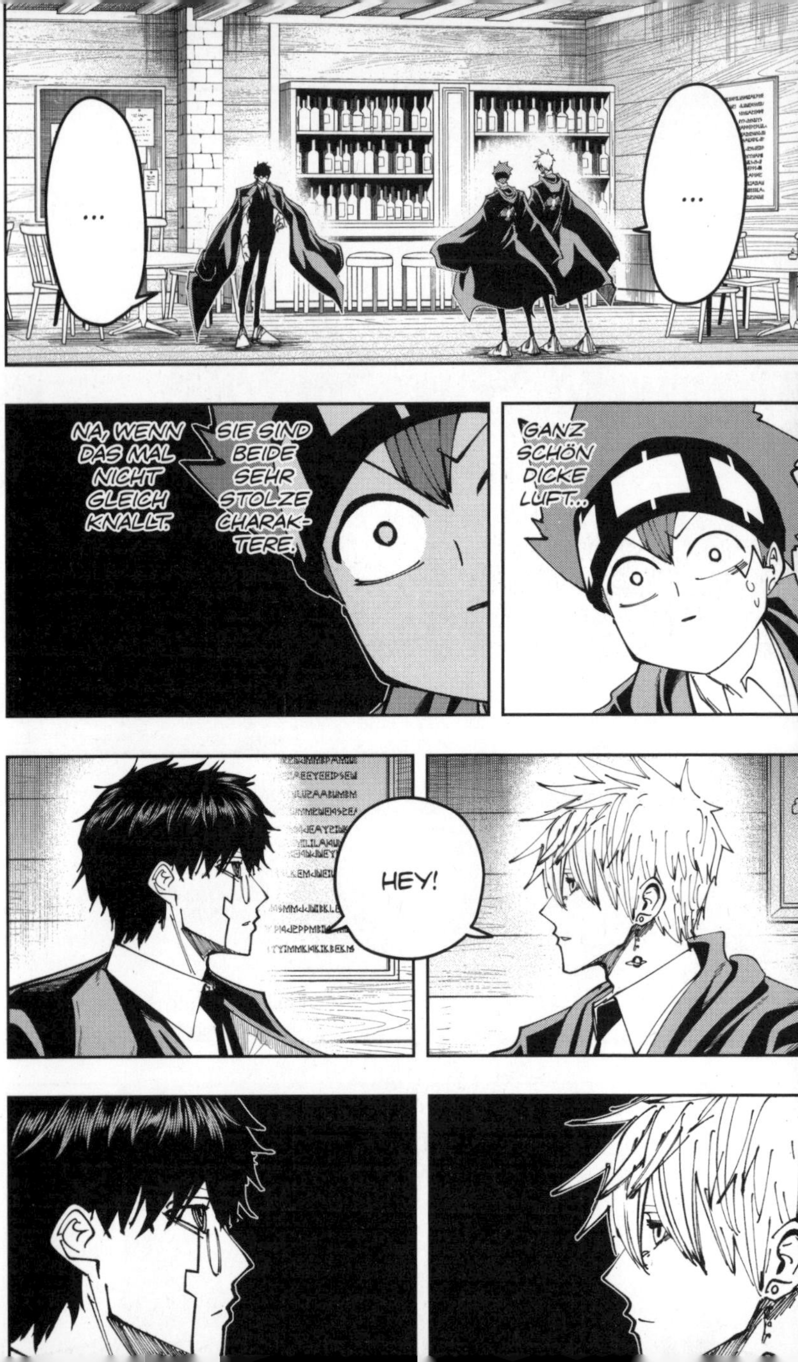
...
...
GANZ SCHÖN DICKE LUFT...
SIE SIND BEIDE SEHR STOLZE CHARAK-TERE.
NA, WENN DAS MAL NICHT GLEICH KNALLT.
HEY!

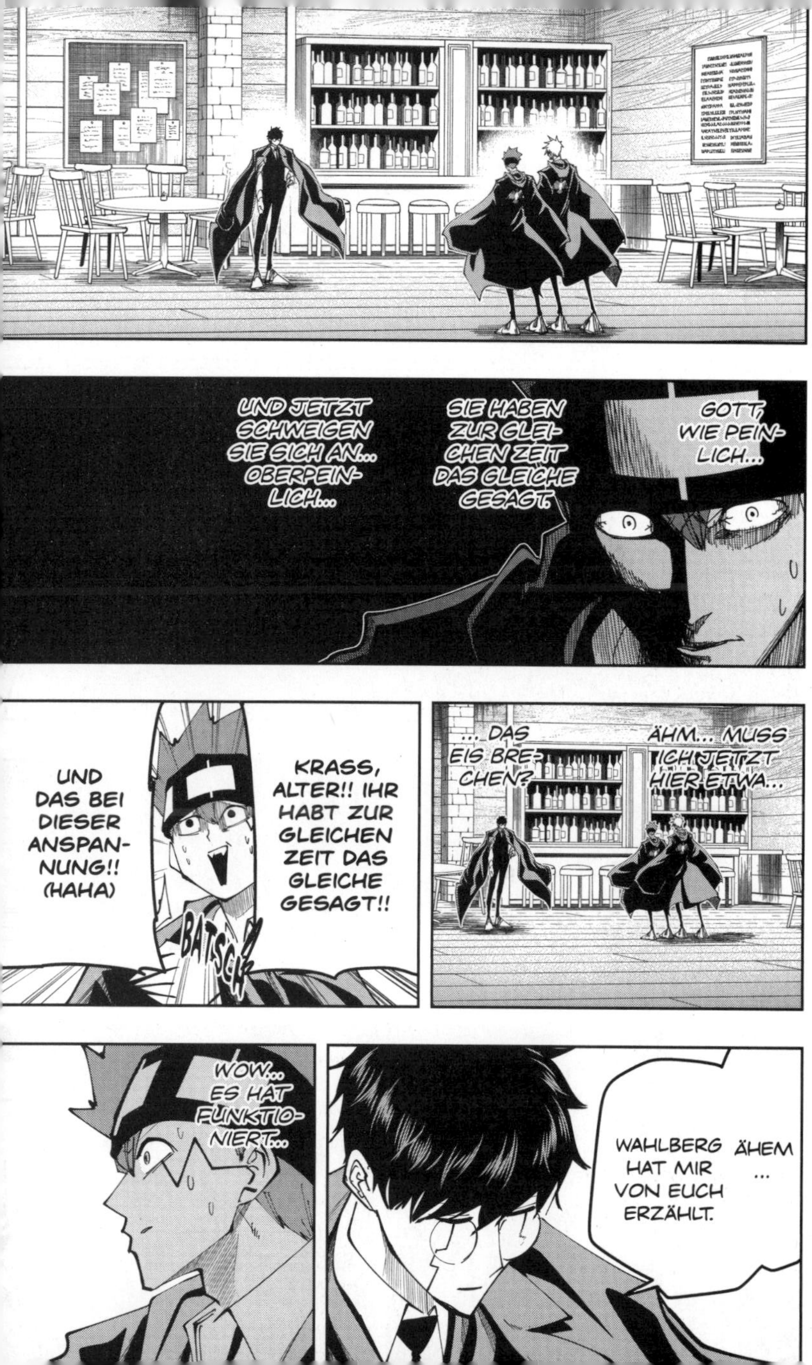

GOTT, WIE PEINLICH...
SIE HABEN ZUR GLEICHEN ZEIT DAS GLEICHE GESAGT.
UND JETZT SCHWEIGEN SIE SICH AN... OBERPEINLICH...
ÄHM... MUSS ICH JETZT HIER ETWA...
... DAS EIS BRECHEN?
KRASS, ALTER!! IHR HABT ZUR GLEICHEN ZEIT DAS GLEICHE GESAGT!!
UND DAS BEI DIESER ANSPANNUNG!! (HAHA)
BATSCH
ÄHEM ...
WAHLBERG HAT MIR VON EUCH ERZÄHLT.
WOW... ES HAT FUNKTIONIERT...

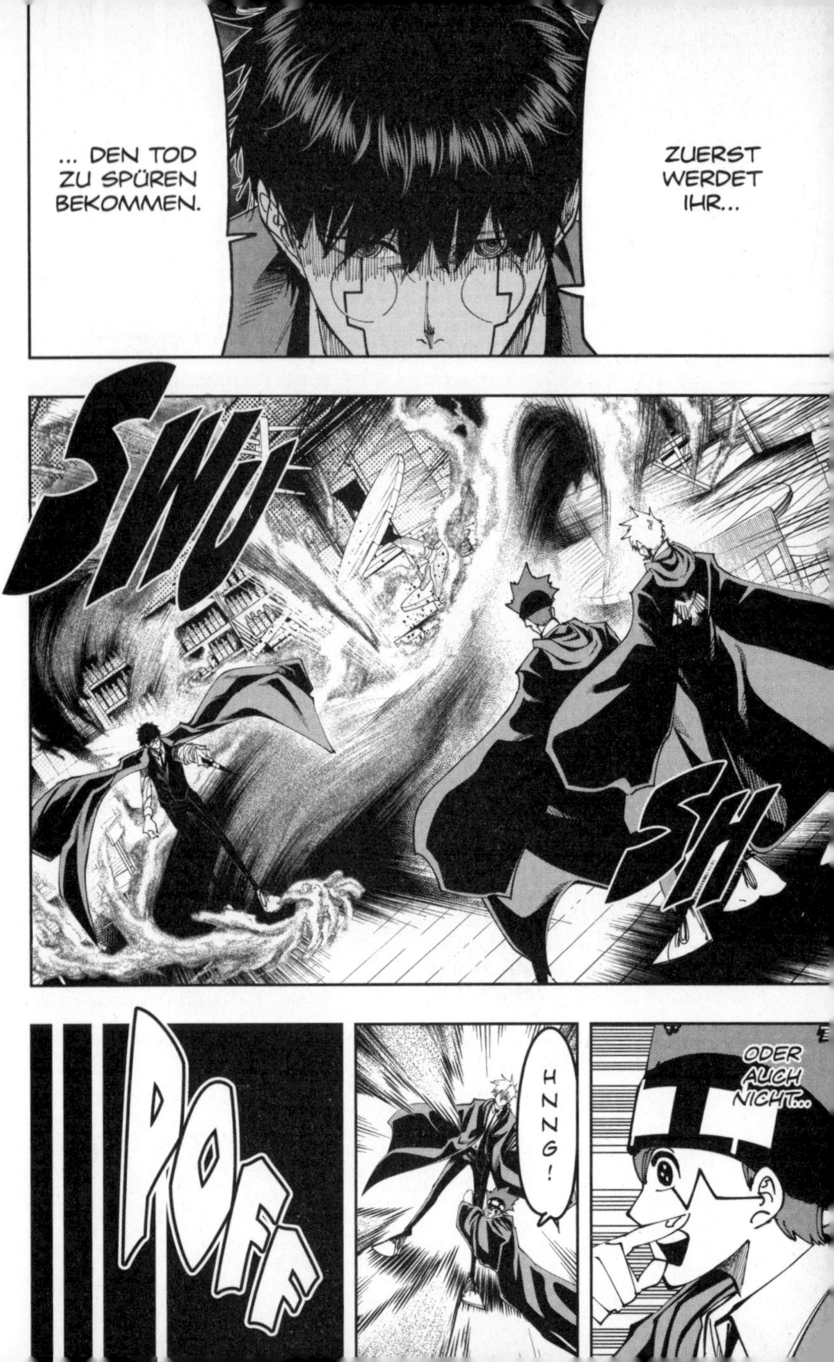
ZUERST WERDET IHR...
... DEN TOD ZU SPÜREN BEKOMMEN.
SWU
SH
ODER AUCH NICHT...
HNNG!
POFF

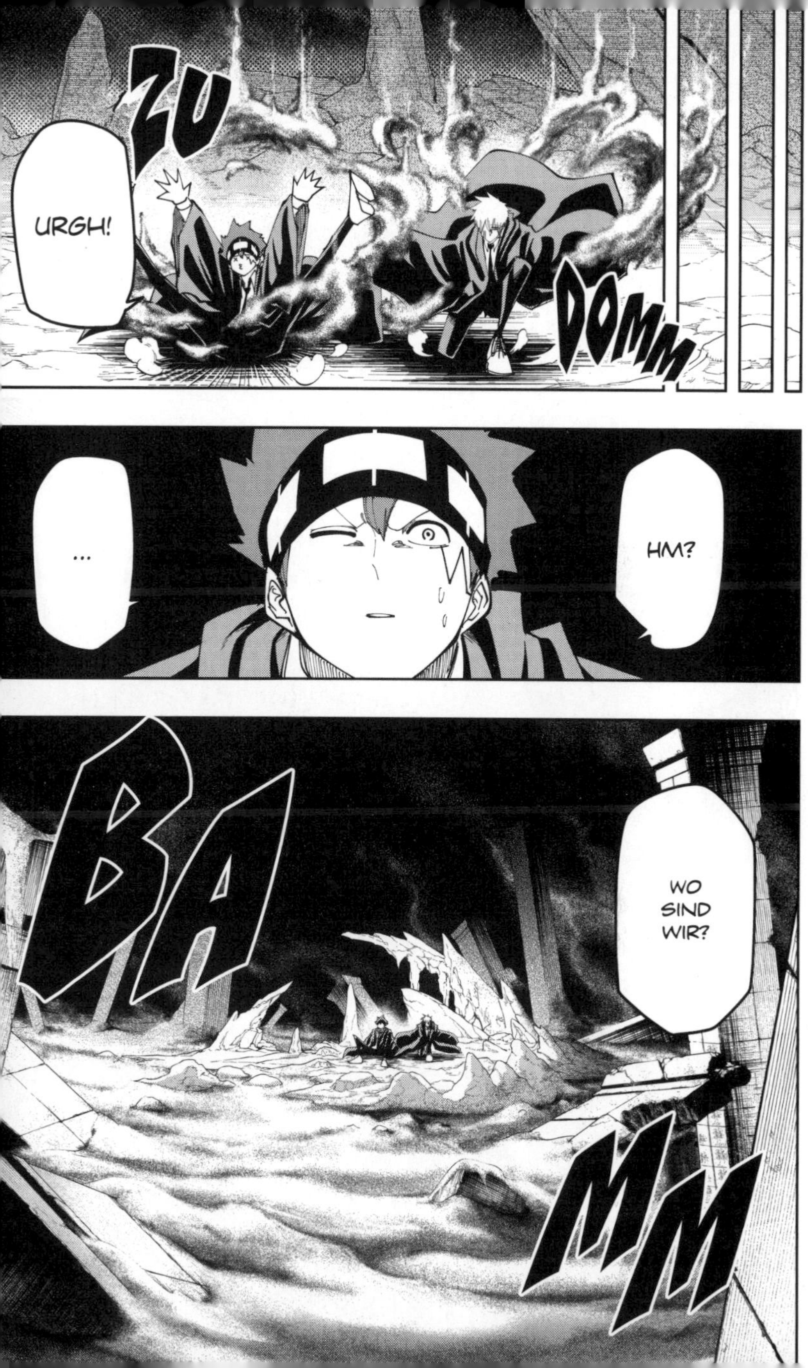
ZU
URGH!
DOMM
HM?
...
WO SIND WIR?
BAMM

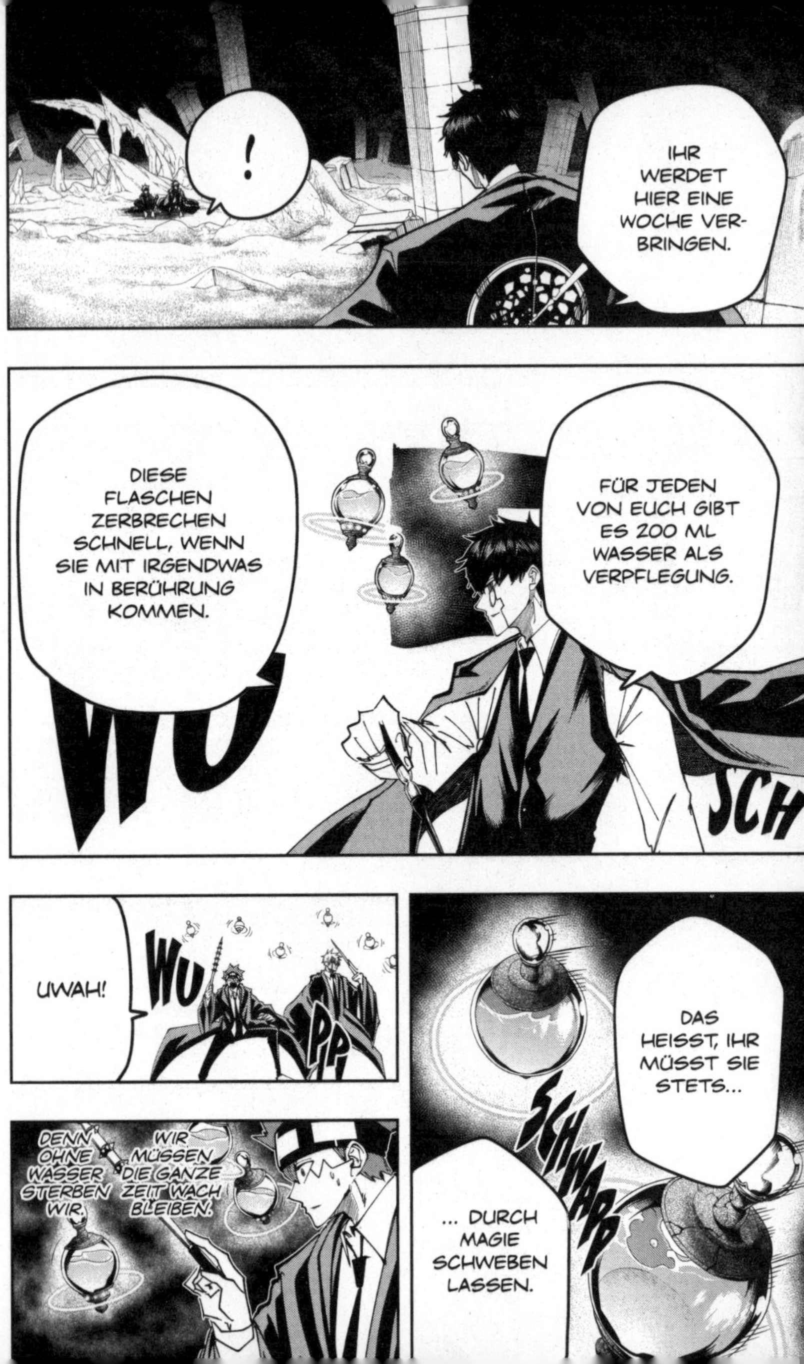
IHR WERDET HIER EINE WOCHE VERBRINGEN.
!
FÜR JEDEN VON EUCH GIBT ES 200 ML WASSER ALS VERPFLEGUNG.
DIESE FLASCHEN ZERBRECHEN SCHNELL, WENN SIE MIT IRGENDWAS IN BERÜHRUNG KOMMEN.
SCH
DAS HEISST, IHR MÜSST SIE STETS...
SCHWAPP
... DURCH MAGIE SCHWEBEN LASSEN.
WU
PP
UWAH!
WIR MÜSSEN DIE GANZE ZEIT WACH BLEIBEN.
DENN OHNE WASSER STERBEN WIR.

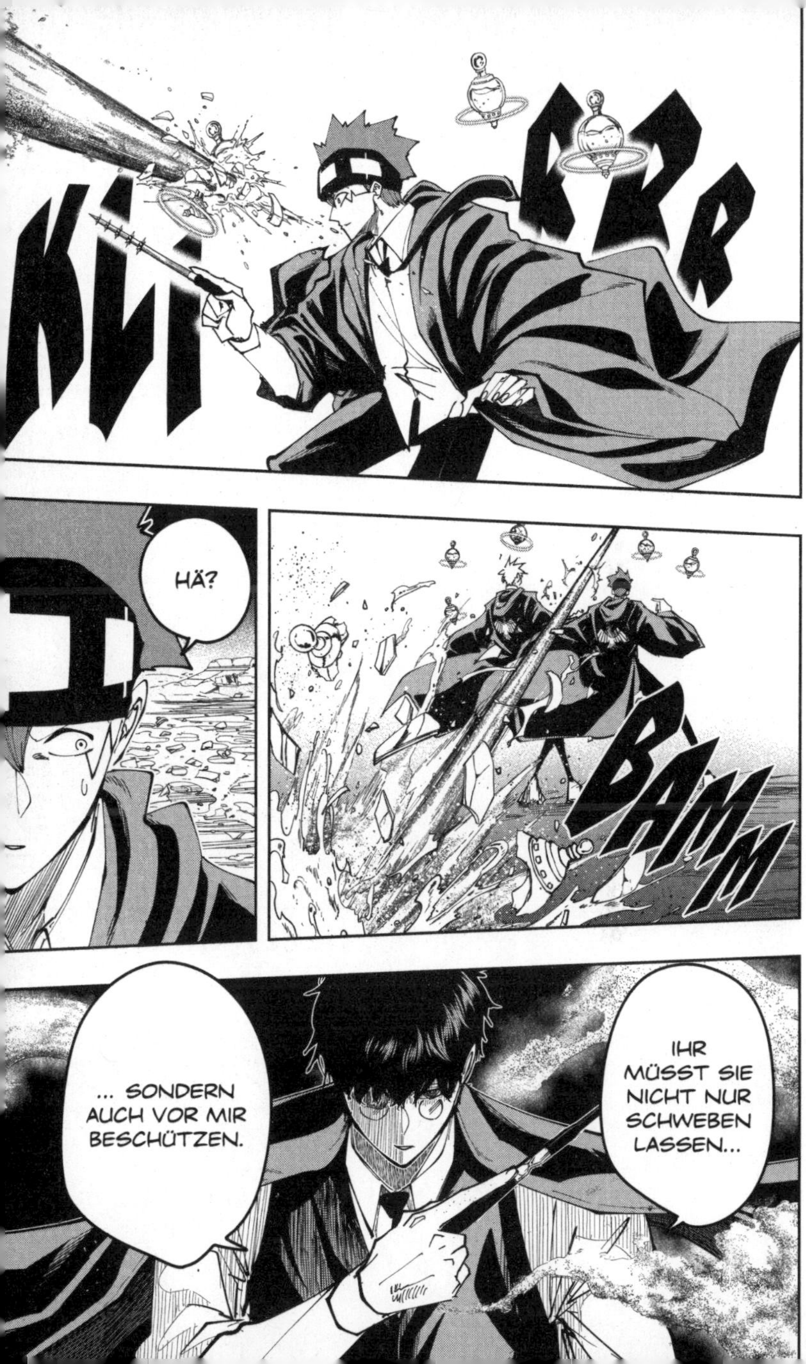
BAMM
HÄ?
IHR MÜSST SIE NICHT NUR SCHWEBEN LASSEN...
... SONDERN AUCH VOR MIR BESCHÜTZEN.

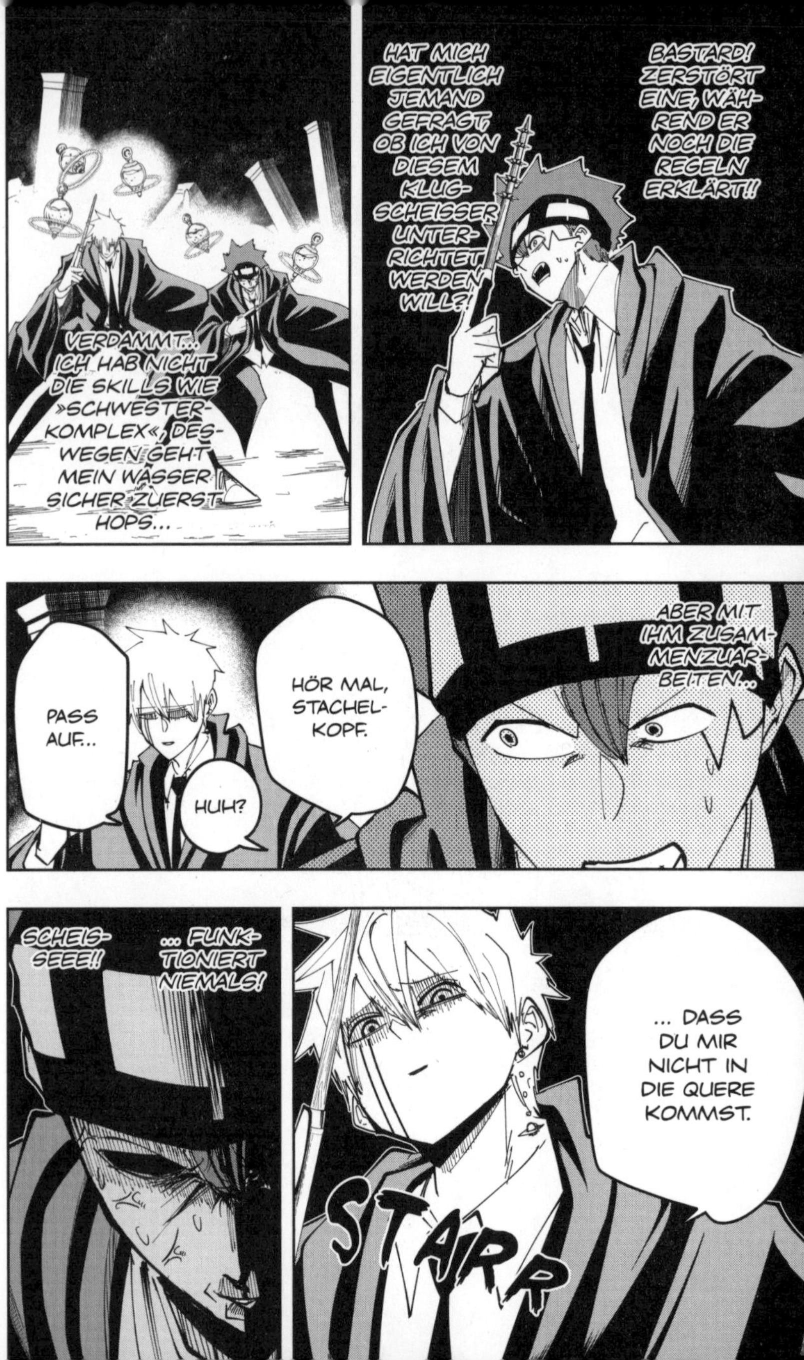
BASTARD! ZERSTÖRT EINE, WÄHREND ER NOCH DIE REGELN ERKLÄRT!!
HAT MICH EIGENTLICH JEMAND GEFRAGT, OB ICH VON DIESEM KLUGSCHEISSER UNTERRICHTET WERDEN WILL?!
VERDAMMT... ICH HAB NICHT DIE SKILLS WIE »SCHWESTERKOMPLEX«, DESWEGEN GEHT MEIN WASSER SICHER ZUERST HOPS...
ABER MIT IHM ZUSAMMENZUARBEITEN...
HÖR MAL, STACHELKOPF.
HUH?
PASS AUF...
... DASS DU MIR NICHT IN DIE QUERE KOMMST.
STARR
... FUNKTIONIERT NIEMALS!
SCHEISSEEE!!

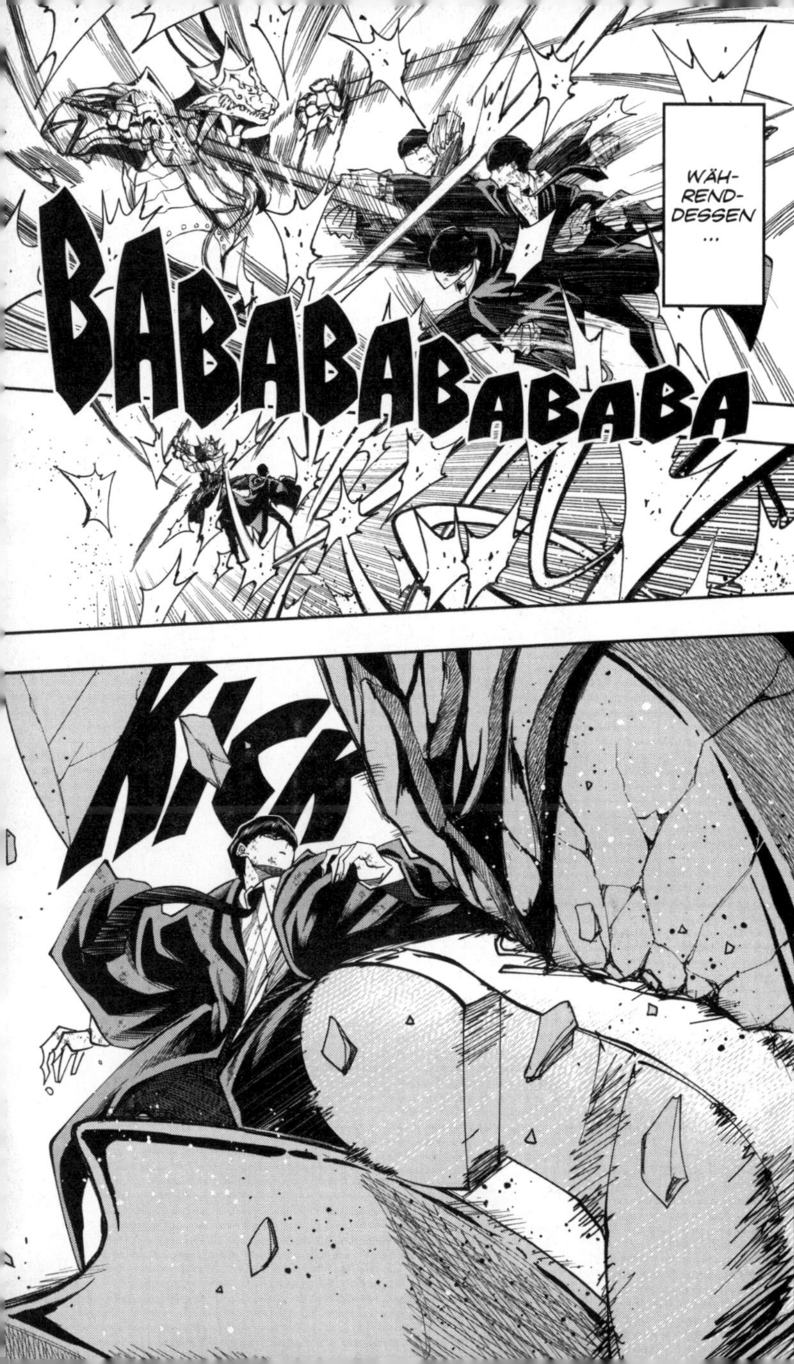
WÄH-
REND-
DESSEN
...
BABABABABABA

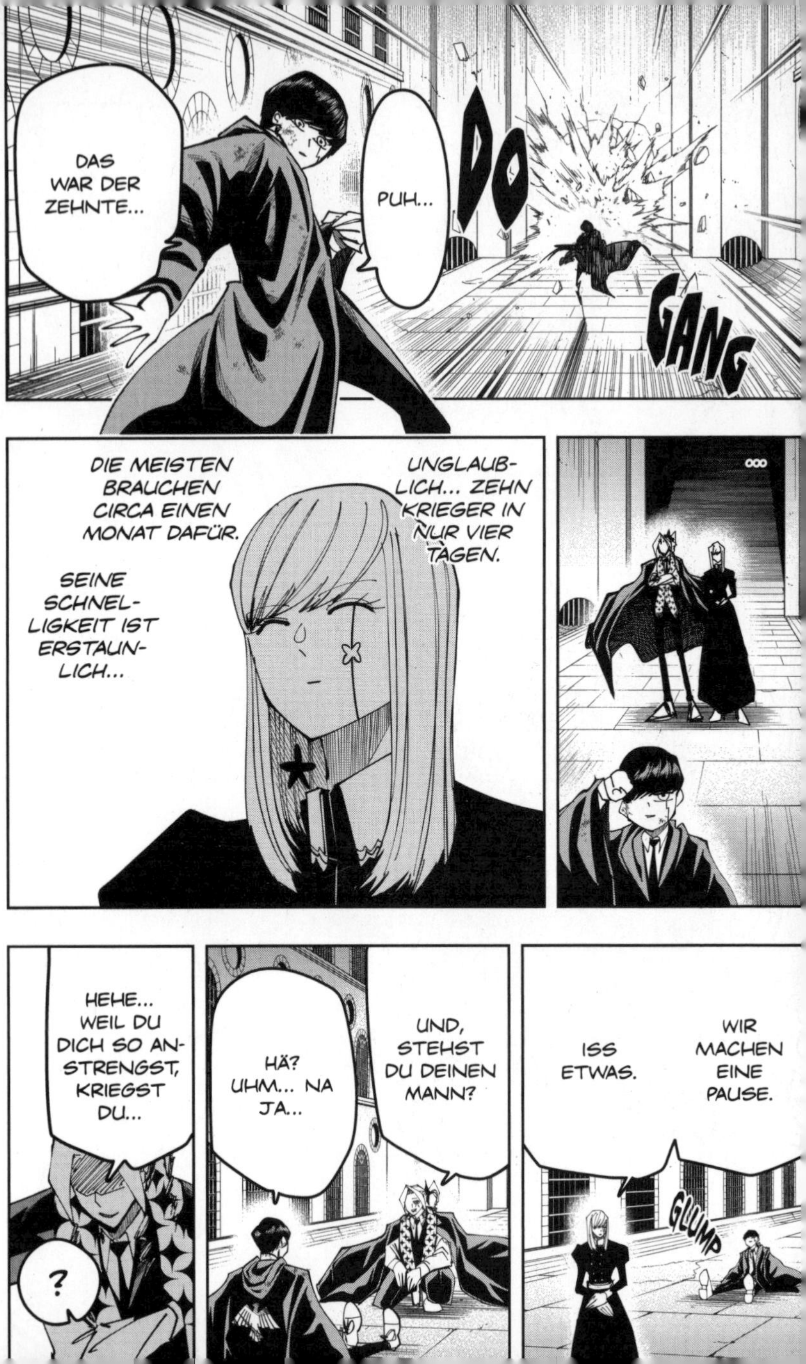
DO
GANG
PUH...
DAS WAR DER ZEHNTE...
UNGLAUB-LICH... ZEHN KRIEGER IN NUR VIER TAGEN.
DIE MEISTEN BRAUCHEN CIRCA EINEN MONAT DAFÜR.
SEINE SCHNEL-LIGKEIT IST ERSTAUN-LICH...
WIR MACHEN EINE PAUSE.
ISS ETWAS.
GLUMP
UND, STEHST DU DEINEN MANN?
HÄ? UHM... NA JA...
HEHE... WEIL DU DICH SO AN-STRENGST, KRIEGST DU...
?

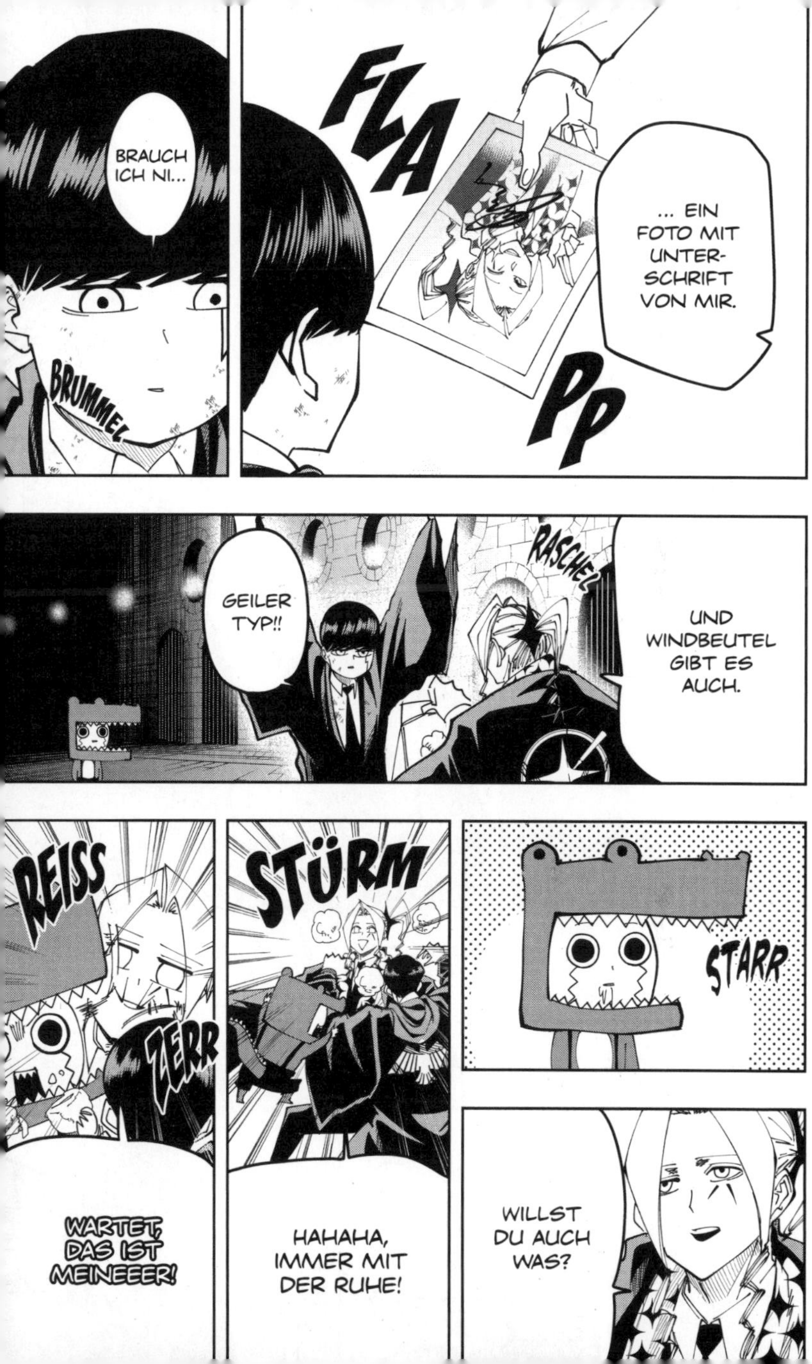

FLA
PP
... EIN FOTO MIT UNTER-SCHRIFT VON MIR.
BRAUCH ICH NI...
BRUMMEL
RASCHEL
UND WINDBEUTEL GIBT ES AUCH.
GEILER TYP!!
STARR
STÜRM
REISS
ZERR
WILLST DU AUCH WAS?
HAHAHA, IMMER MIT DER RUHE!
WARTET, DAS IST MEINEEER!

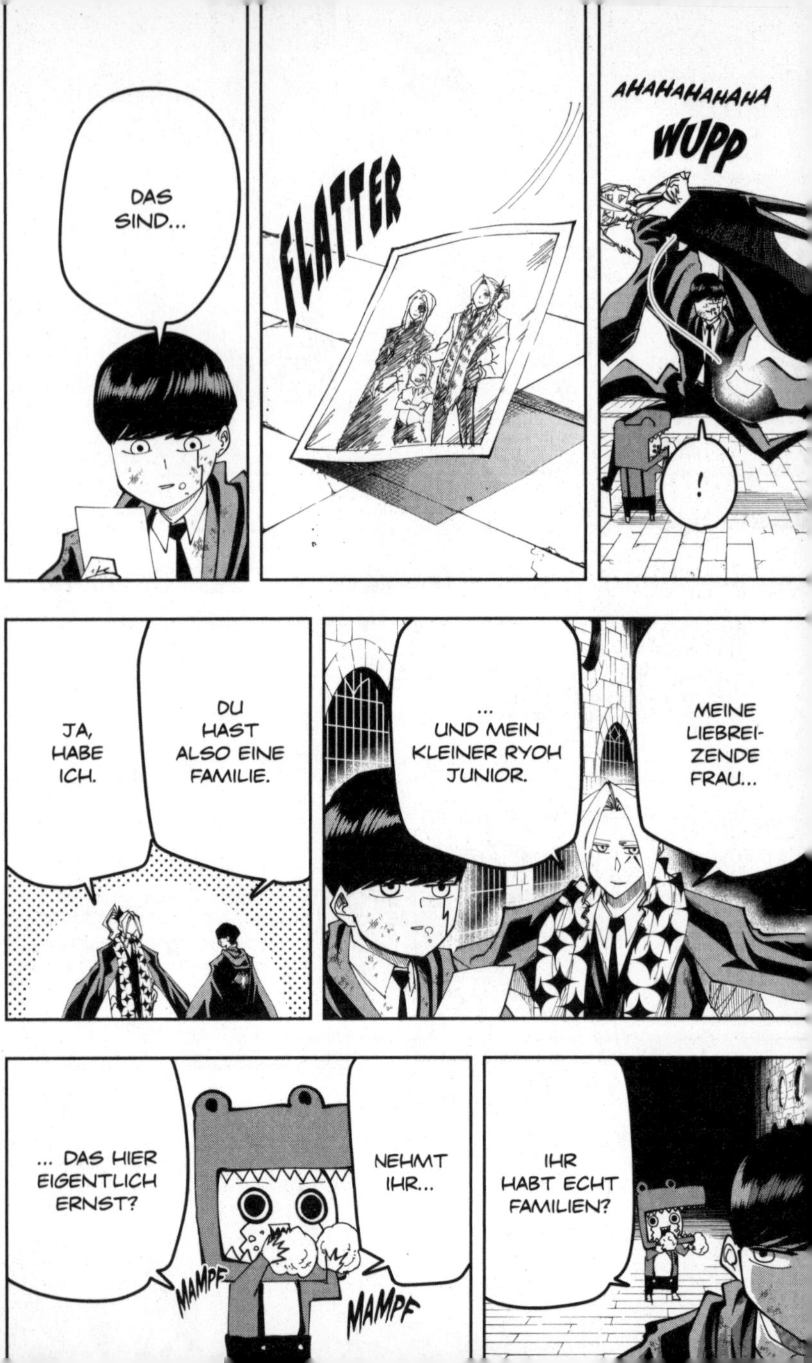

AHAHAHAHAHA
WUPP
!
FLATTER
DAS SIND…
MEINE LIEBREI-ZENDE FRAU…
… UND MEIN KLEINER RYOH JUNIOR.
DU HAST ALSO EINE FAMILIE.
JA, HABE ICH.
IHR HABT ECHT FAMILIEN?
NEHMT IHR…
… DAS HIER EIGENTLICH ERNST?
MAMPF
MAMPF

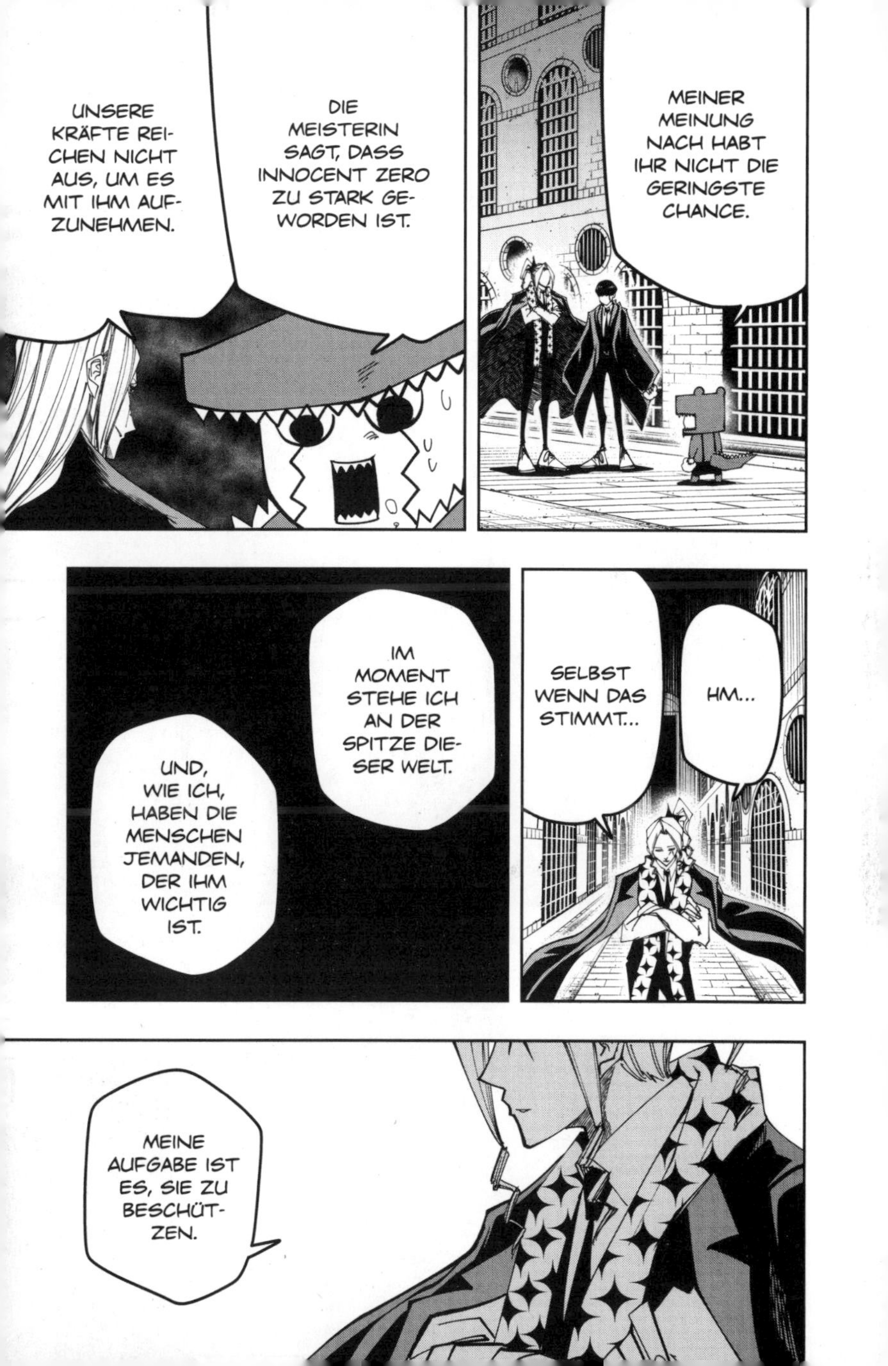
MEINER MEINUNG NACH HABT IHR NICHT DIE GERINGSTE CHANCE.
DIE MEISTERIN SAGT, DASS INNOCENT ZERO ZU STARK GEWORDEN IST.
UNSERE KRÄFTE REICHEN NICHT AUS, UM ES MIT IHM AUFZUNEHMEN.
HM...
SELBST WENN DAS STIMMT...
IM MOMENT STEHE ICH AN DER SPITZE DIESER WELT.
UND, WIE ICH, HABEN DIE MENSCHEN JEMANDEN, DER IHM WICHTIG IST.
MEINE AUFGABE IST ES, SIE ZU BESCHÜTZEN.

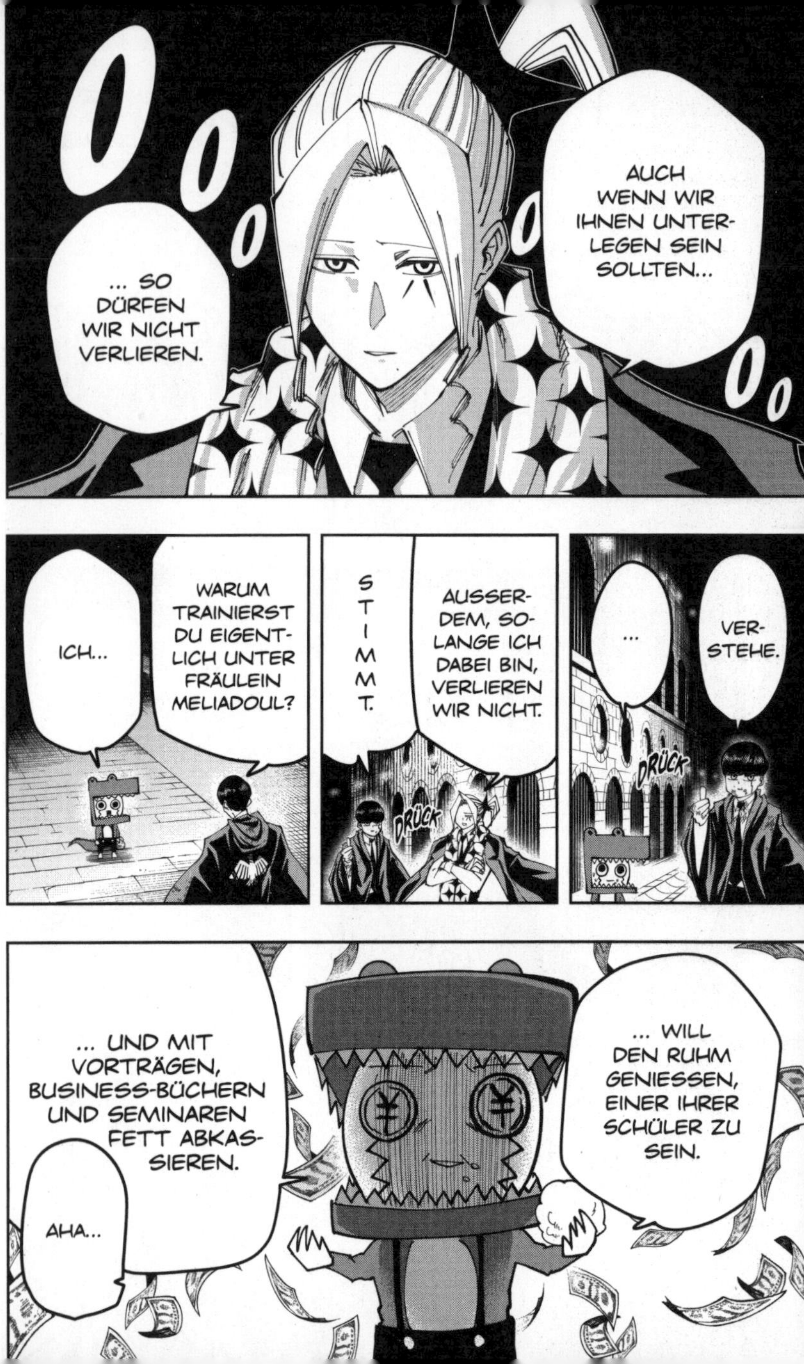
AUCH WENN WIR IHNEN UNTERLEGEN SEIN SOLLTEN...
... SO DÜRFEN WIR NICHT VERLIEREN.
VERSTEHE.
...
DRÜCK
AUSSERDEM, SOLANGE ICH DABEI BIN, VERLIEREN WIR NICHT.
STIMMT.
DRÜCK
WARUM TRAINIERST DU EIGENTLICH UNTER FRÄULEIN MELIADOUL?
ICH...
... WILL DEN RUHM GENIESSEN, EINER IHRER SCHÜLER ZU SEIN.
... UND MIT VORTRÄGEN, BUSINESS-BÜCHERN UND SEMINAREN FETT ABKASSIEREN.
AHA...

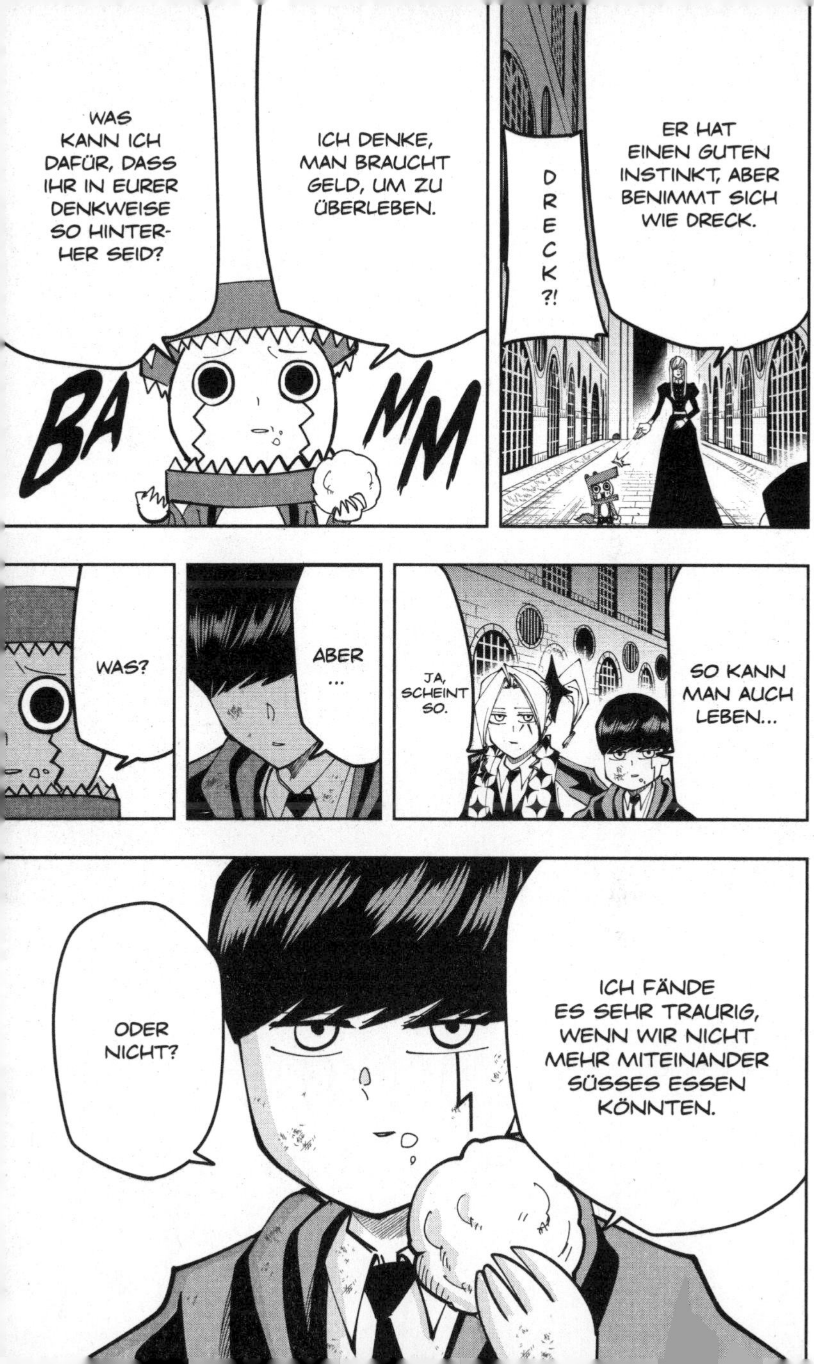
ER HAT EINEN GUTEN INSTINKT, ABER BENIMMT SICH WIE DRECK.
DRECK?!
ICH DENKE, MAN BRAUCHT GELD, UM ZU ÜBERLEBEN.
WAS KANN ICH DAFÜR, DASS IHR IN EURER DENKWEISE SO HINTER-HER SEID?
BAMM
SO KANN MAN AUCH LEBEN...
JA, SCHEINT SO.
ABER ...
WAS?
ICH FÄNDE ES SEHR TRAURIG, WENN WIR NICHT MEHR MITEINANDER SÜSSES ESSEN KÖNNTEN.
ODER NICHT?

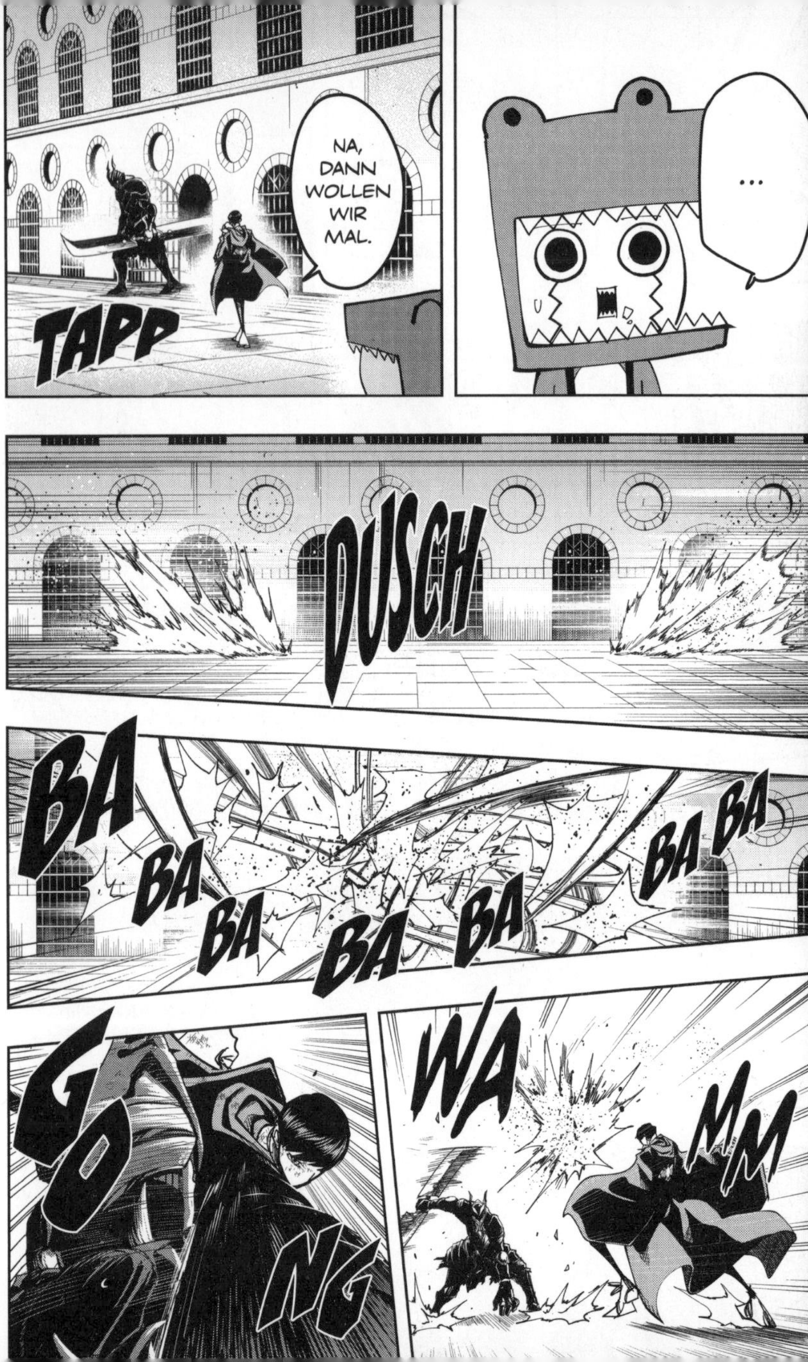
...
NA, DANN WOLLEN WIR MAL.
TAPP
DUSCH
BA BA BA BA BA BA BA BA
WAMM
GONG

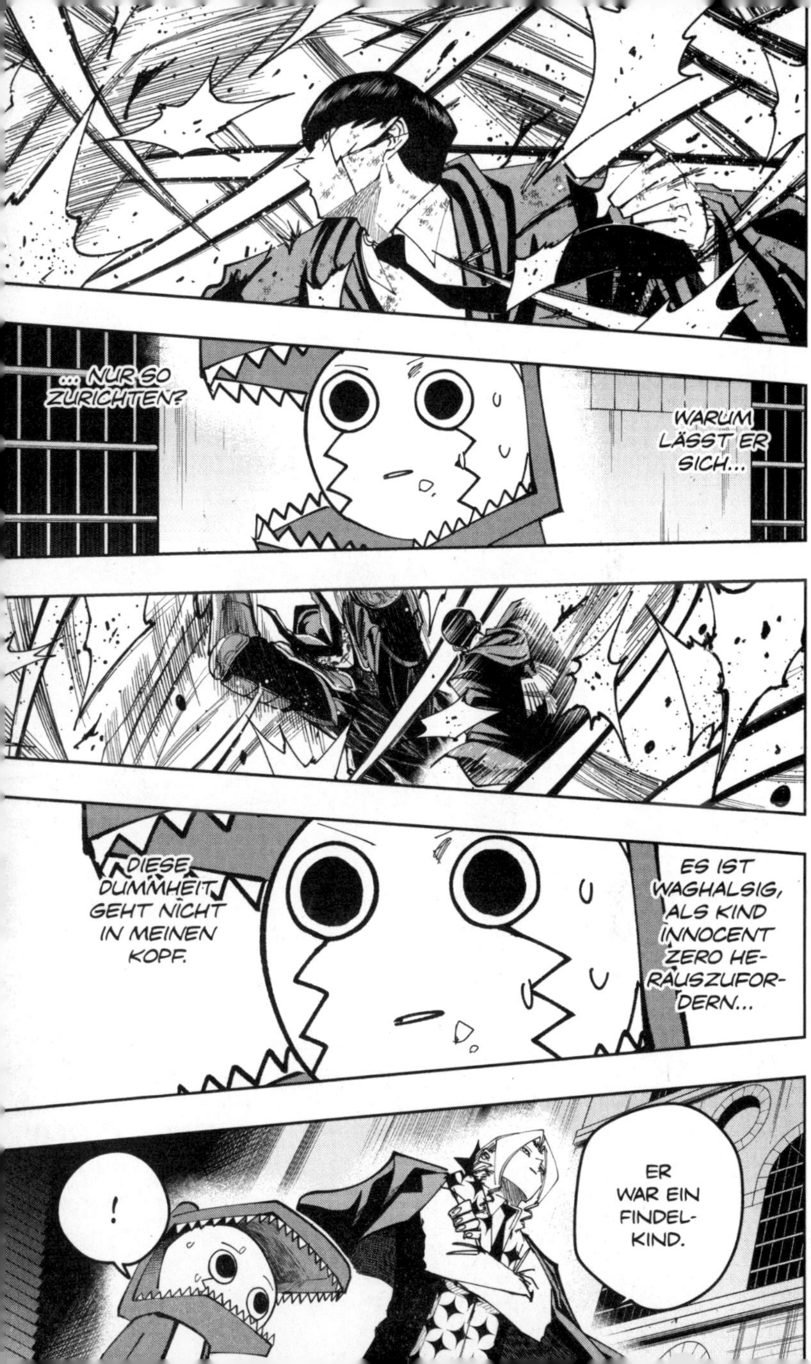
WARUM LÄSST ER SICH...
... NUR SO ZURICHTEN?
ES IST WAGHALSIG, ALS KIND INNOCENT ZERO HERAUSZUFORDERN...
DIESE DUMMHEIT GEHT NICHT IN MEINEN KOPF.
ER WAR EIN FINDELKIND.
!

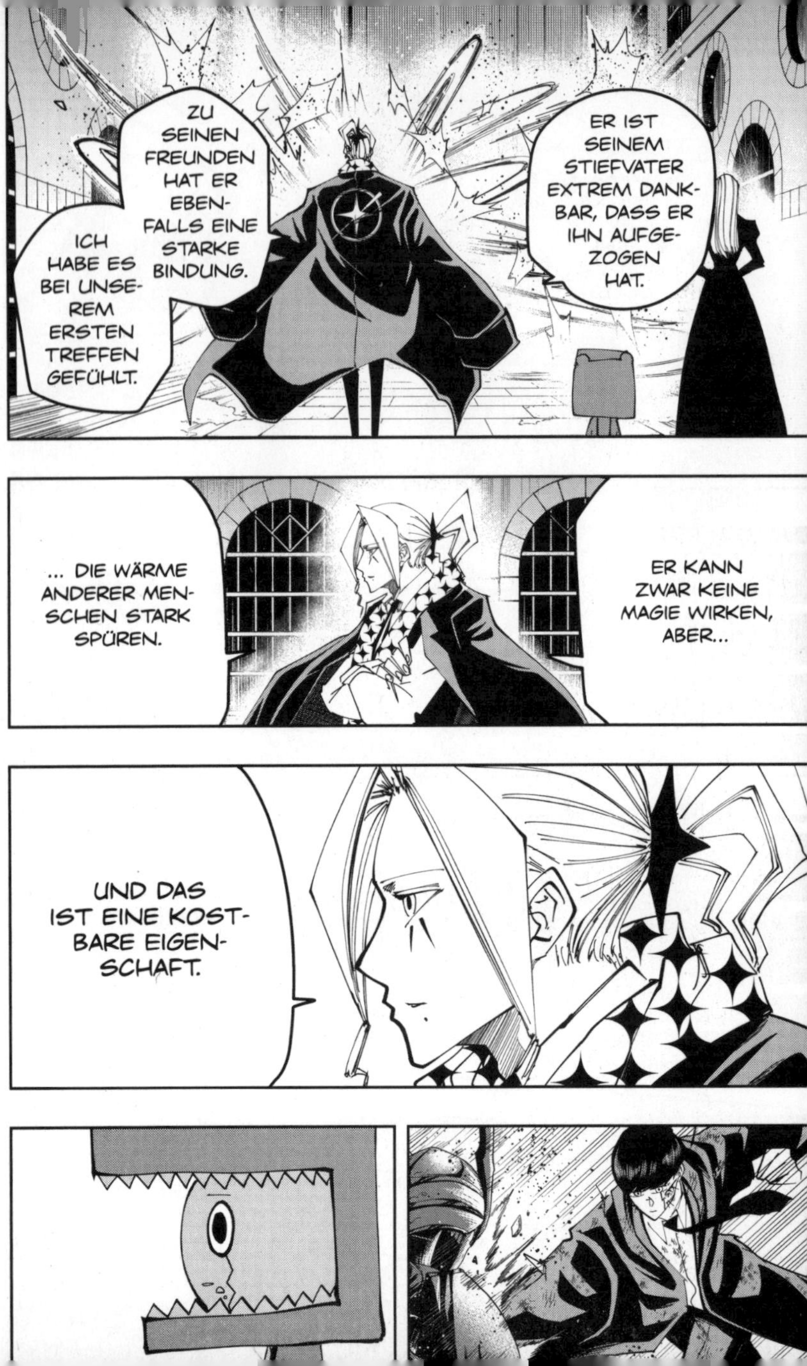
ER IST SEINEM STIEFVATER EXTREM DANKBAR, DASS ER IHN AUFGEZOGEN HAT.
ZU SEINEN FREUNDEN HAT ER EBENFALLS EINE STARKE BINDUNG.
ICH HABE ES BEI UNSEREM ERSTEN TREFFEN GEFÜHLT.
ER KANN ZWAR KEINE MAGIE WIRKEN, ABER...
... DIE WÄRME ANDERER MENSCHEN STARK SPÜREN.
UND DAS IST EINE KOSTBARE EIGENSCHAFT.

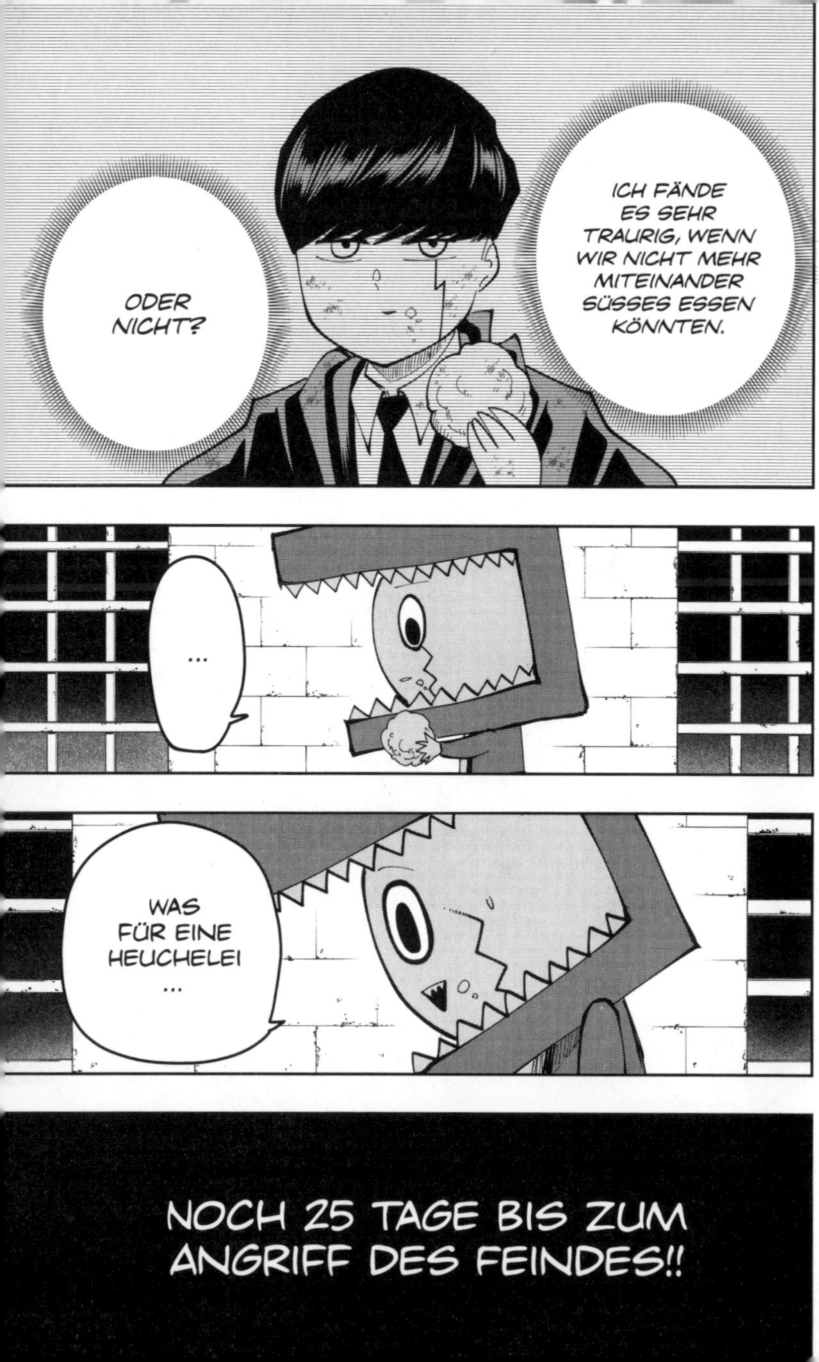

ICH FÄNDE ES SEHR TRAURIG, WENN WIR NICHT MEHR MITEINANDER SÜSSES ESSEN KÖNNTEN.
ODER NICHT?
...
WAS FÜR EINE HEUCHELEI ...
NOCH 25 TAGE BIS ZUM ANGRIFF DES FEINDES!!

Extra 5

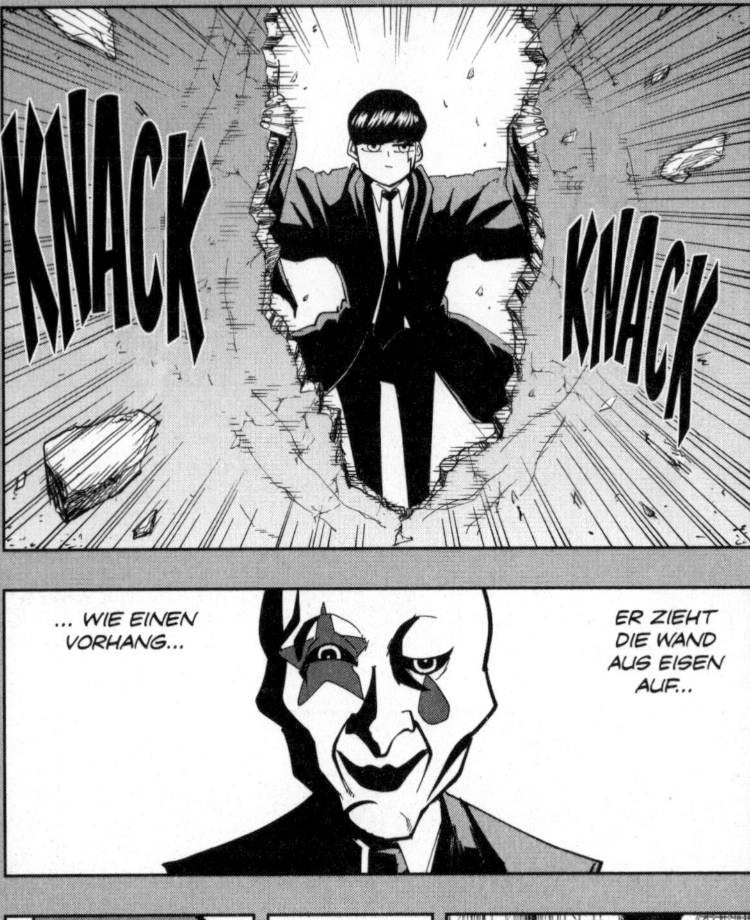

Ende des Extras

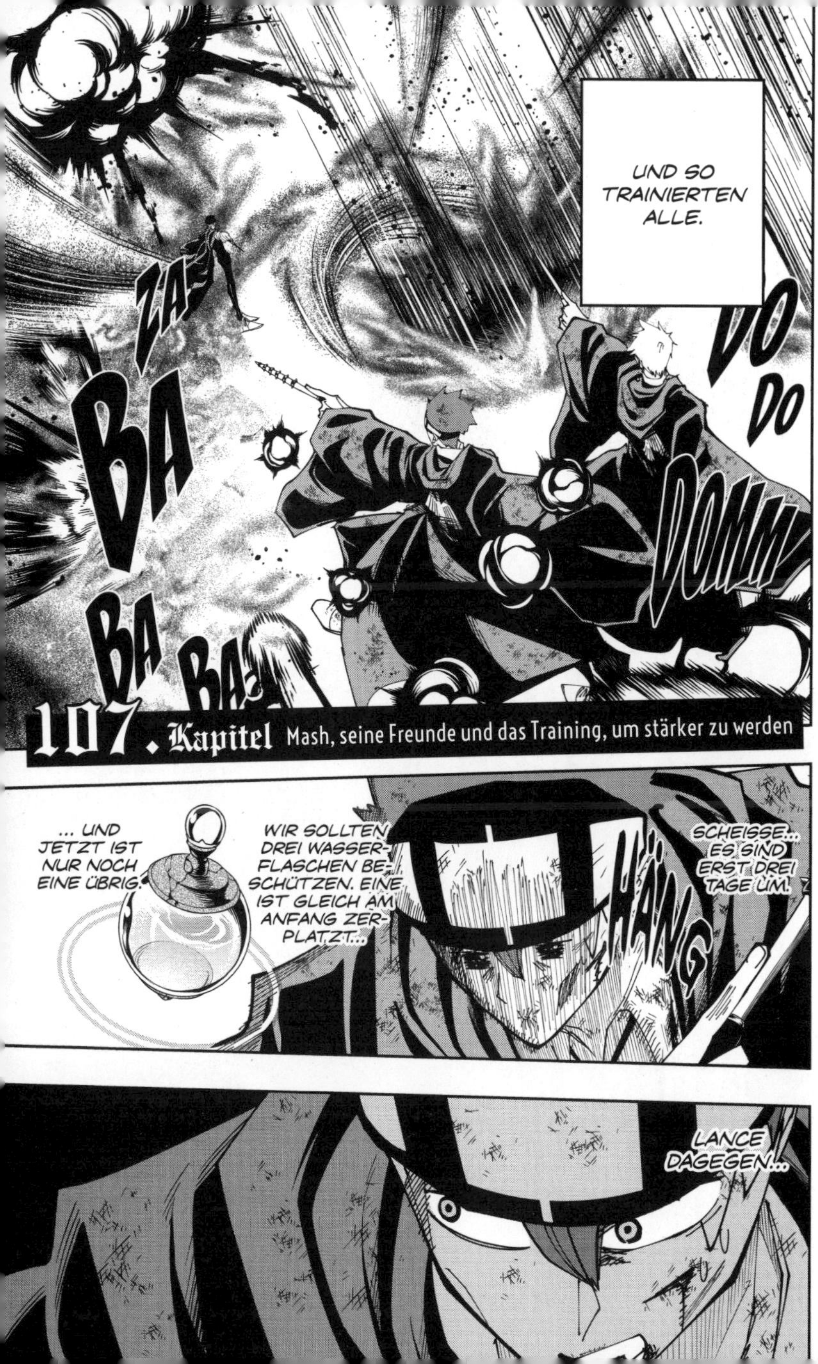

UND SO TRAINIERTEN ALLE.
DO DO DO
DOMM
ZA
BA BA BA
107. Kapitel Mash, seine Freunde und das Training, um stärker zu werden
SCHEISSE ... ES SIND ERST DREI TAGE UM.
HÄNG
WIR SOLLTEN DREI WASSERFLASCHEN BESCHÜTZEN. EINE IST GLEICH AM ANFANG ZERPLATZT ...
... UND JETZT IST NUR NOCH EINE ÜBRIG.
LANCE DAGEGEN ...

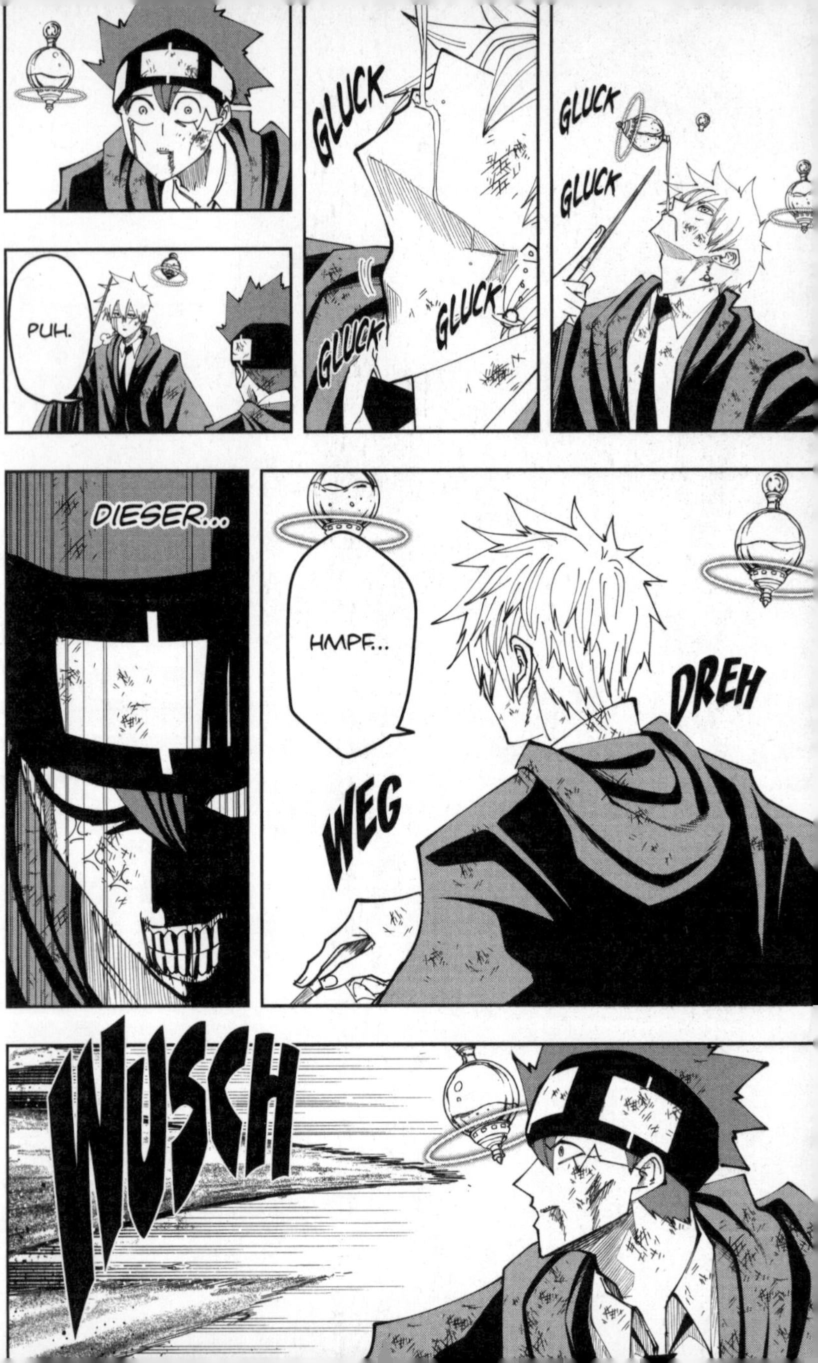
GLUCK
GLUCK
GLUCK
GLUCK
GLUCK
PUH.
HMPF...
DREH
WEG
DIESER...
WUSCH

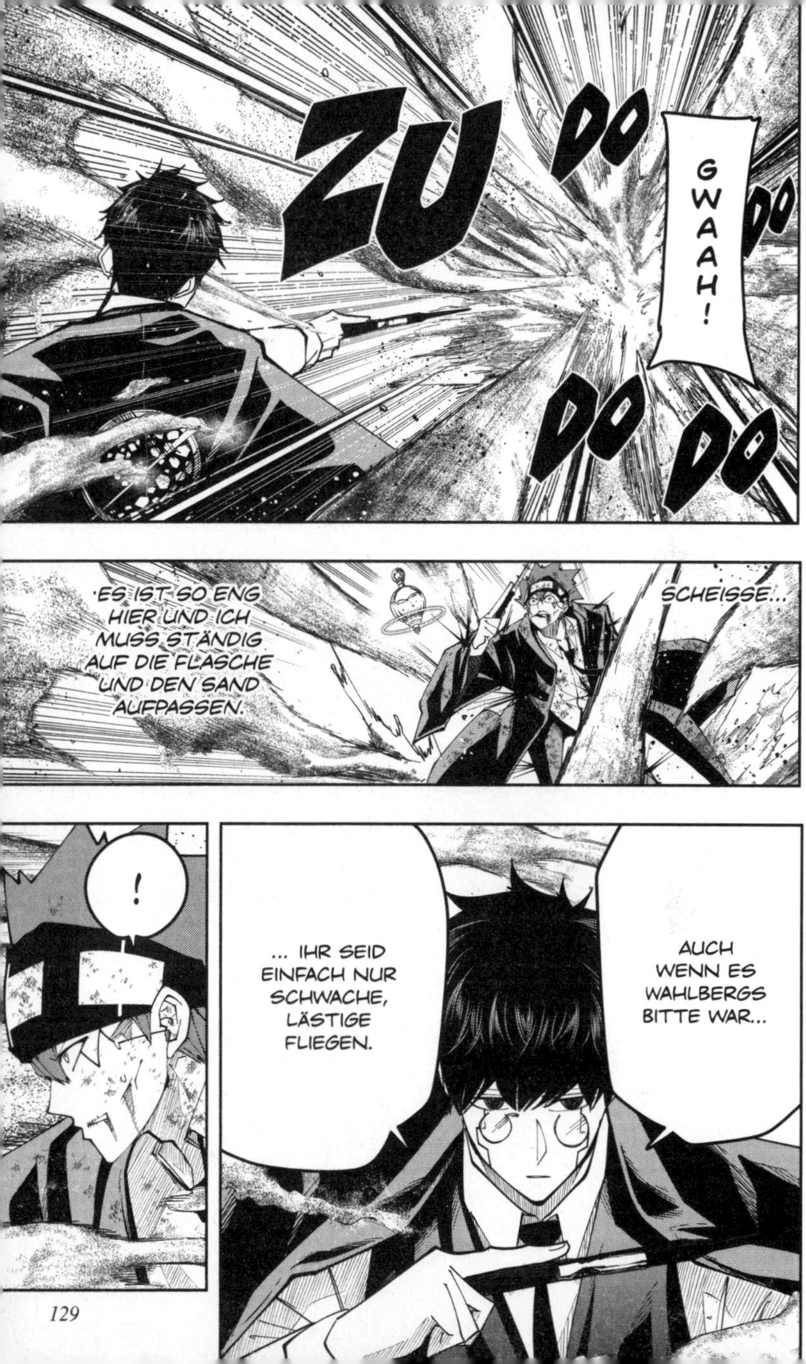
ZU DO DO DO DO DO
GWAAH!
SCHEISSE...
ES IST SO ENG HIER UND ICH MUSS STÄNDIG AUF DIE FLASCHE UND DEN SAND AUFPASSEN.
AUCH WENN ES WAHLBERGS BITTE WAR...
... IHR SEID EINFACH NUR SCHWACHE, LÄSTIGE FLIEGEN.
!

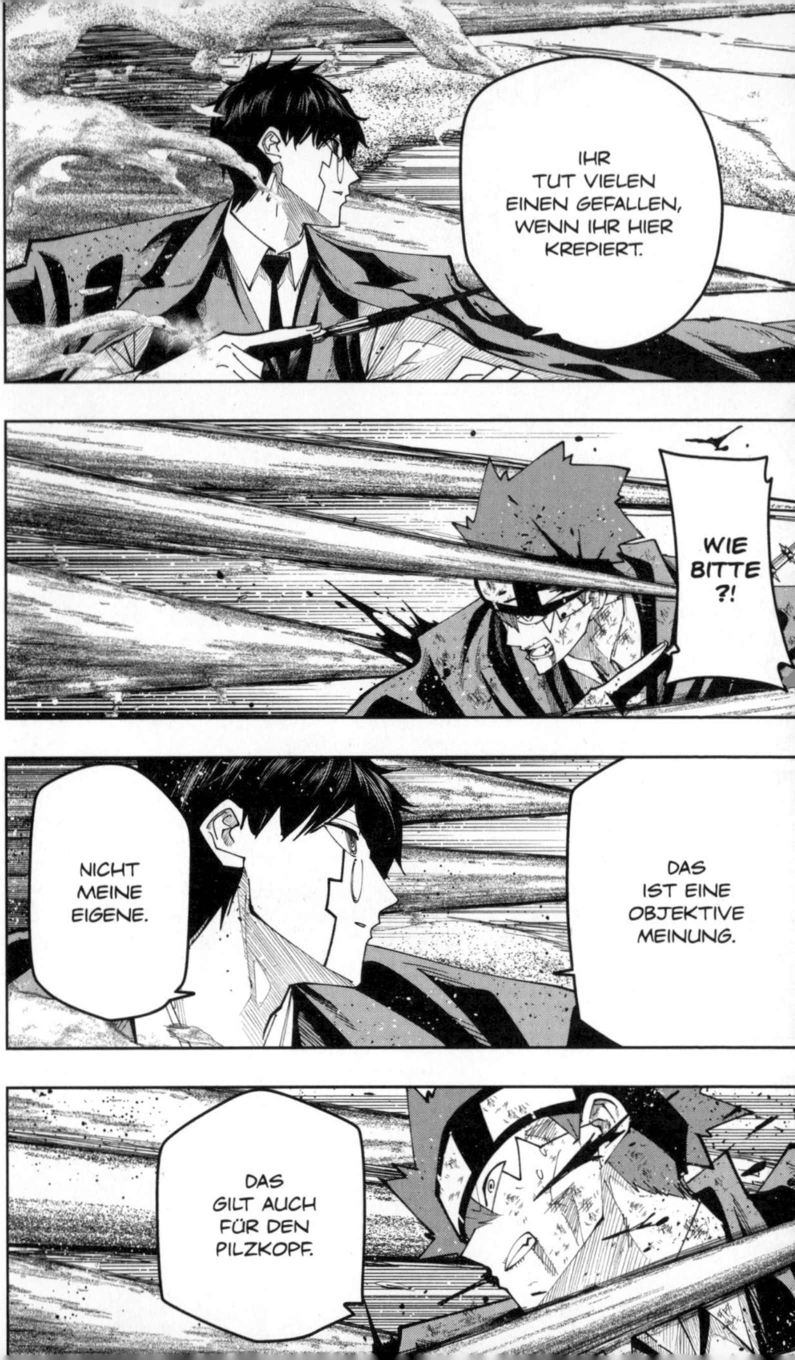
IHR TUT VIELEN EINEN GEFALLEN, WENN IHR HIER KREPIERT.
WIE BITTE ?!
DAS IST EINE OBJEKTIVE MEINUNG.
NICHT MEINE EIGENE.
DAS GILT AUCH FÜR DEN PILZKOPF.

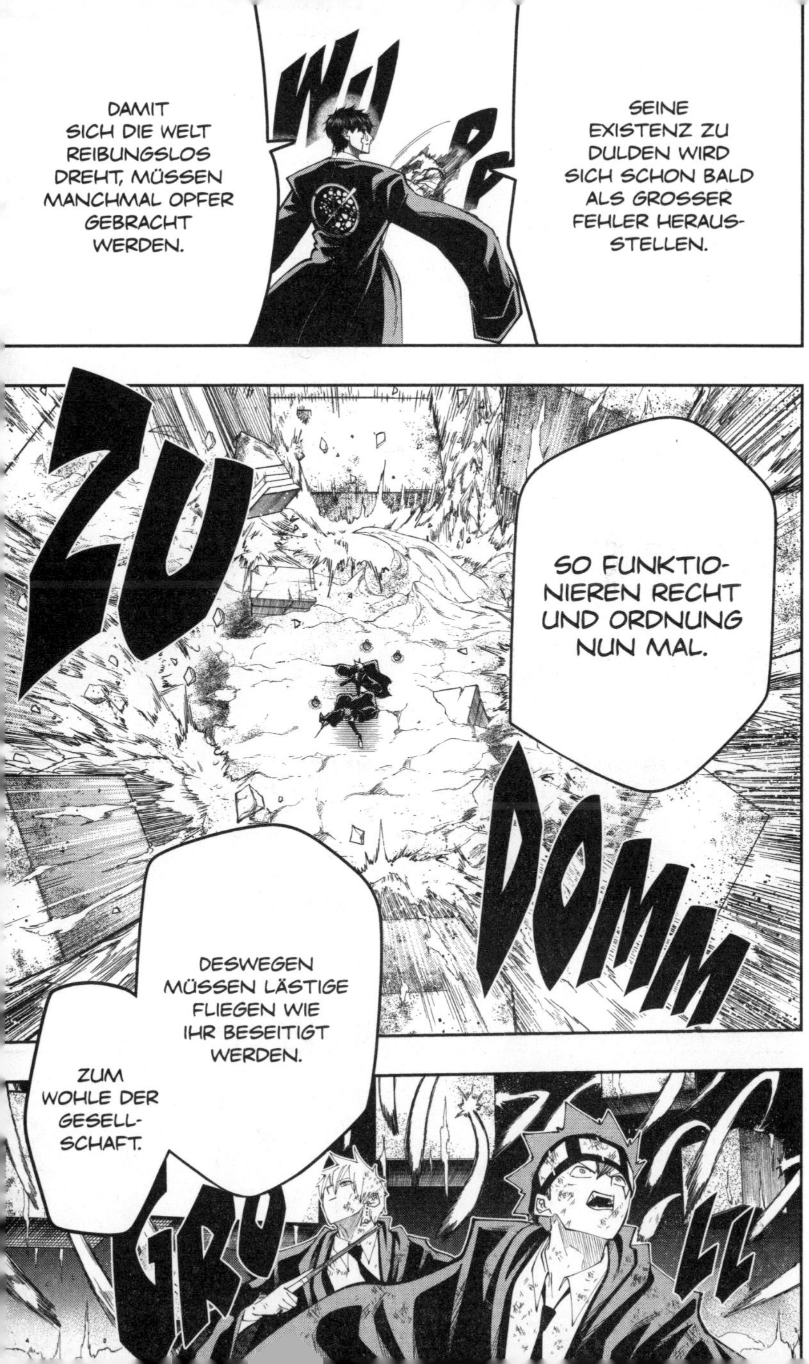
SEINE EXISTENZ ZU DULDEN WIRD SICH SCHON BALD ALS GROSSER FEHLER HERAUS-STELLEN.
DAMIT SICH DIE WELT REIBUNGSLOS DREHT, MÜSSEN MANCHMAL OPFER GEBRACHT WERDEN.
ZU
SO FUNKTIO-NIEREN RECHT UND ORDNUNG NUN MAL.
DOMM
DESWEGEN MÜSSEN LÄSTIGE FLIEGEN WIE IHR BESEITIGT WERDEN.
ZUM WOHLE DER GESELL-SCHAFT.

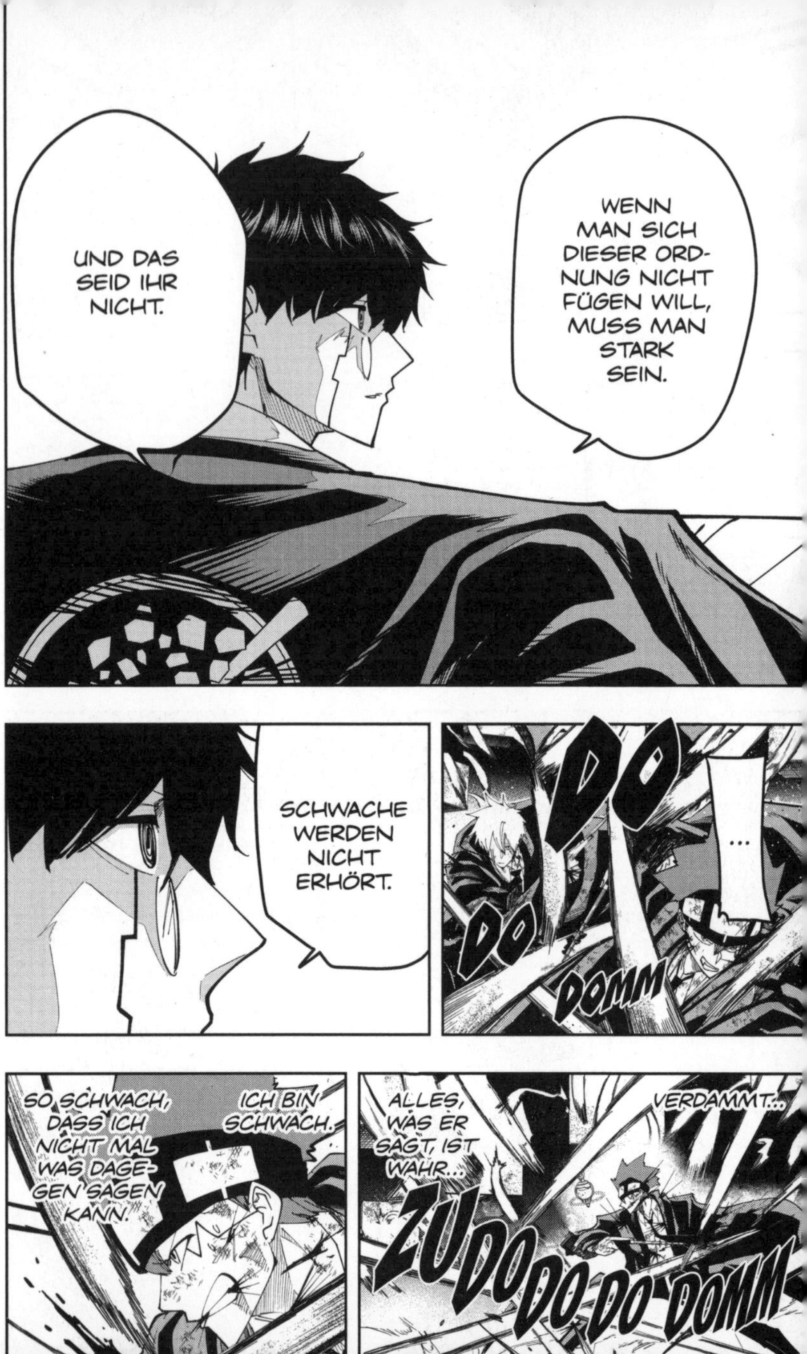
WENN MAN SICH DIESER ORDNUNG NICHT FÜGEN WILL, MUSS MAN STARK SEIN.
UND DAS SEID IHR NICHT.
DO DO DOMM
...
SCHWACHE WERDEN NICHT ERHÖRT.
VERDAMMT...
ALLES, WAS ER SAGT, IST WAHR...
ZUDODODODO DOMM
ICH BIN SCHWACH.
SO SCHWACH, DASS ICH NICHT MAL WAS DAGEGEN SAGEN KANN.

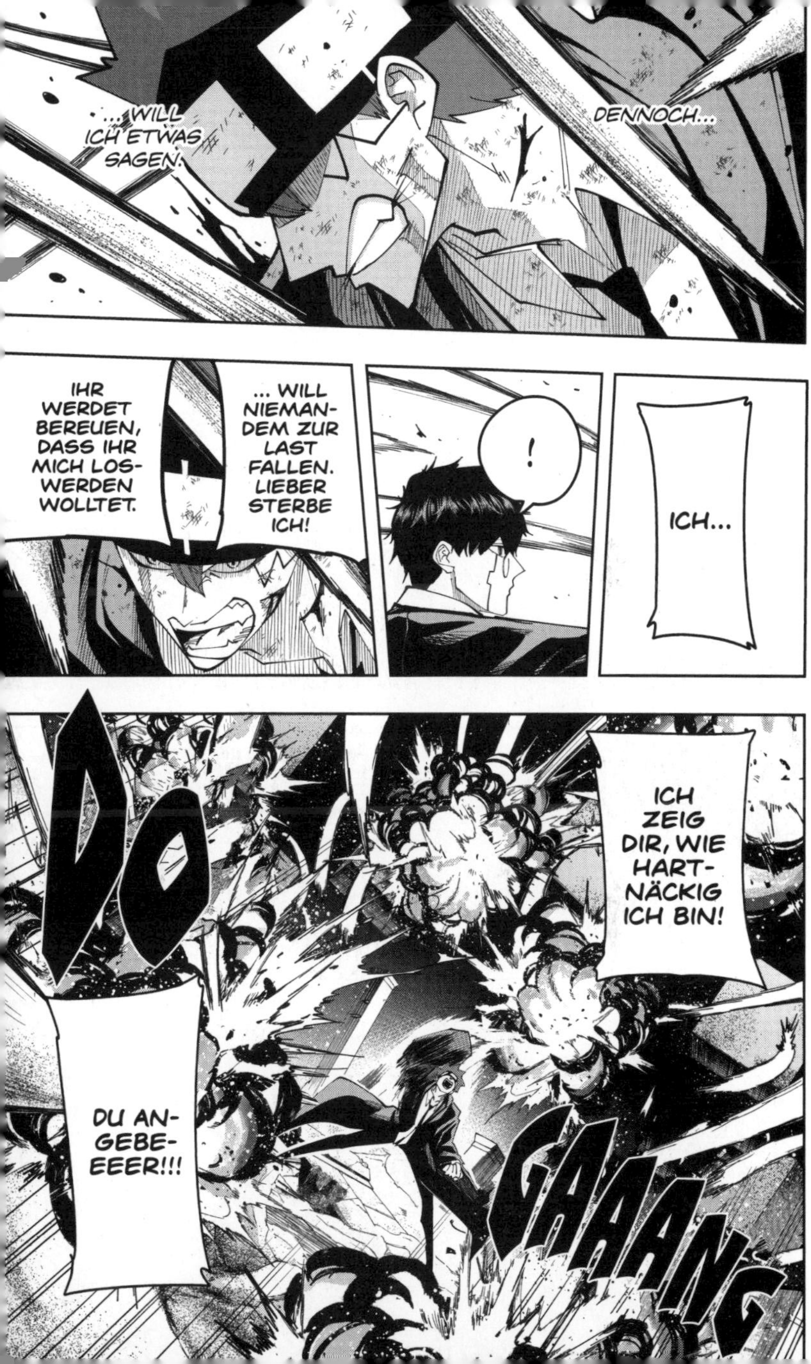

DENNOCH...
... WILL ICH ETWAS SAGEN.
... WILL NIEMANDEM ZUR LAST FALLEN. LIEBER STERBE ICH!
IHR WERDET BEREUEN, DASS IHR MICH LOSWERDEN WOLLTET.
!
ICH...
ICH ZEIG DIR, WIE HARTNÄCKIG ICH BIN!
DU ANGEBEEEER!!!
DO
GAAANG

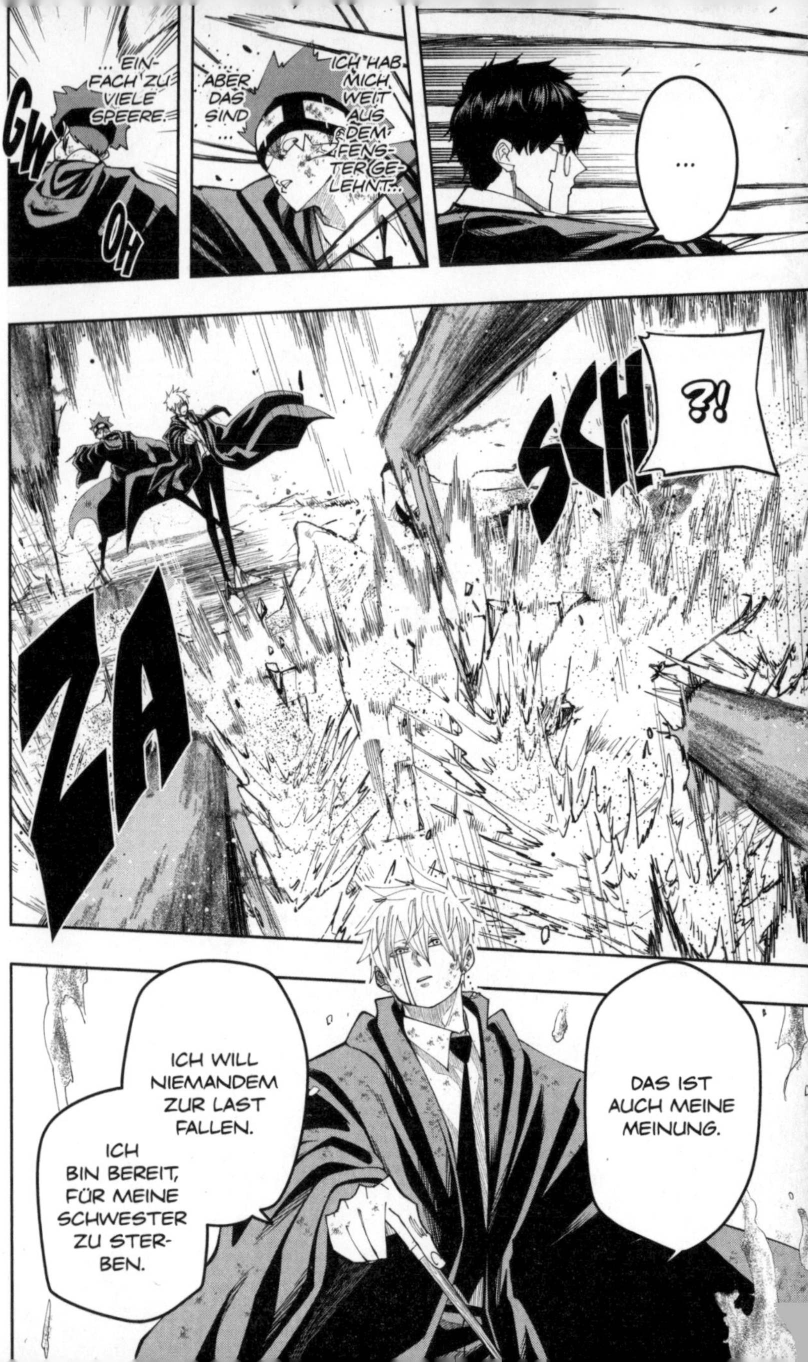
...
ICH HAB MICH WEIT AUS DEM FENSTER GELEHNT...
... ABER DAS SIND ...
... EIN-FACH ZU VIELE SPEERE.
GWOH
?!
SCH
ZA
DAS IST AUCH MEINE MEINUNG.
ICH WILL NIEMANDEM ZUR LAST FALLEN.
ICH BIN BEREIT, FÜR MEINE SCHWESTER ZU STER-BEN.

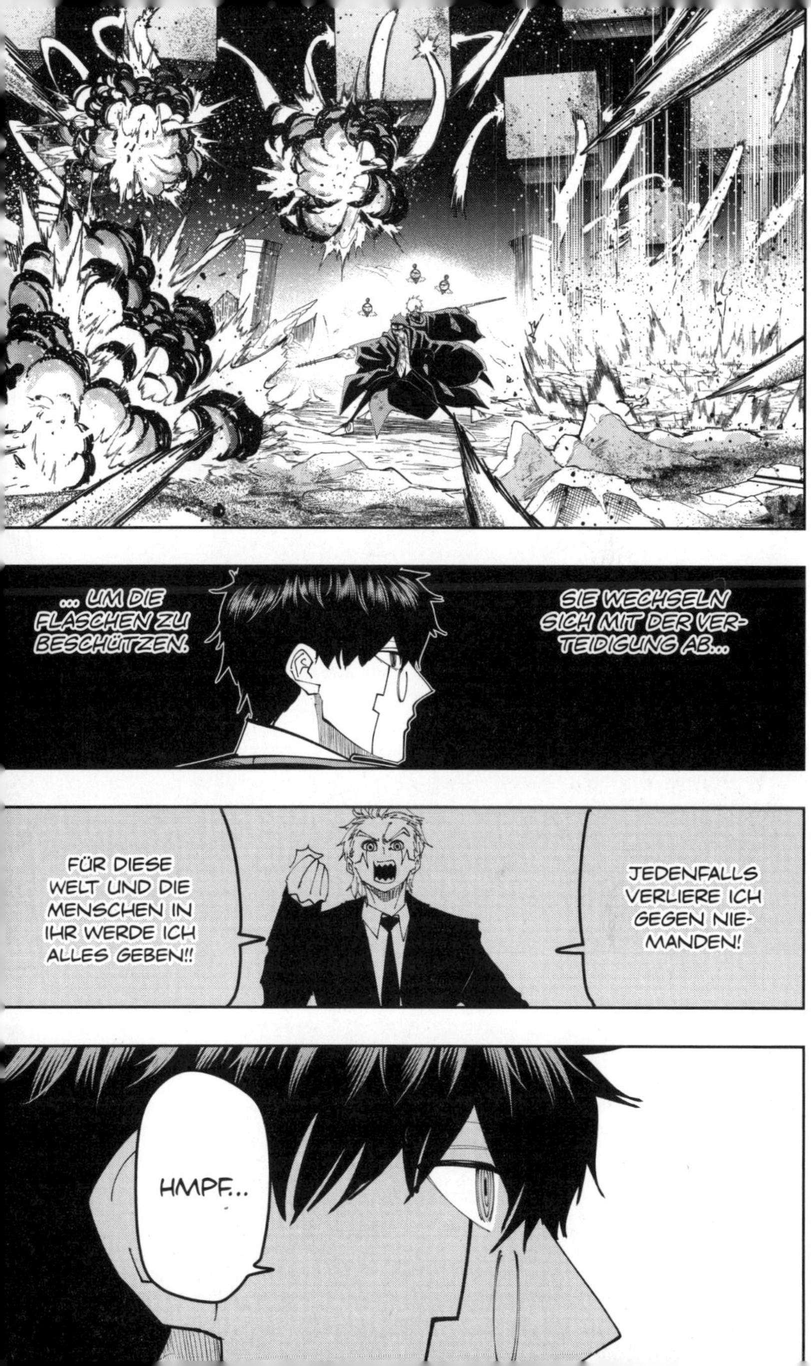
SIE WECHSELN SICH MIT DER VER-TEIDIGUNG AB...
... UM DIE FLASCHEN ZU BESCHÜTZEN.
JEDENFALLS VERLIERE ICH GEGEN NIE-MANDEN!
FÜR DIESE WELT UND DIE MENSCHEN IN IHR WERDE ICH ALLES GEBEN!!
HMPF...

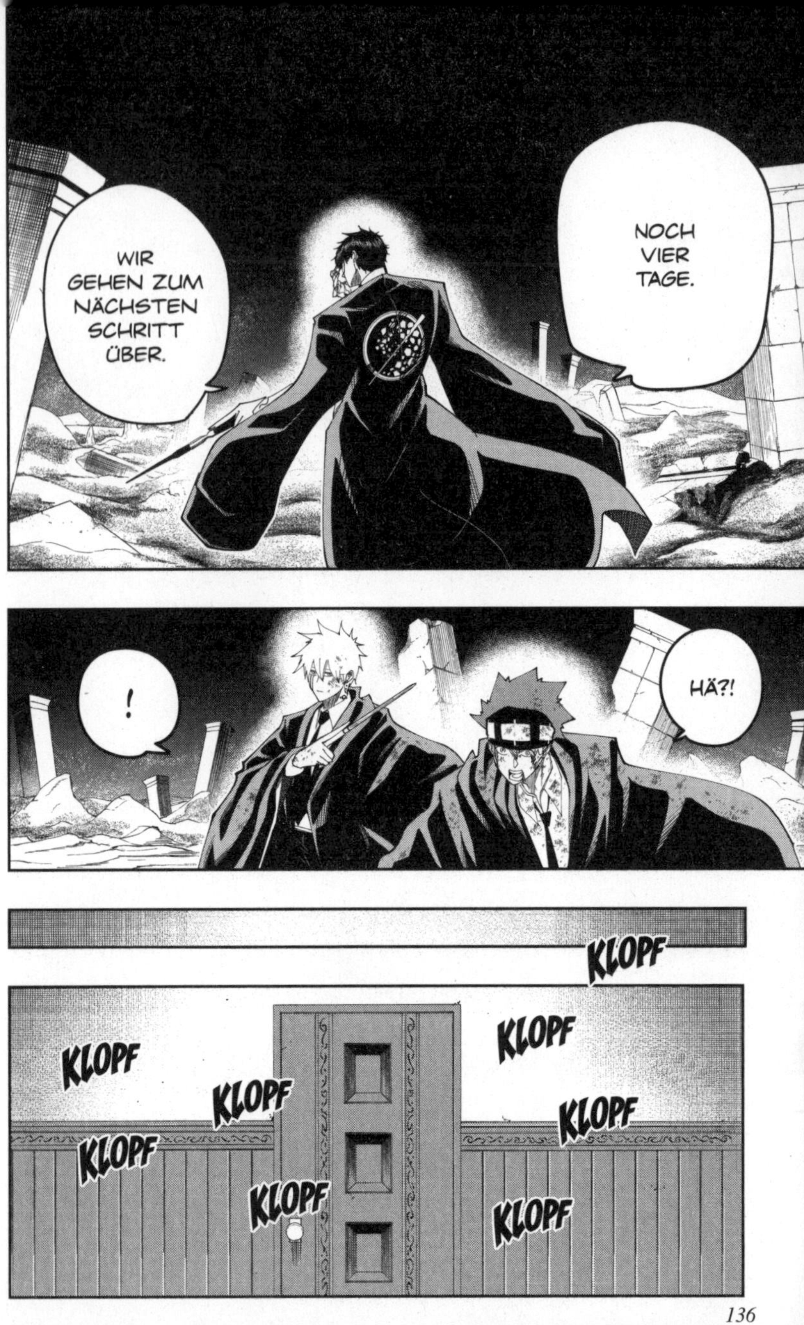
NOCH VIER TAGE.
WIR GEHEN ZUM NÄCHSTEN SCHRITT ÜBER.
HÄ?!
!
KLOPF
KLOPF
KLOPF
KLOPF
KLOPF
KLOPF
KLOPF
KLOPF

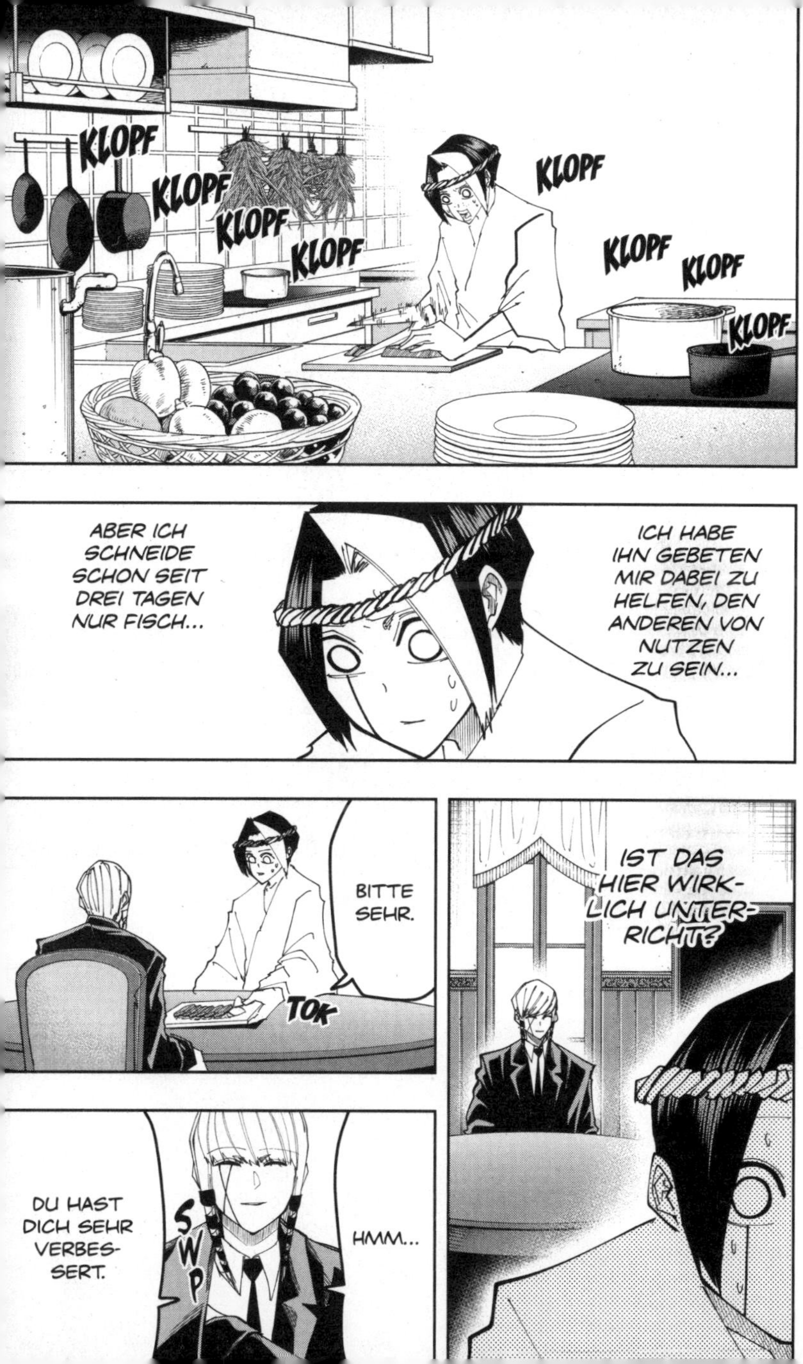
KLOPF
KLOPF
KLOPF
KLOPF
KLOPF
KLOPF
KLOPF
KLOPF
ICH HABE IHN GEBETEN MIR DABEI ZU HELFEN, DEN ANDEREN VON NUTZEN ZU SEIN...
ABER ICH SCHNEIDE SCHON SEIT DREI TAGEN NUR FISCH...
IST DAS HIER WIRKLICH UNTERRICHT?
BITTE SEHR.
TOK
HMM...
SWP
DU HAST DICH SEHR VERBESSERT.

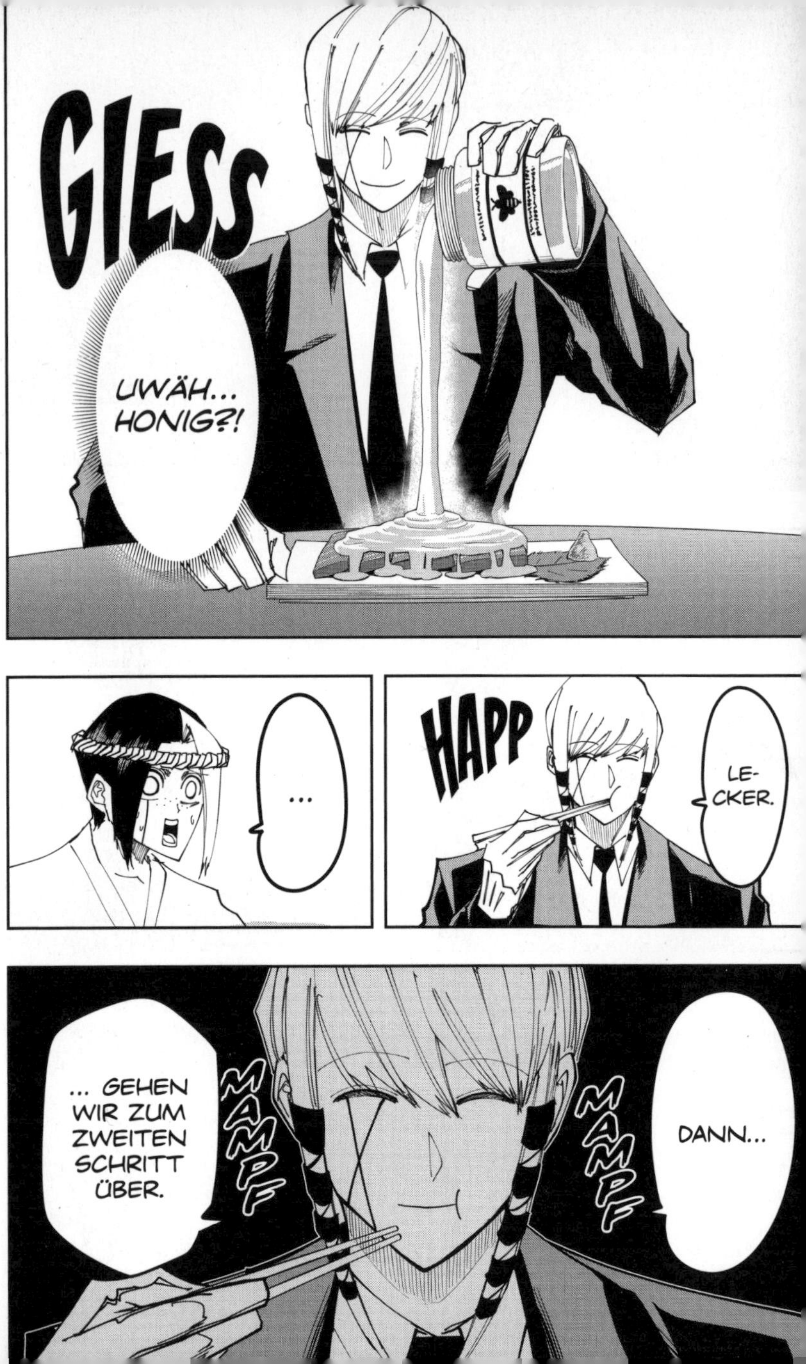
GIESS
UWÄH... HONIG?!
LE-CKER.
HAPP
...
DANN...
MAMPF
MAMPF
... GEHEN WIR ZUM ZWEITEN SCHRITT ÜBER.

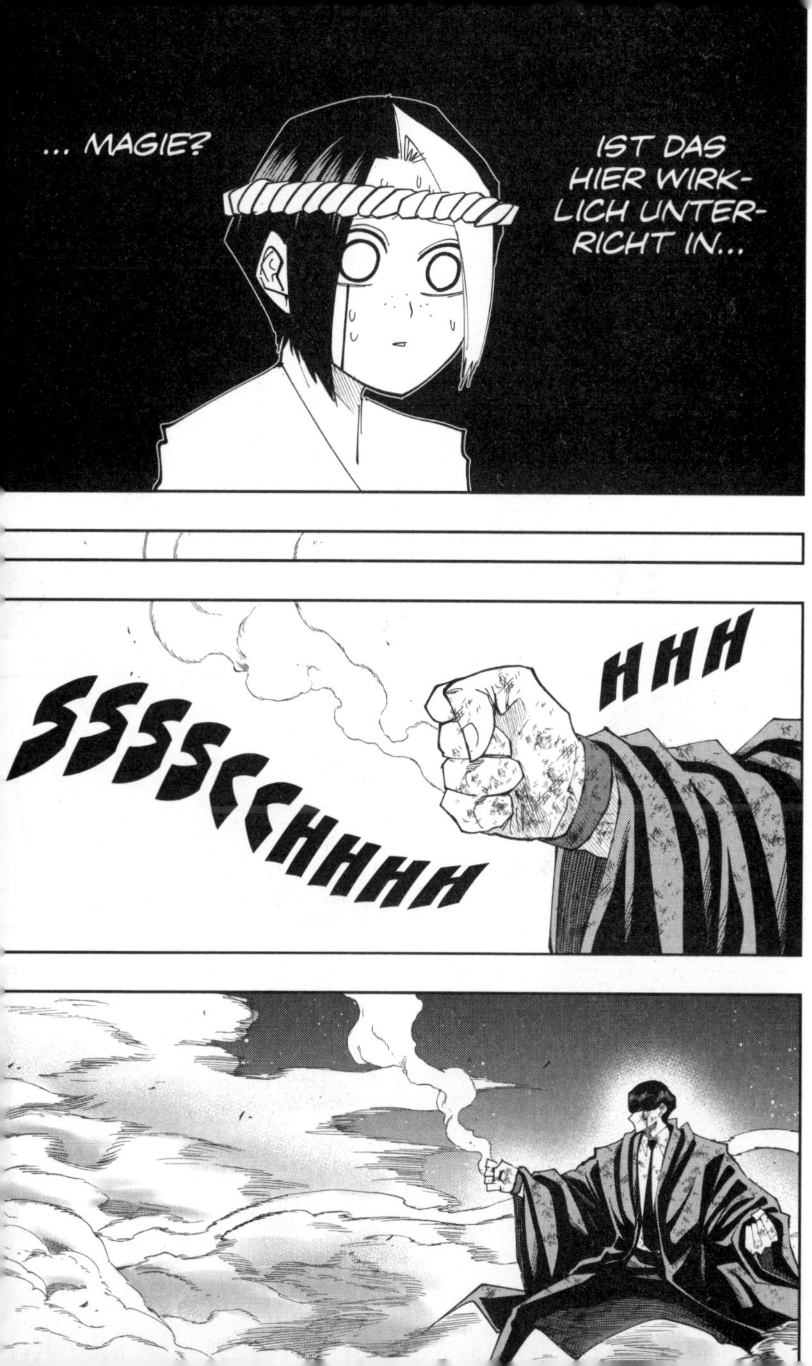
IST DAS HIER WIRK-LICH UNTER-RICHT IN...
... MAGIE?
SSSSCHHHHHHHH

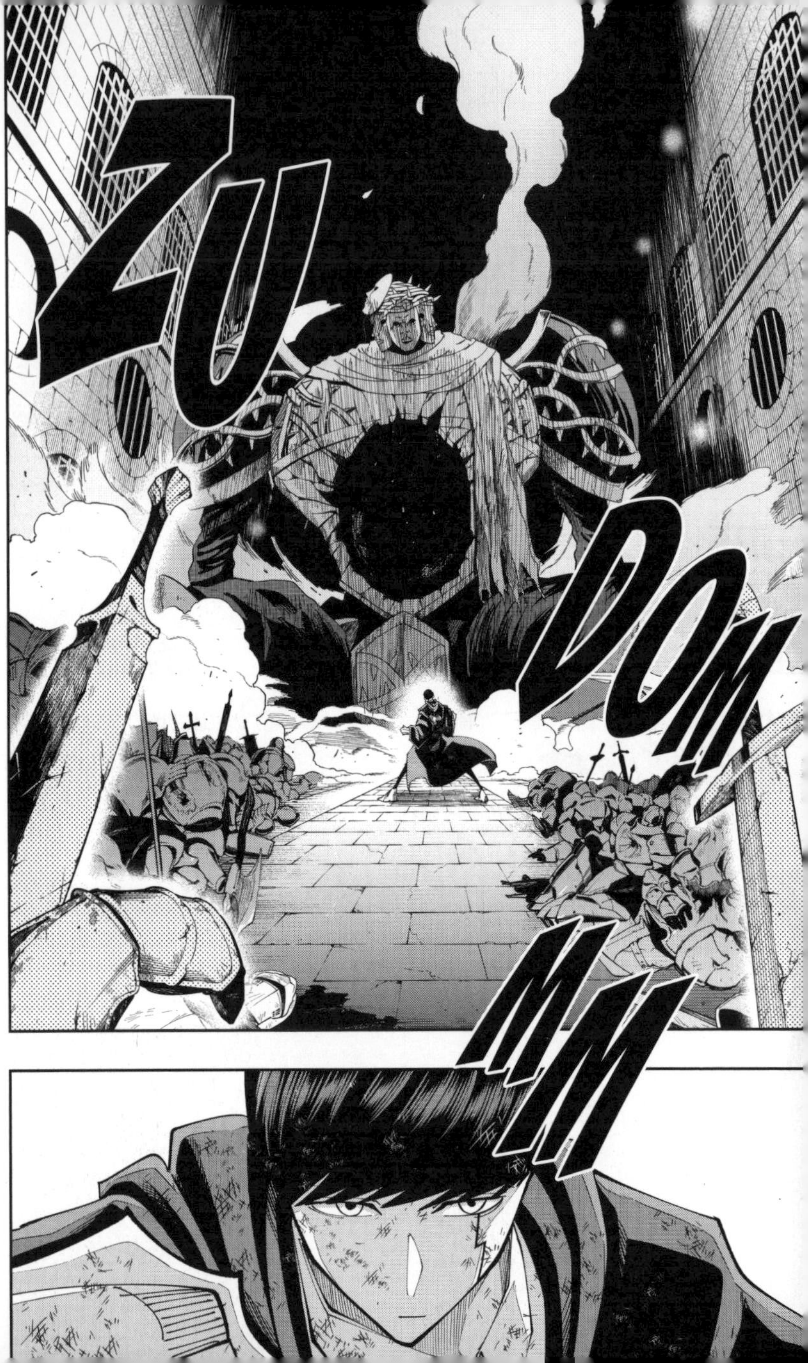
ZUDOMMM

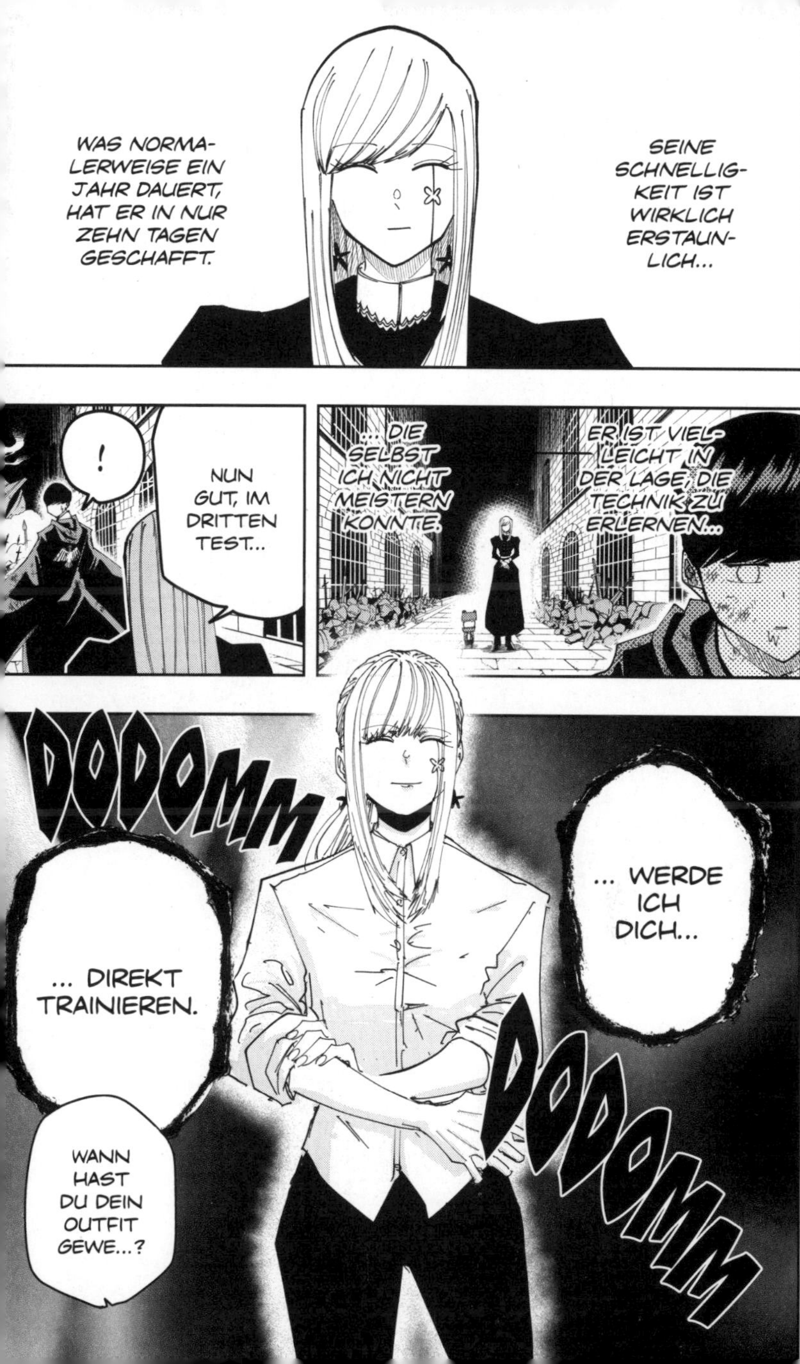
SEINE SCHNELLIGKEIT IST WIRKLICH ERSTAUNLICH...
WAS NORMALERWEISE EIN JAHR DAUERT, HAT ER IN NUR ZEHN TAGEN GESCHAFFT.
ER IST VIELLEICHT IN DER LAGE, DIE TECHNIK ZU ERLERNEN...
... DIE SELBST ICH NICHT MEISTERN KONNTE.
NUN GUT, IM DRITTEN TEST...
!
DODOMM
... WERDE ICH DICH...
... DIREKT TRAINIEREN.
DODOMM
WANN HAST DU DEIN OUTFIT GEWE...?

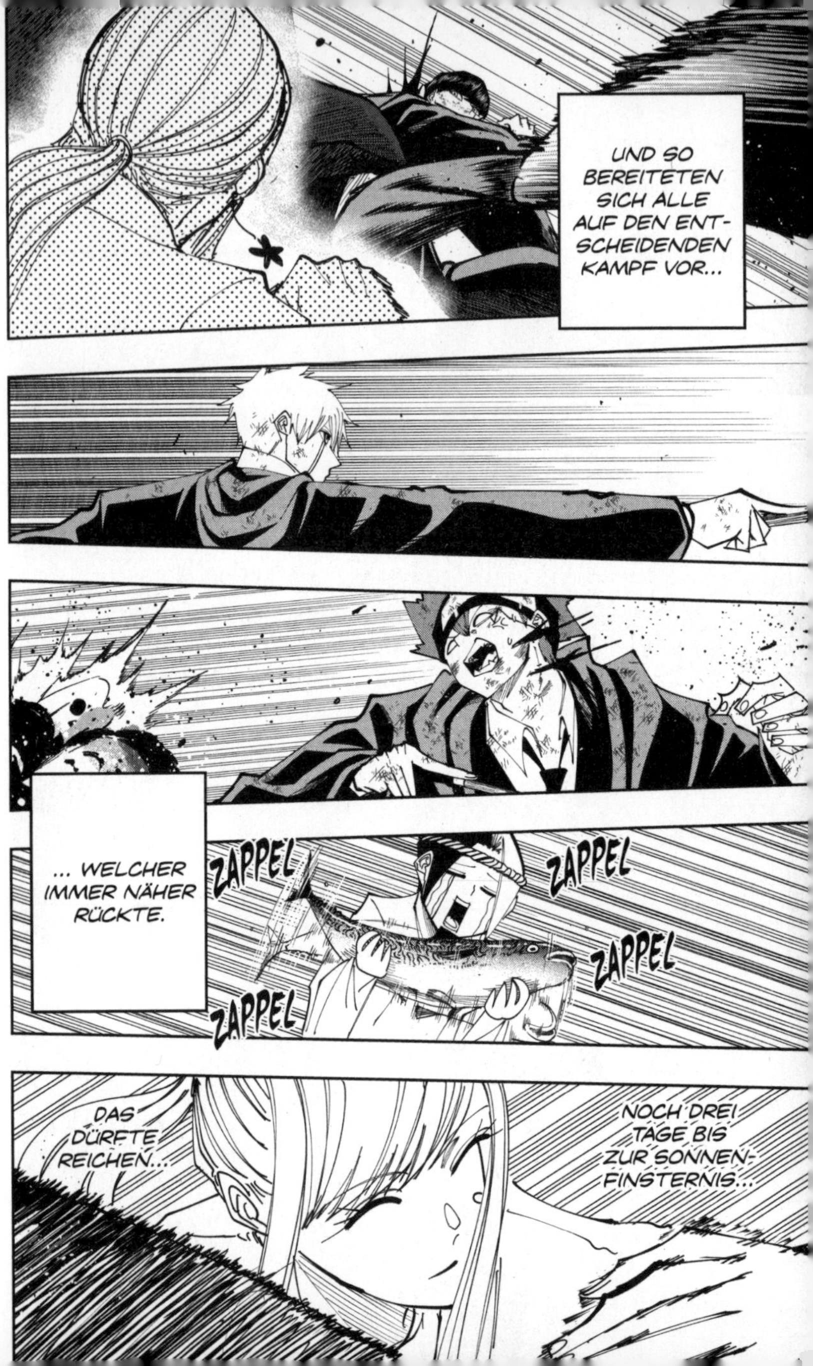
UND SO BEREITETEN SICH ALLE AUF DEN ENTSCHEIDENDEN KAMPF VOR...
... WELCHER IMMER NÄHER RÜCKTE.
ZAPPEL
ZAPPEL
ZAPPEL
ZAPPEL
NOCH DREI TAGE BIS ZUR SONNENFINSTERNIS...
DAS DÜRFTE REICHEN...

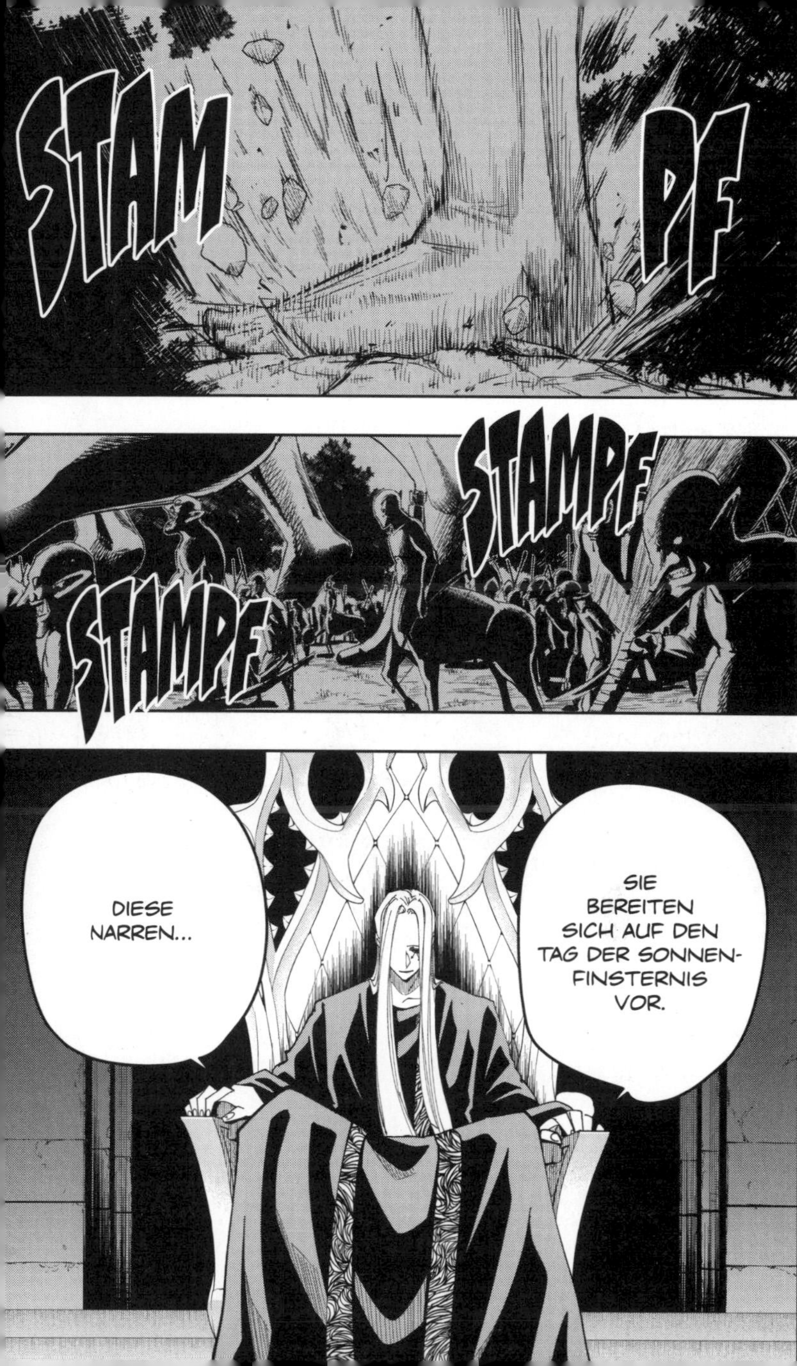
STAM
PF
STAMPF
STAMPF
SIE BEREITEN SICH AUF DEN TAG DER SONNEN-FINSTERNIS VOR.
DIESE NARREN...

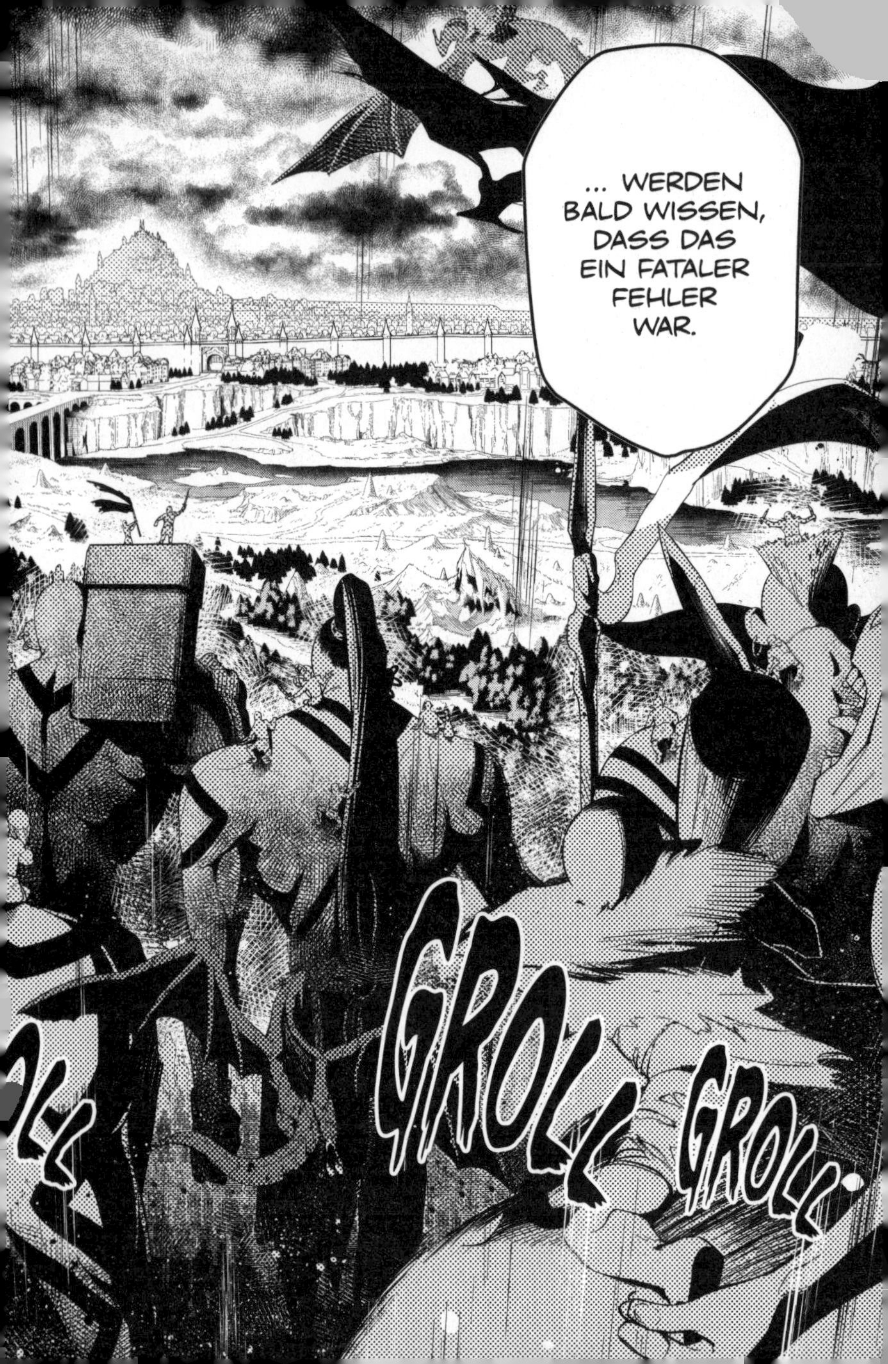
... WERDEN BALD WISSEN, DASS DAS EIN FATALER FEHLER WAR.
GROLL
GROLL
GROLL

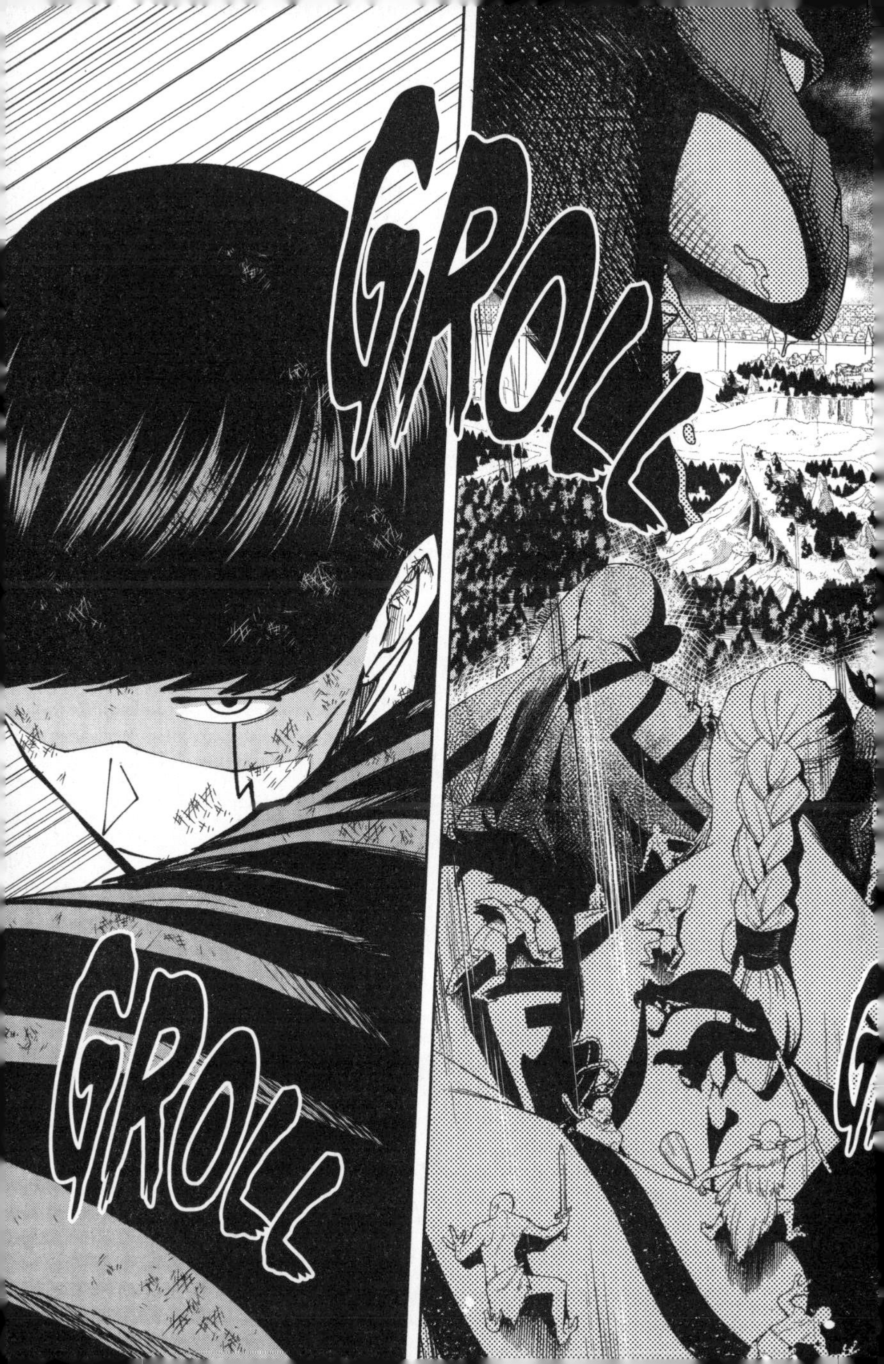
GROLL
GROLL

FEIER ANLÄSSLICH DES 2. GEBURTSTAGS!

ERGEBNISSE VOM ERSTEN CHARAKTER-RANKING!!

Plätze 7–25!

Gesamtzahl der Stimmen: **65699!!**

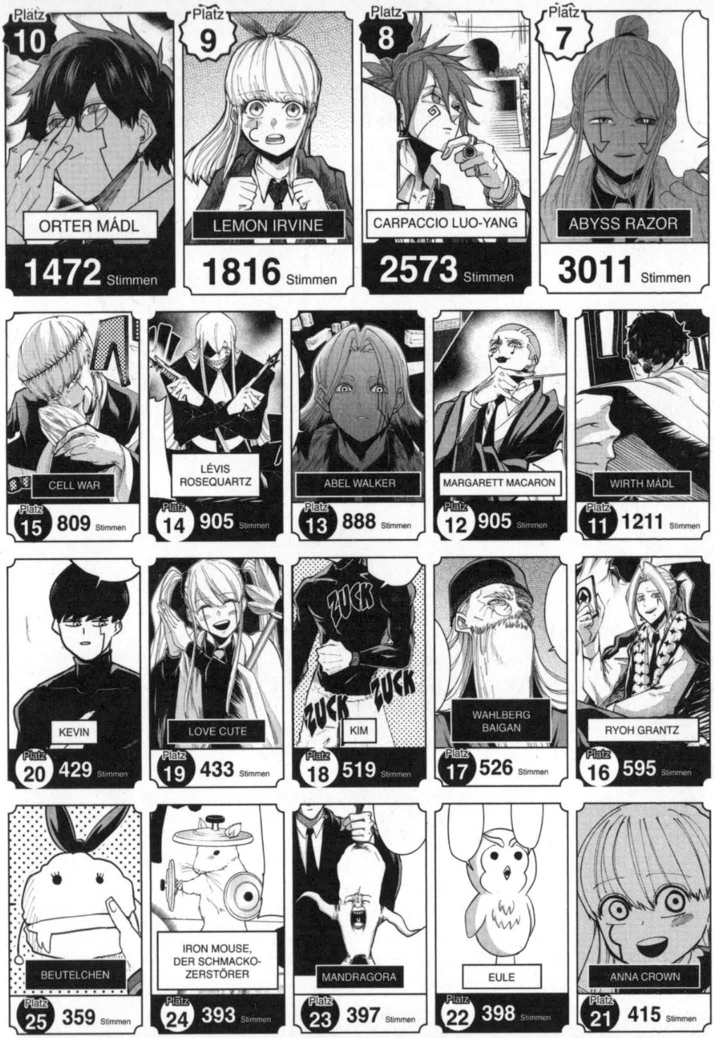

CHECKE SEITE 166 FÜR WEITERE PLATZIERUNGEN!

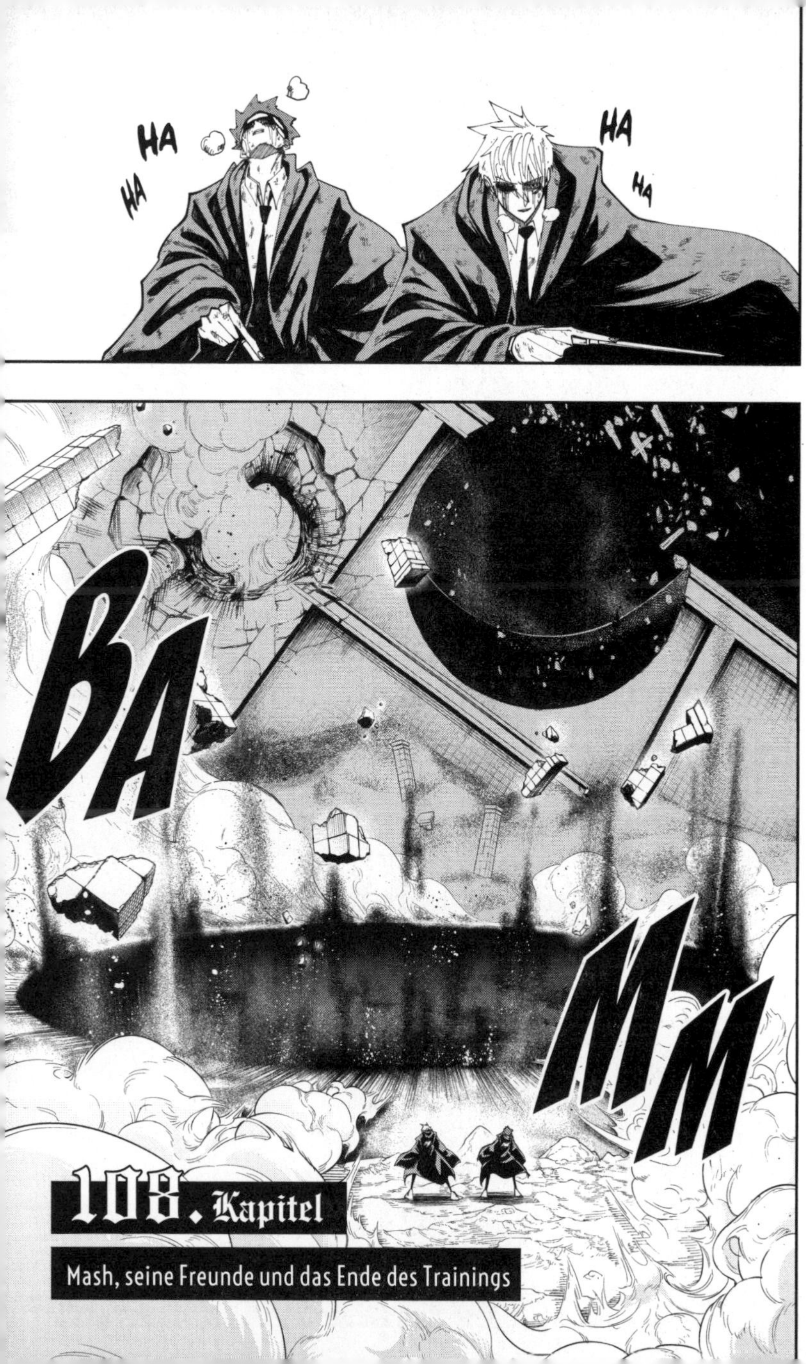
HA
HA
HA
HA
BA
MM
108. Kapitel
Mash, seine Freunde und das Ende des Trainings

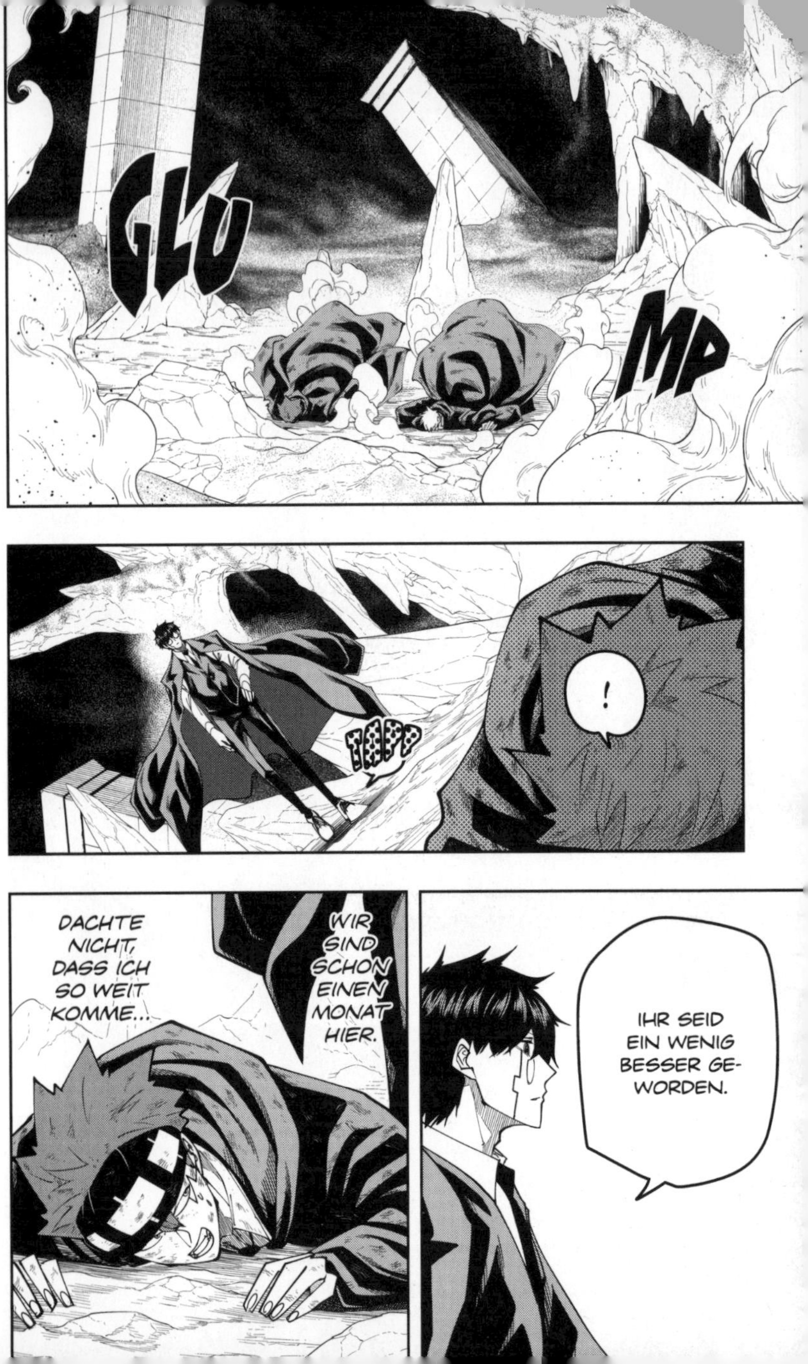
GLU
MP
TAPP
!
IHR SEID EIN WENIG BESSER GE-WORDEN.
WIR SIND SCHON EINEN MONAT HIER.
DACHTE NICHT, DASS ICH SO WEIT KOMME...

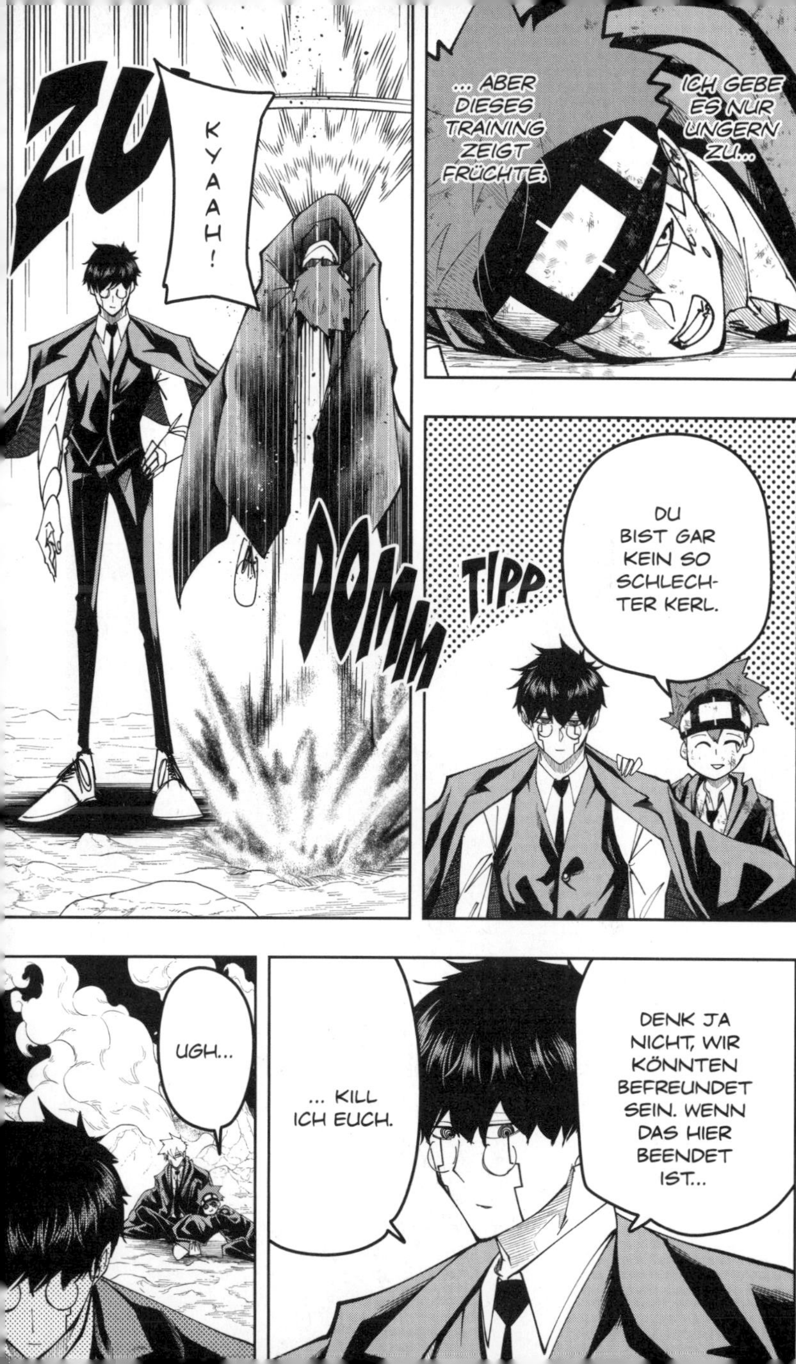
ICH GEBE ES NUR UNGERN ZU...
... ABER DIESES TRAINING ZEIGT FRÜCHTE.
ZU
KYAAAH!
DOMM
TIPP
DU BIST GAR KEIN SO SCHLECH-TER KERL.
DENK JA NICHT, WIR KÖNNTEN BEFREUNDET SEIN. WENN DAS HIER BEENDET IST...
... KILL ICH EUCH.
UGH...

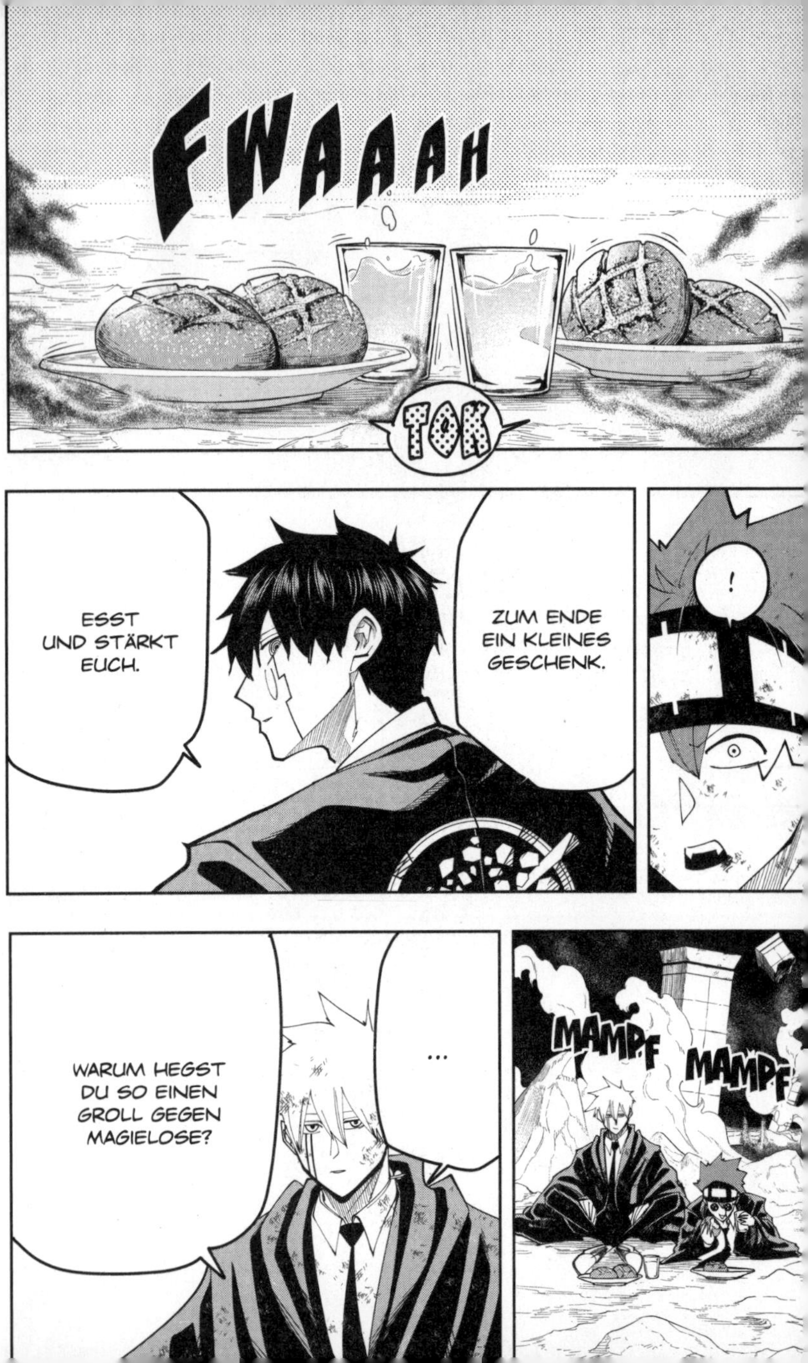
FWAAAH
TOK
ZUM ENDE EIN KLEINES GESCHENK.
ESST UND STÄRKT EUCH.
!
MAMPF
MAMPF
...
WARUM HEGST DU SO EINEN GROLL GEGEN MAGIELOSE?

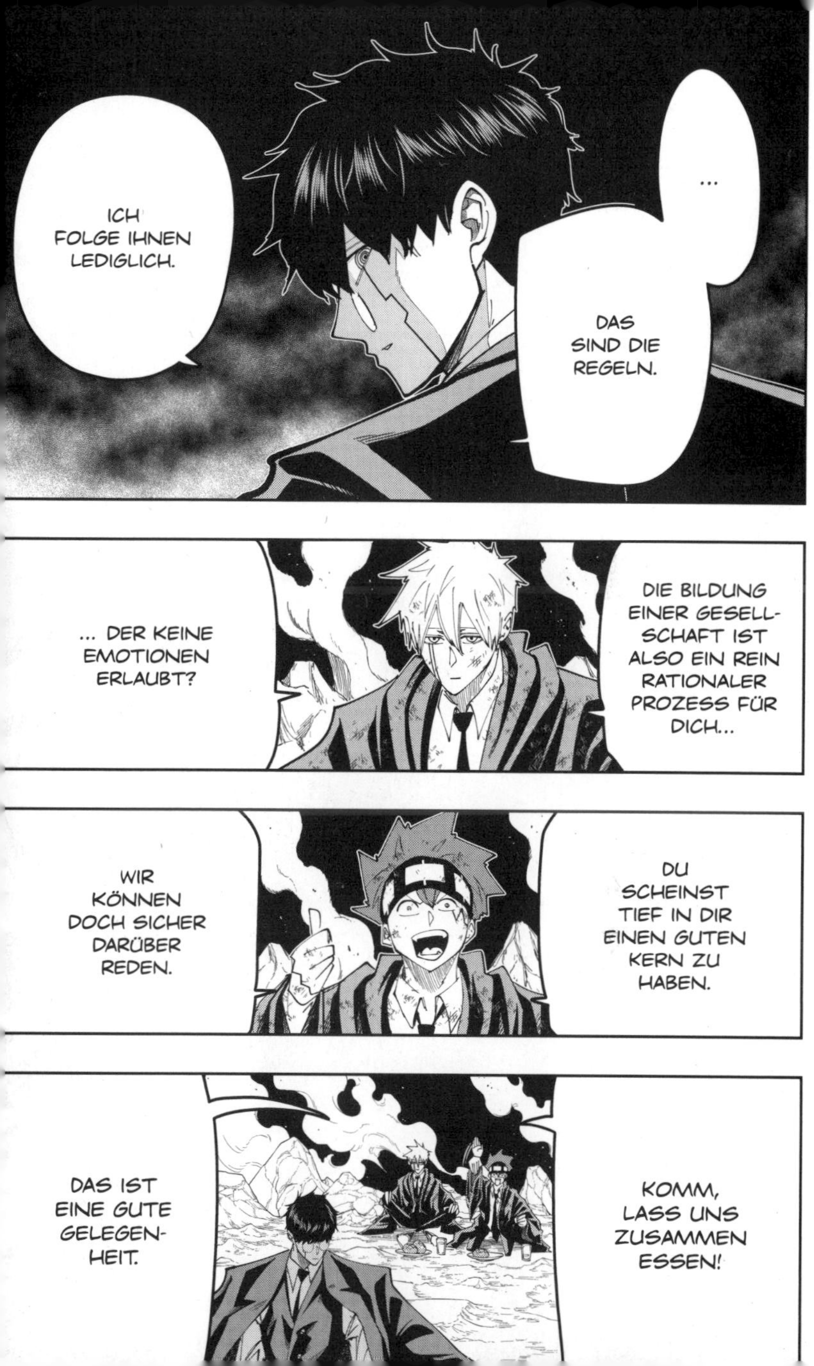
...
DAS SIND DIE REGELN.
ICH FOLGE IHNEN LEDIGLICH.
DIE BILDUNG EINER GESELLSCHAFT IST ALSO EIN REIN RATIONALER PROZESS FÜR DICH...
... DER KEINE EMOTIONEN ERLAUBT?
DU SCHEINST TIEF IN DIR EINEN GUTEN KERN ZU HABEN.
WIR KÖNNEN DOCH SICHER DARÜBER REDEN.
KOMM, LASS UNS ZUSAMMEN ESSEN!
DAS IST EINE GUTE GELEGENHEIT.

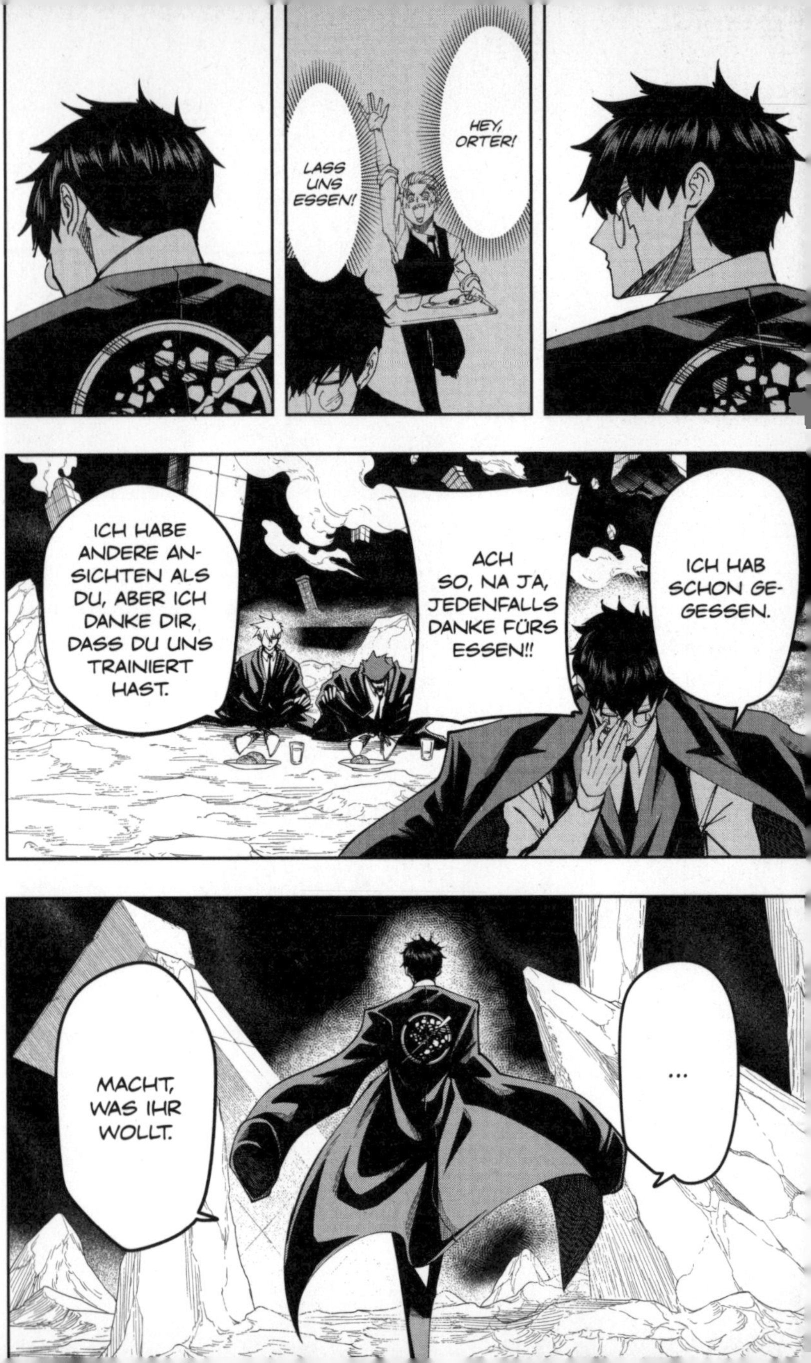
HEY, ORTER!
LASS UNS ESSEN!
ICH HAB SCHON GE-GESSEN.
ACH SO, NA JA, JEDENFALLS DANKE FÜRS ESSEN!!
ICH HABE ANDERE AN-SICHTEN ALS DU, ABER ICH DANKE DIR, DASS DU UNS TRAINIERT HAST.
...
MACHT, WAS IHR WOLLT.

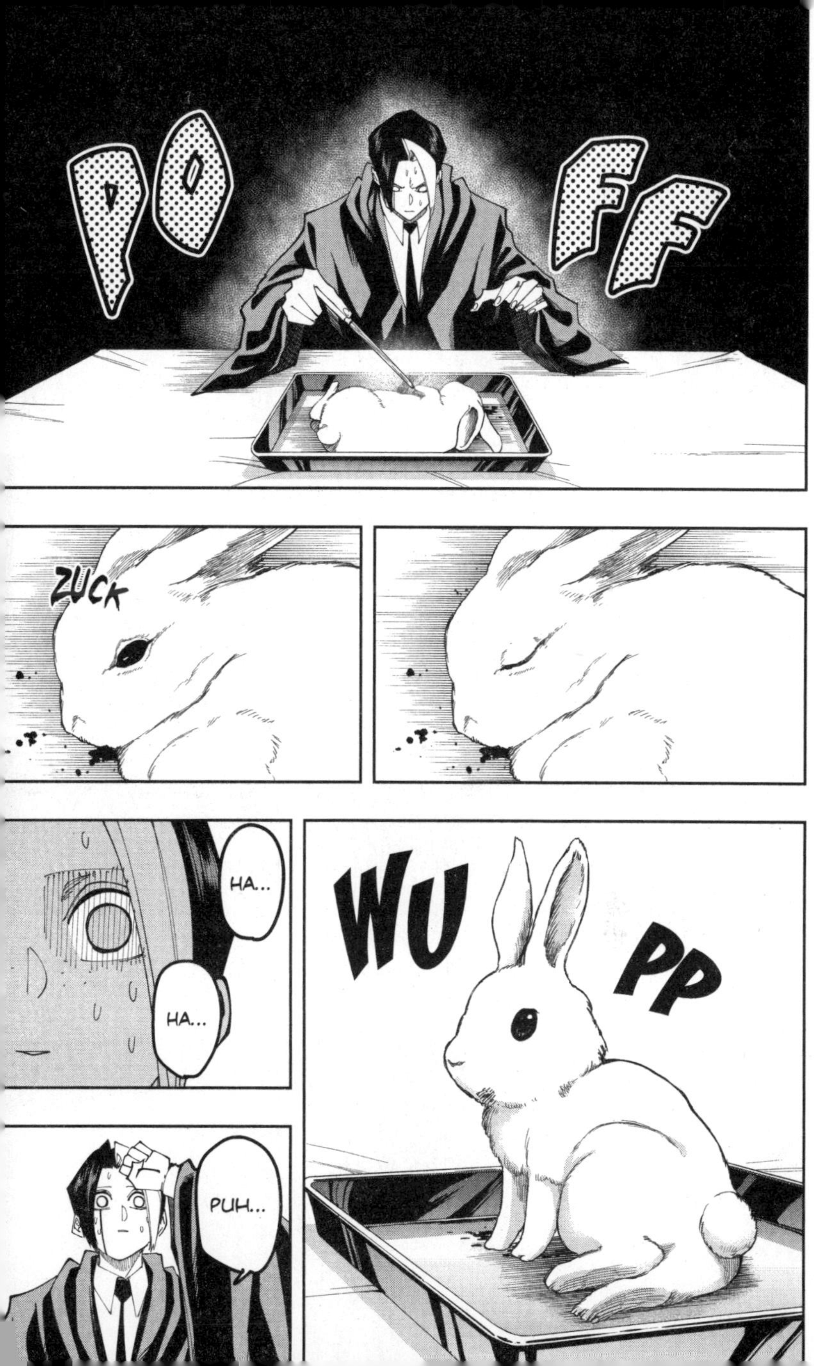
POFF
ZUCK
WUPP
HA...
HA...
PUH...

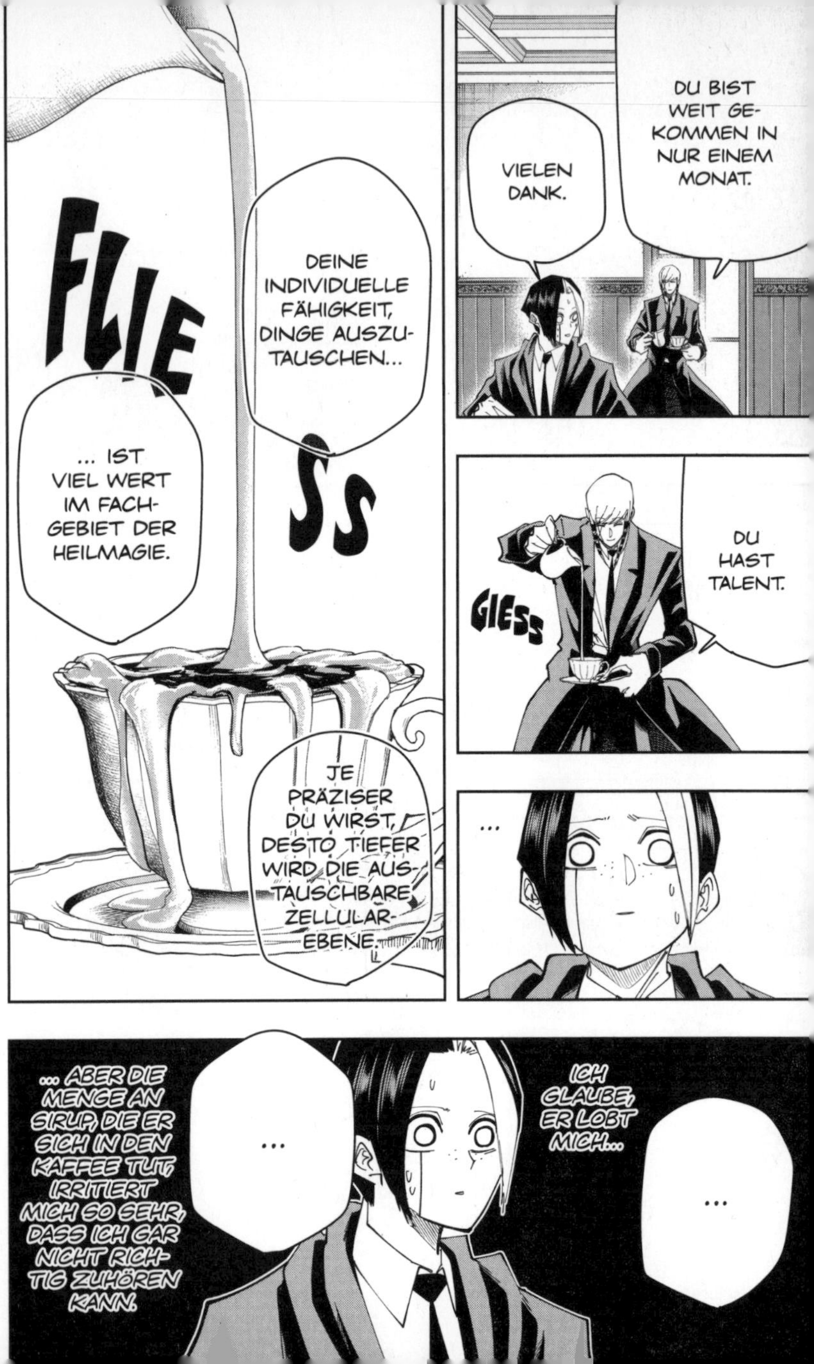
DU BIST WEIT GE-KOMMEN IN NUR EINEM MONAT.
VIELEN DANK.
DEINE INDIVIDUELLE FÄHIGKEIT, DINGE AUSZU-TAUSCHEN...
FLIESS
... IST VIEL WERT IM FACH-GEBIET DER HEILMAGIE.
JE PRÄZISER DU WIRST, DESTO TIEFER WIRD DIE AUS-TAUSCHBARE ZELLULAR-EBENE.
GIESS
DU HAST TALENT.
...
ICH GLAUBE, ER LOBT MICH...
...
...
... ABER DIE MENGE AN SIRUP, DIE ER SICH IN DEN KAFFEE TUT, IRRITIERT MICH SO SEHR, DASS ICH GAR NICHT RICH-TIG ZUHÖREN KANN.

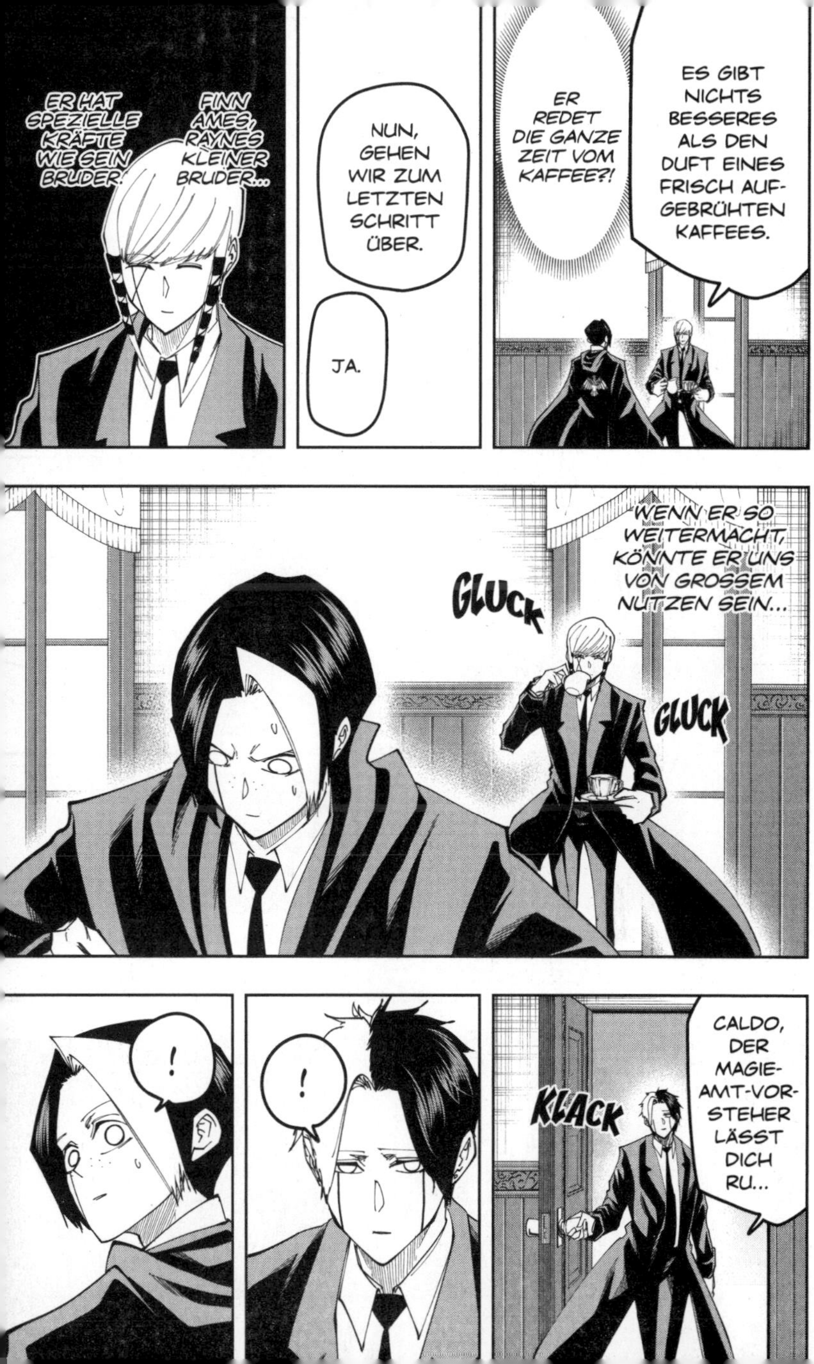
ES GIBT NICHTS BESSERES ALS DEN DUFT EINES FRISCH AUF-GEBRÜHTEN KAFFEES.
ER REDET DIE GANZE ZEIT VOM KAFFEE?!
NUN, GEHEN WIR ZUM LETZTEN SCHRITT ÜBER.
JA.
FINN AMES, RAYNES KLEINER BRUDER...
ER HAT SPEZIELLE KRÄFTE WIE SEIN BRUDER.
WENN ER SO WEITERMACHT, KÖNNTE ER UNS VON GROSSEM NUTZEN SEIN...
GLUCK
GLUCK
KLACK
CALDO, DER MAGIE-AMT-VORSTEHER LÄSST DICH RU...
!
!

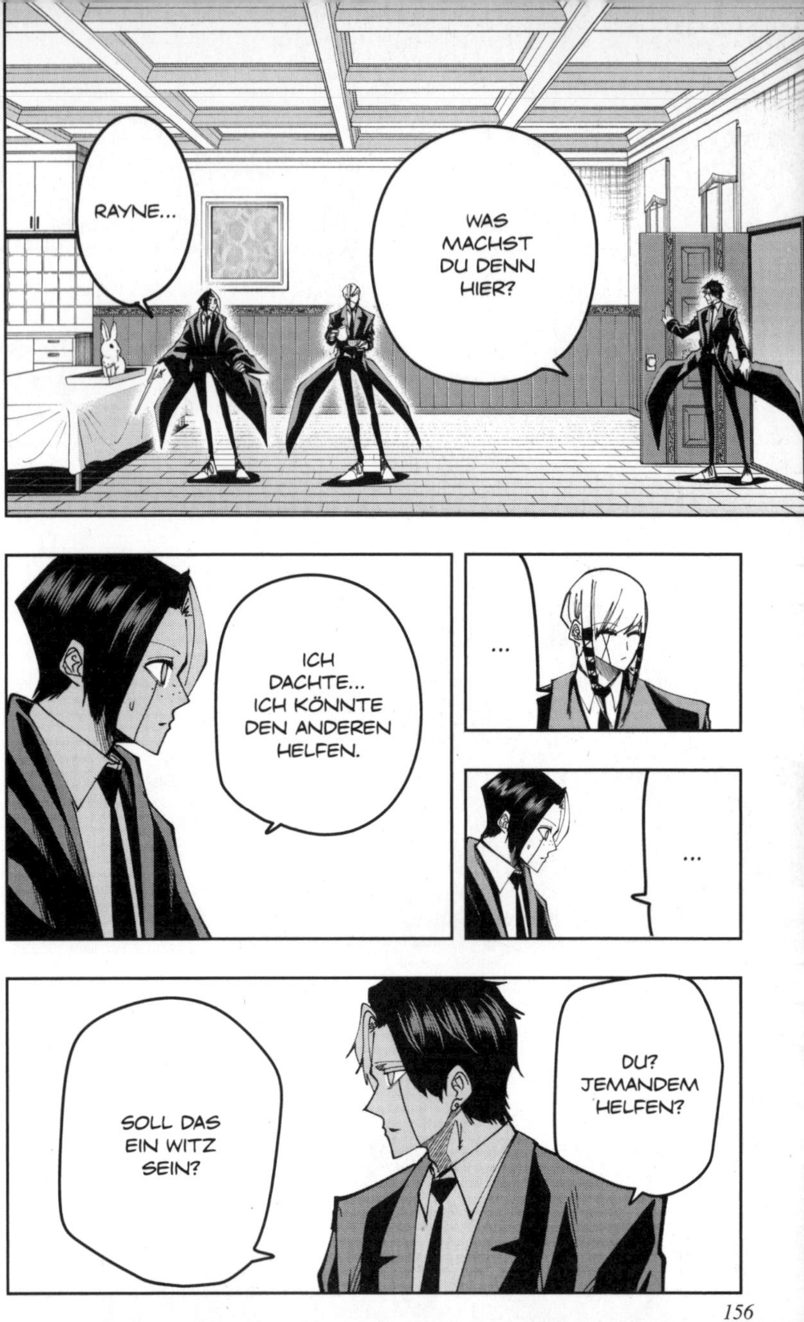
WAS MACHST DU DENN HIER?
RAYNE...
...
...
ICH DACHTE... ICH KÖNNTE DEN ANDEREN HELFEN.
DU? JEMANDEM HELFEN?
SOLL DAS EIN WITZ SEIN?

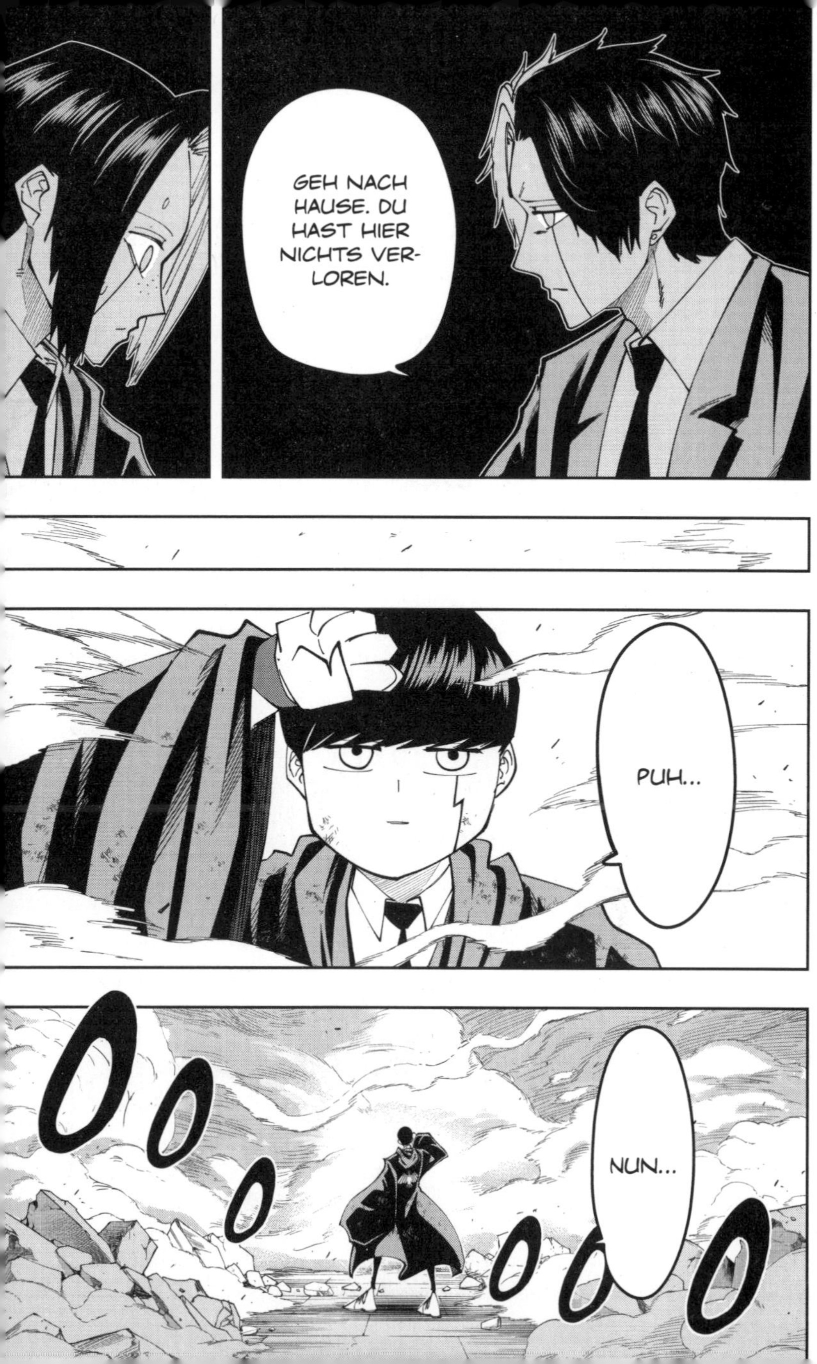
GEH NACH HAUSE. DU HAST HIER NICHTS VERLOREN.
PUH...
NUN...

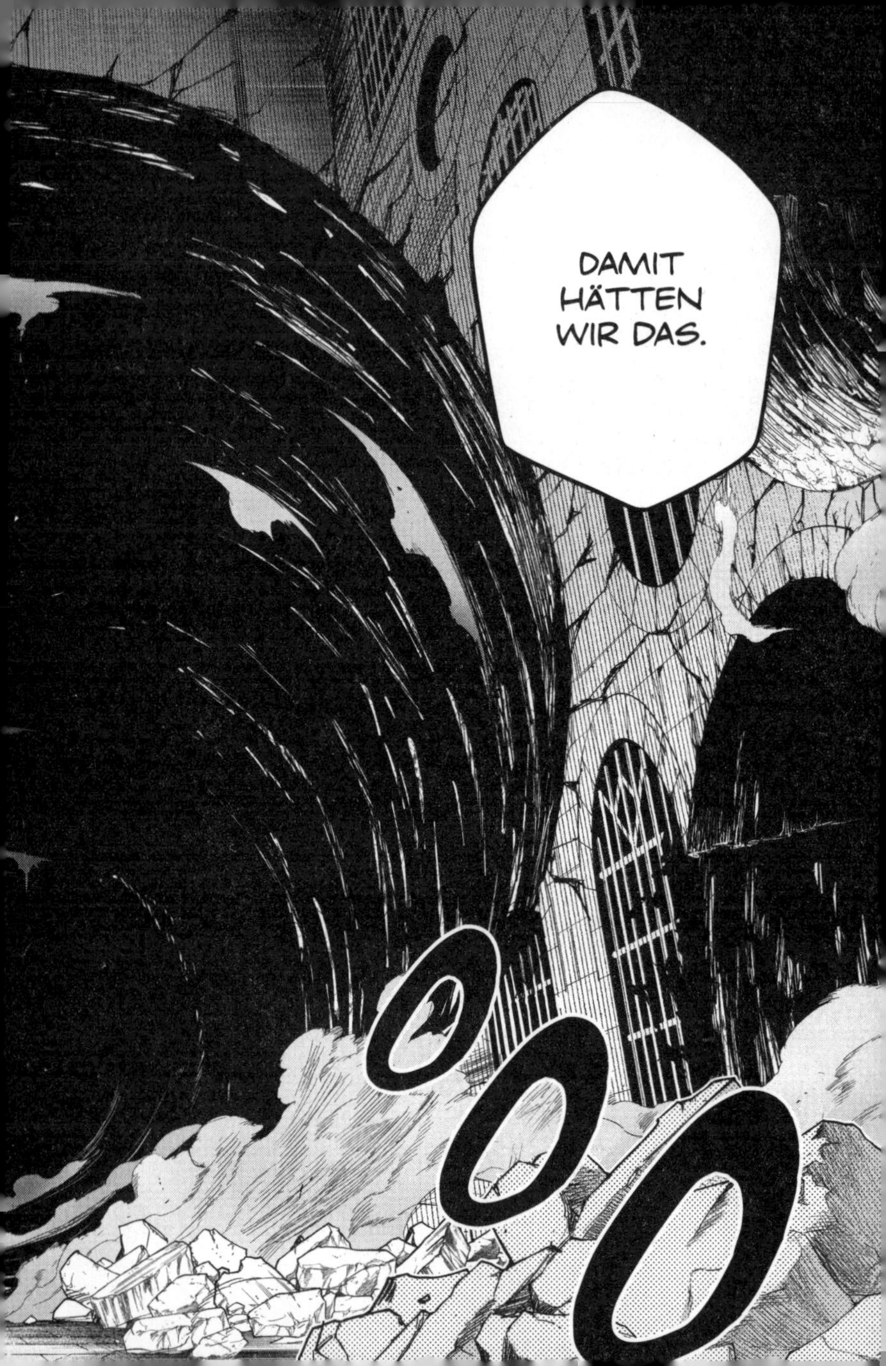
DAMIT HÄTTEN WIR DAS.

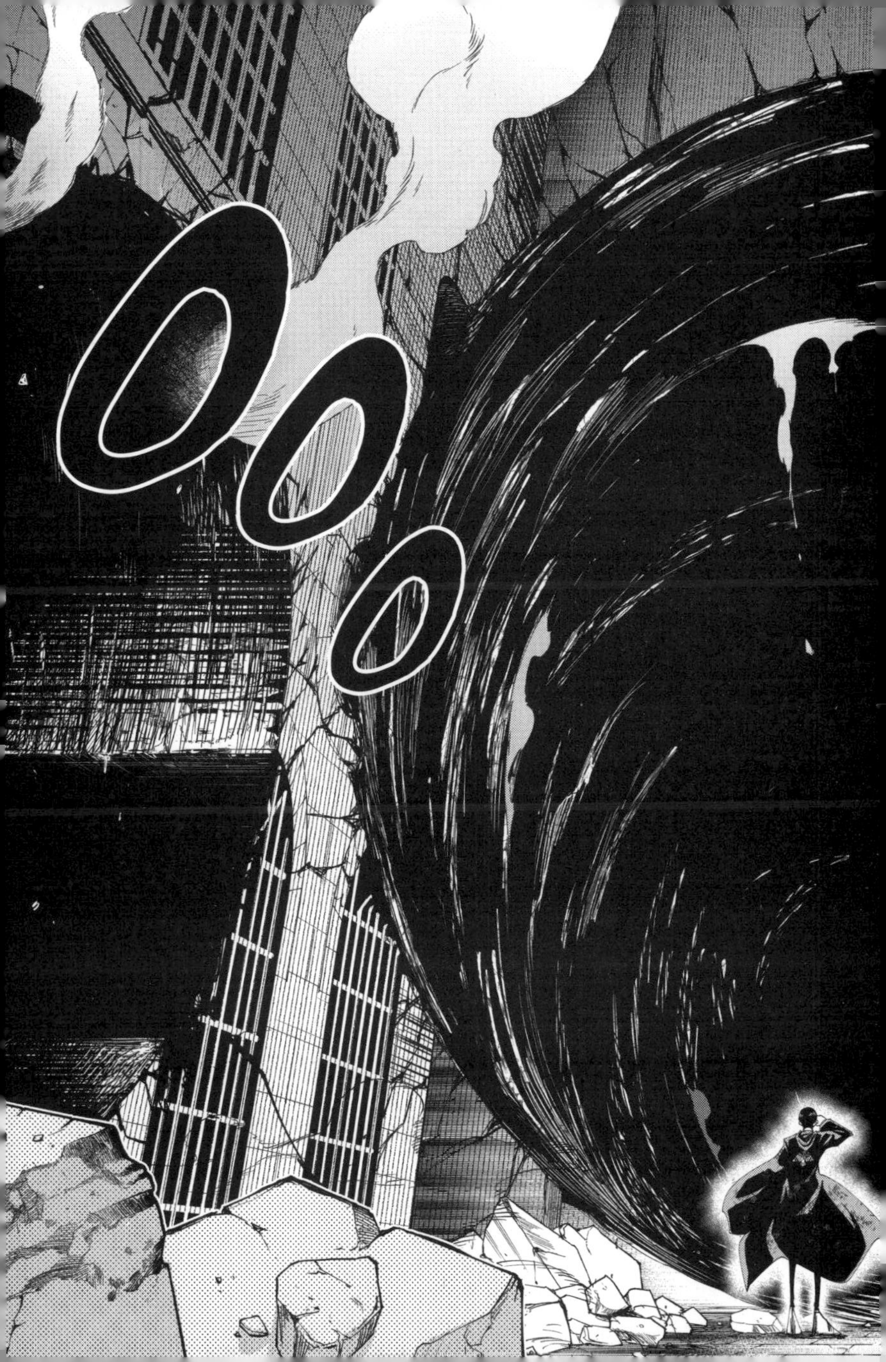
OOO

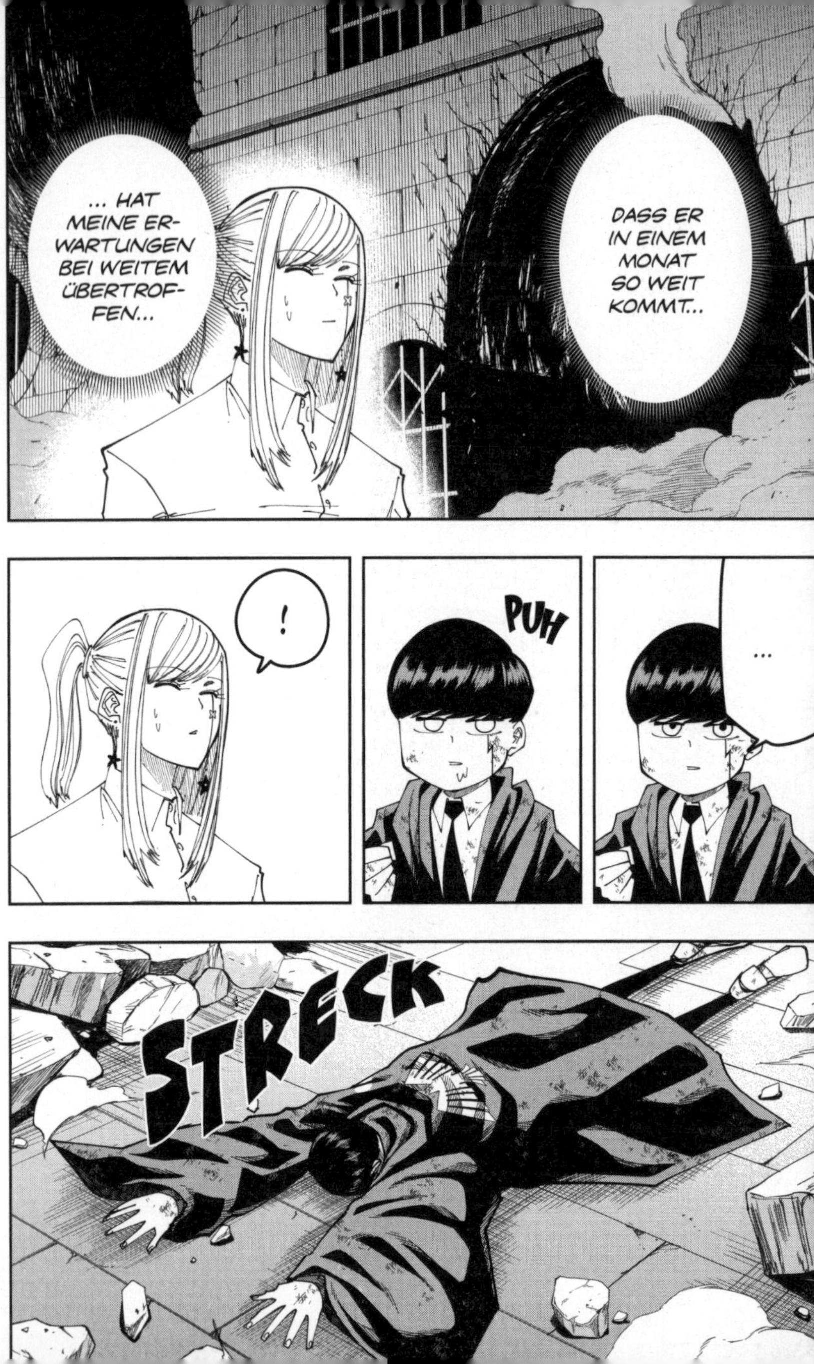
DASS ER IN EINEM MONAT SO WEIT KOMMT...
... HAT MEINE ER-WARTUNGEN BEI WEITEM ÜBERTROF-FEN...
...
PUH
!
STRECK

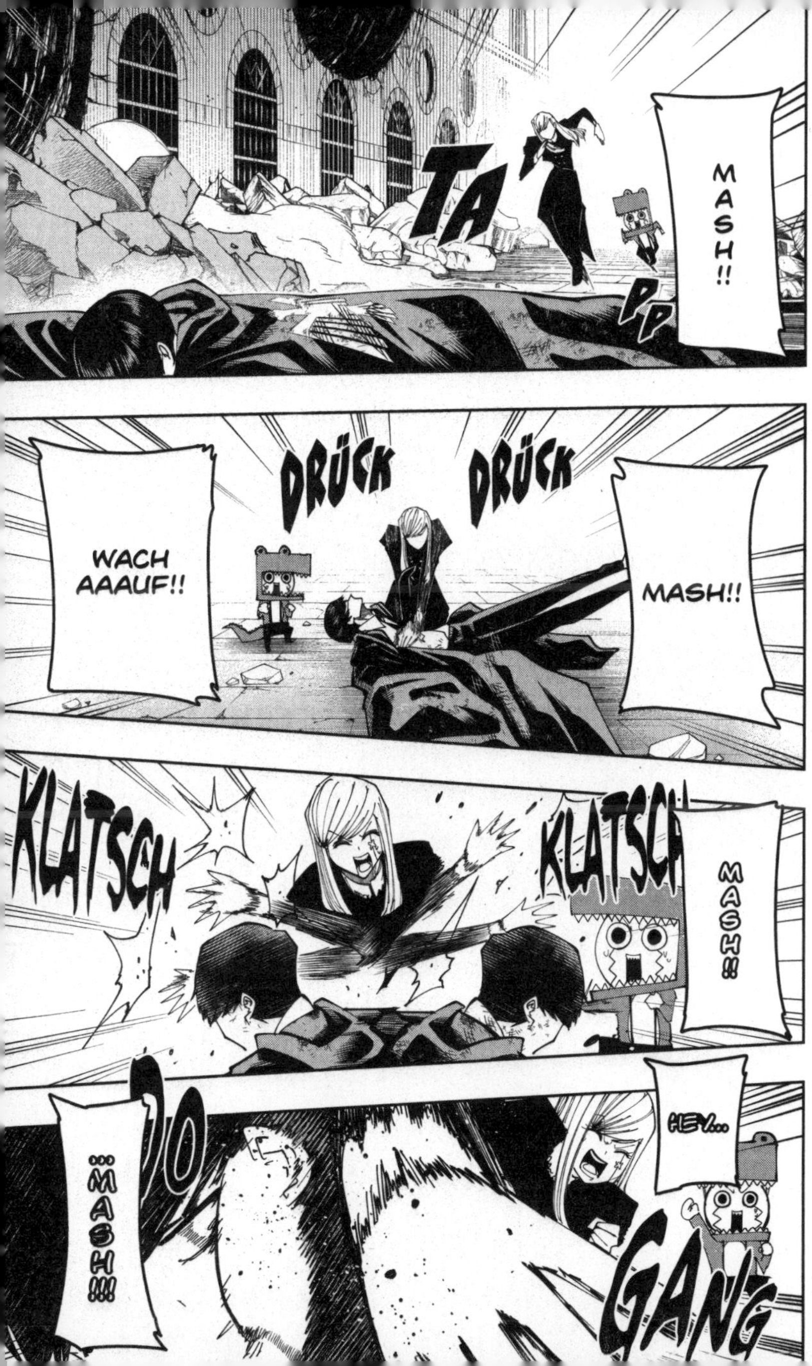
MASH!!
TA
PP
MASH!!
DRÜCK
DRÜCK
WACH AAAUF!!
MASH!!
KLATSCH
KLATSCH
HEY...
GANG
...MASH!!!

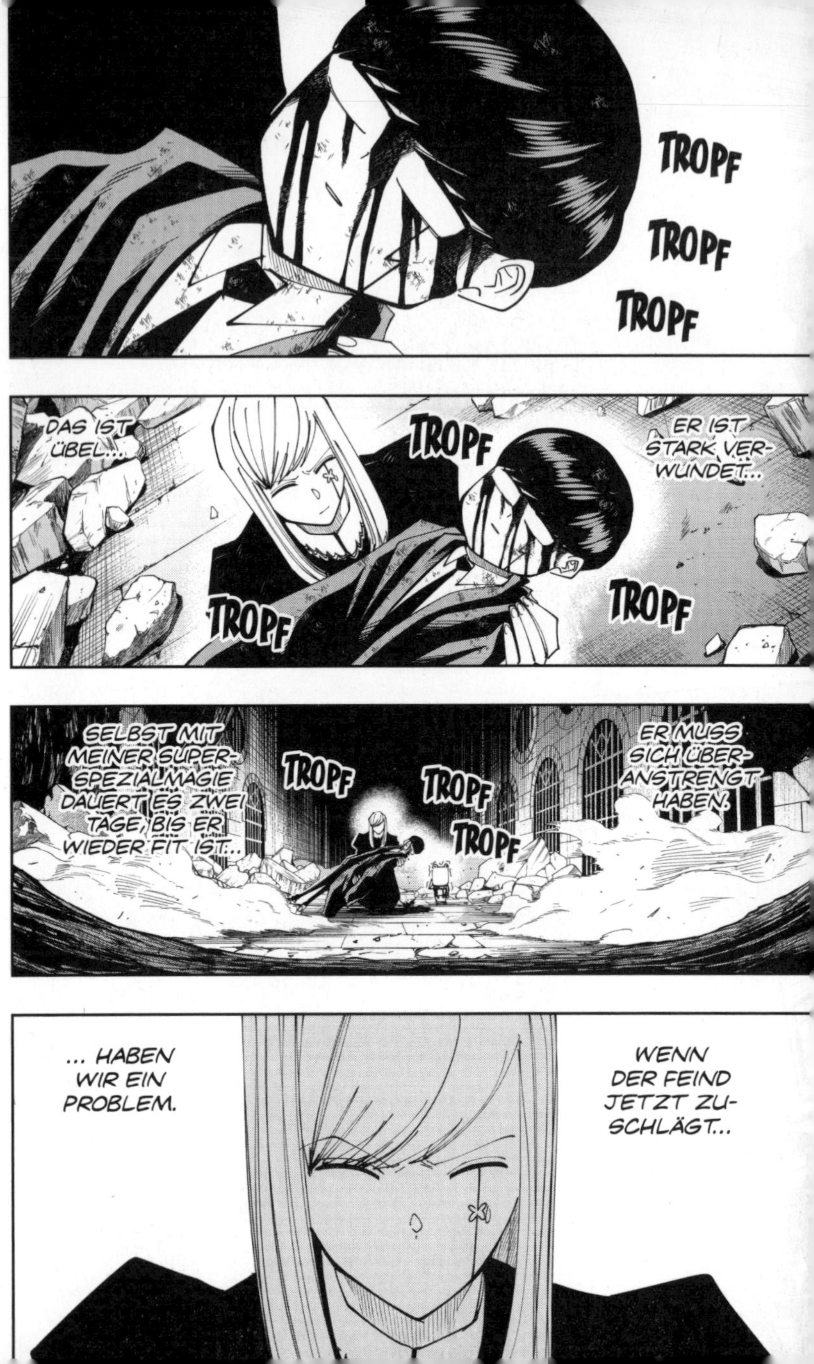
TROPF
TROPF
TROPF
ER IST STARK VERWUNDET...
TROPF
DAS IST ÜBEL...
TROPF
TROPF
ER MUSS SICH ÜBERANSTRENGT HABEN.
TROPF
TROPF
TROPF
SELBST MIT MEINER SUPER-SPEZIALMAGIE DAUERT ES ZWEI TAGE, BIS ER WIEDER FIT IST...
WENN DER FEIND JETZT ZUSCHLÄGT...
... HABEN WIR EIN PROBLEM.

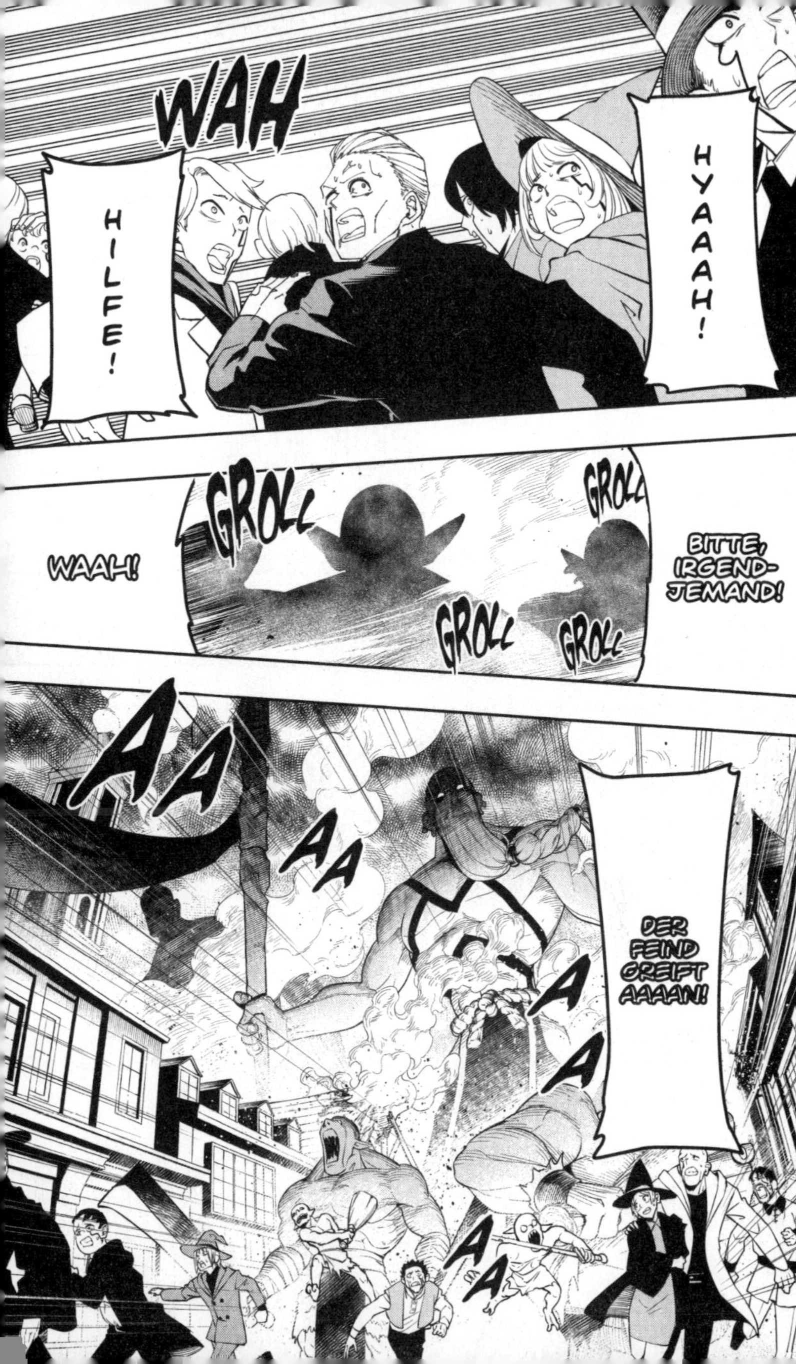
HYAAAAH!
HILFE!
WAH
BITTE, IRGEND-JEMAND!
GROLL
GROLL
GROLL
GROLL
WAAH!
DER FEIND GREIFT AAAAN!
AAAAAAAA

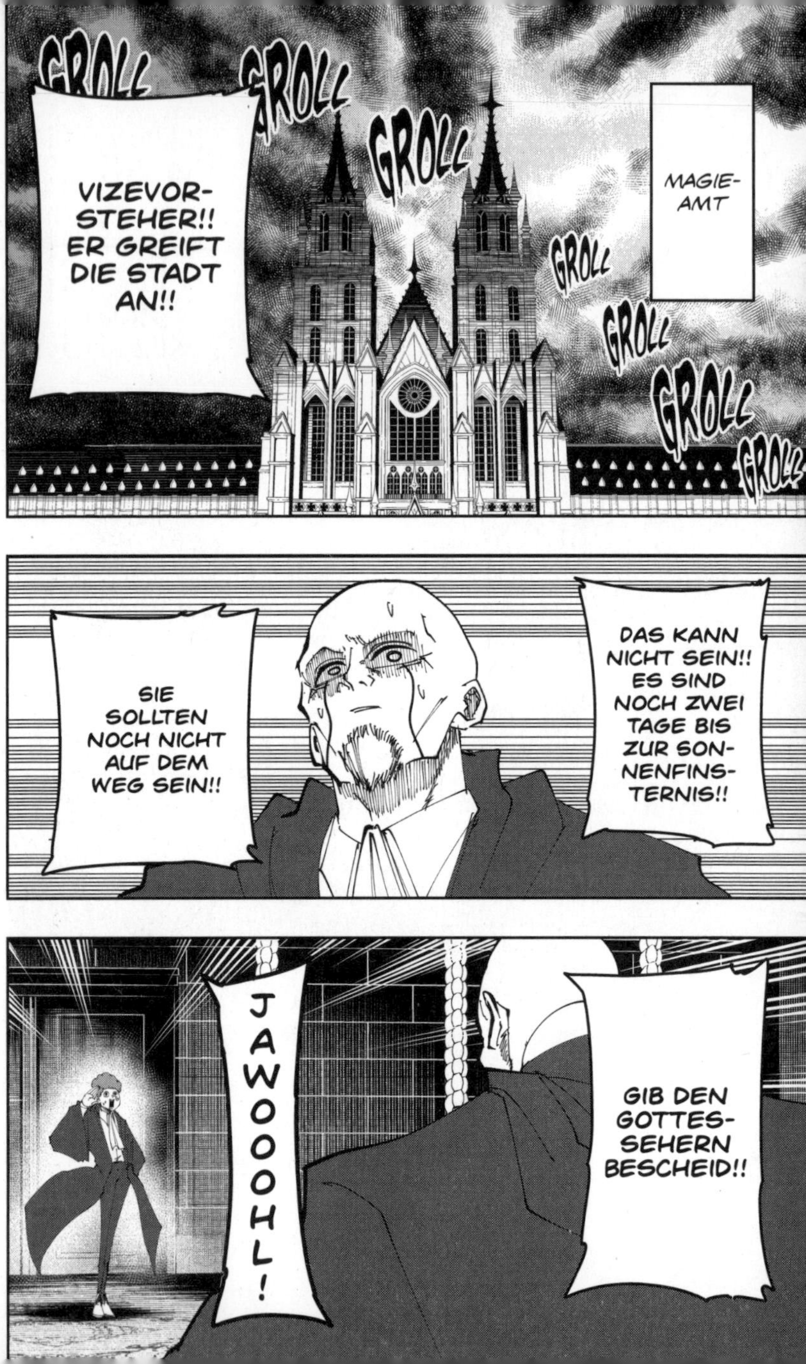
MAGIE-
AMT
GROLL GROLL GROLL GROLL GROLL GROLL GROLL
VIZEVOR-
STEHER!!
ER GREIFT
DIE STADT
AN!!
DAS KANN
NICHT SEIN!!
ES SIND
NOCH ZWEI
TAGE BIS
ZUR SON-
NENFINS-
TERNIS!!
SIE
SOLLTEN
NOCH NICHT
AUF DEM
WEG SEIN!!
GIB DEN
GOTTES-
SEHERN
BESCHEID!!
JAWOOOOHL!

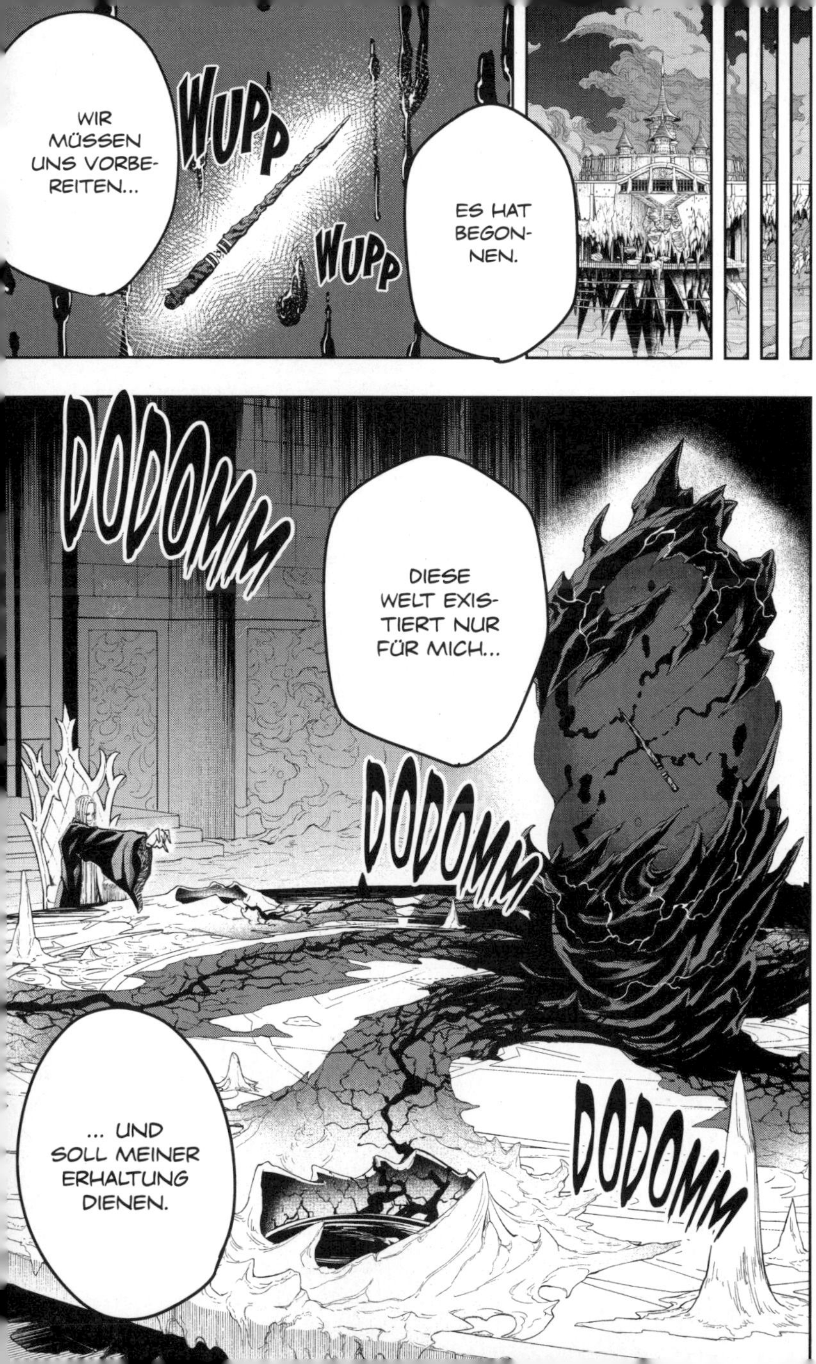
ES HAT BEGONNEN.
WUPP
WUPP
WIR MÜSSEN UNS VORBEREITEN...
DODOMM
DIESE WELT EXISTIERT NUR FÜR MICH...
DODOMM
DODOMM
... UND SOLL MEINER ERHALTUNG DIENEN.

CHARAKTER-RANKING

Platz 26 bis Ende

SEITE 146 FÜR DIE PLÄTZE 7–25

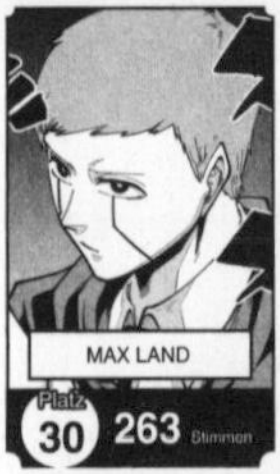

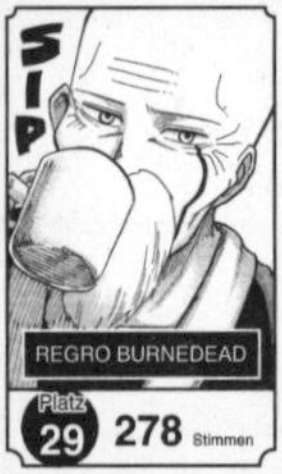

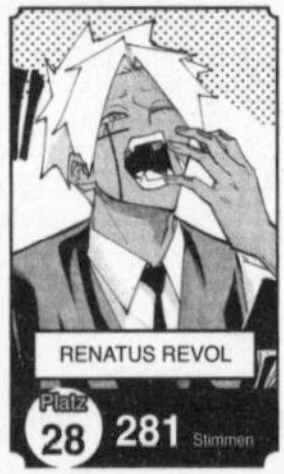

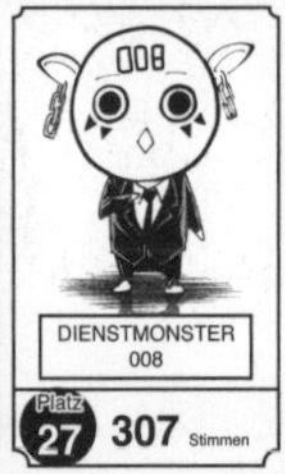

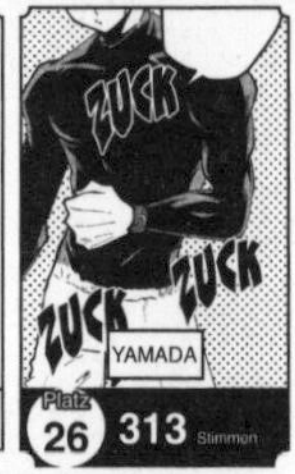

Plätze 31–159

31. Charles Contini 299 Stimmen; 32. Mike 186 Stimmen; 33. Sophina Biblia 178 Stimmen; 34. Aorio Morris 168 Stimmen; 35. Tom 165 Stimmen; 36. Domina Blowlive 160 Stimmen; 37. Shuen Getsuku 152 Stimmen; 38. Tsurara Halestone 152 Stimmen; 39. Hajime Komoto 148 Stimmen; 40. Niesender Koala 143 Stimmen; 41. Lévis Rosequartz´ älterer Bruder 142 Stimmen; 42. Innocent Zero 139 Stimmen; 43. Müffelino der Grosse 132 Stimmen; 44. Der Magier, der den 5 cm dicken Käfig gezaubert hat 128 Stimmen; 45. Müffelala 126 Stimmen; 46. Müffelino 125 Stimmen; 47. Nerey Shawn 112 Stimmen; 48. Abel Walkers Mutter 106 Stimmen; 49.Müffelein 105 Stimmen; 50. Müffelo und die Finger-Guillotine 102 Stimmen; 52. Brad Coleman 98 Stimmen; 53. Tom Knowles und Anser Shinri 97 Stimmen; 55. Mitarbeiter vom Goblin-Windbeutelladen 96 Stimmen; 56. Galuf 93 Stimmen; 57. Adam Jobs 92 Stimmen; 58. Agito Tyrone 87 Stimmen; 59. Müffeli 83 Stimmen; 60. Der Hau-den-Maulwurf-Maulwurf 76 Stimmen; 61. Maulwurf 75 Stimmen; 62. Dot Barrets Schwester 73 Stimmen; 63. Olore Andrew 69 Stimmen; 64. Silva Iron 64 Stimmen; 65. Müffelchen 61 Stimmen; 66. Lloyd Cavill 59 Stimmen; 67. Das Knocheneinhorn 58 Stimmen; 68. Müffelina und Windbeutel 55 Stimmen; 70. Claude Lucci 52 Stimmen; 71. Messspinne 51 Stimmen; 72. Kingrus und Satomi 50 Stimmen; 74. Hebamme 43 Stimmen; 75. Müffel 40 Stimmen; 77. Pon Torus 39 Stimmen; 78. Nummer vier der Magia Lupus 37 Stimmen; 79. Der Walkis-Kandidat, der schlechte Witze macht 35 Stimmen; 80. Die Münze, die Mash verbogen hat 34 Stimmen; 81. Koji und Terry 32 Stimmen; 83. Larva Arisha 30 Stimmen; 84. Margarette Macarons frittierte Garnele 26 Stimmen; 85. Der Gerüchte verbreitende Schüler und der bekanntgebende Schüler 22 Stimmen; 87. Der Professor 21 Stimmen; 88. Die Windbeutel, die Mash in der Küche macht 19 Stimmen; 89. Lauren Cabasse 18 Stimmen; 90. Magischer Parasit und der fünf Monate alte Mash 17 Stimmen; 92. Dame, die den Schulladen betreibt 16 Stimmen; 93. Posaunen-Schüler 15 Stimmen; 94. Sphinx, Cello-Schüler und Typ, der die Zeitungen verteilt 14 Stimmen; 97. Ausrufezeichen in Komoto Senseis Kolumne im Weekly Shonen Jump 13 Stimmen; 98. Der Ausserschulische-Aktivitäten-Lehrer und Herr des Raums 11 Stimmen; 100. Jon Pierre und Marvol Etin und verstorbene Seelen 10 Stimmen; 103. Rhodes Eamus, der Insekten benutzende Walkis-Schüler und Alben Smith 8 Stimmen; 106. Schattenfresser 7 Stimmen; 107. Egalt Vansom, das Eichhörnchen, das den Mais fallen lässt, als es Mash trainieren sieht, Moore Tomato 6 Stimmen; 110. Großer Waldskorpion, Mashs Pony, das kleine Mädchen, das in Orter rennt, Goblin-Windbeutel, Mashs Eisenstab, Baby-Dot, der Schläger, den Mash aus seinem Stab formt, Meryl (einer von Mashs Muskeln) und die Tür, die Mash in Kapitel 1 kaputt macht 5 Stimmen; 119. Der Schüler, der Mash zu einem Besenrennen herausfordert, Sitter Baby, Innocent Zeros Verbündete, der Schüler, der Mash droht, sein Geheimnis zu verraten, Landminen, Windbeutel, die Mash gegessen hat, Goldmünze und Carpaccios Göttinnenstatue 3 Stimmen; 135. Farman Cregos, Dämonen, Besitzer des berühmten Stabladens, menschenfressende Insekten, Wirths Sonnenbrille, Riesenwindbeutel, Lévis Narben, Kalso Gehennas Schwert, die Windbeutel, die Mash aus dem Mandragora macht, Lévis Rosequartz´ Augenklappe, Lemons Haarschleife, die Welt von Mashle, das Mädchen, das sagt, : »Das ist Tom, der Duelo-MVP des letzten Jahres!!«, Haus Adler, die zweite Perle von Lances´ Ohrring, das Hasenbild, das Mash gemalt hat 2 Stimmen; 159. Bless Minister, Wahrsagungslehrerin, normaler Waldskorpion, Dolb Marx, Necross Mance, Baby Mashs Schnuller, der Stein, den jemand an Lemons und Dots Stab warf, die Wand, die Mash in Kapitel 92 eintritt, Baby Lance, Margarettes Noten, Cell Wars Kopfschmuck, der Mann vom niesenden Koala-Dartstand, Adler-Wappen, Orters Brille, der Kristall, den Mash fallen lässt, die Stücke der von Mash zerbrochenen Tür, Hase, der vom Schattenfresser gefressen wird, Orca-Wappen, der Stab, den Mash auf dem Cover von Band 1 zerbricht, Abels »Mutter«-Puppe, der Windbeutel, den Mash eingräbt, Topfmaus, die Mash verformt, Mashs rechter Arm, Schubladen von Shueisha, Mashs Gewichte, Mashs Oberschenkelmuskel, Charles Continis Mutter, Mashs linkes Armband, Mashs Quadrizeps, Magier, der Regro Burnedead feuert, Cell Wars Bananenhaar, Windbeutel, die Mash bei sich trägt, Besen, Ball im Duelo, Mashs Finger, Kaldo Gehennas Mal, Dots Pony, Hasenhandy, Kaldos Riesenschwert, Komoto Senseis Eltern, Windbeutelparty, Rüschenschürze, Toms Bambus, Stab des Anfangs, Lance Crowns Male, Lance Crowns Küchenmesser, Lance´ Anhänger, Lance´ Stab, Lance´ Eltern, die Wunde, die Mash durch Carpaccio zugefügt wurde, Jon Pierres Gabel, Mauern von Easton, Lang-Wappen, Schüler, der in Kapitel 2 bei Auftritt von Claude Lucci sagt: »Er hat dieses Jahr den 7. Platz unter den künftigen Topmagiern belegt«, Rayne Ames´ drittes Mal, Raynes »Summon Ares«-Zauber, der Windbeutel, auf den man sich immer verlassen kann, die extrem schweren Gewichte, Lévis Rosequartz´ Pony, Lévis´ einzelner Schweisstropfen und Wahlbergs Brille 1 Stimme

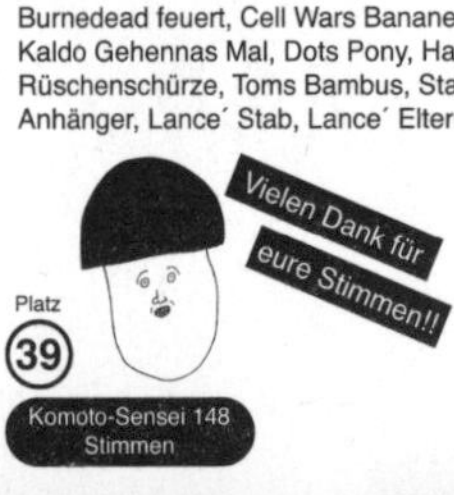

* Auszug aus Weekly Shonen Jump, Ausgabe 20/2022

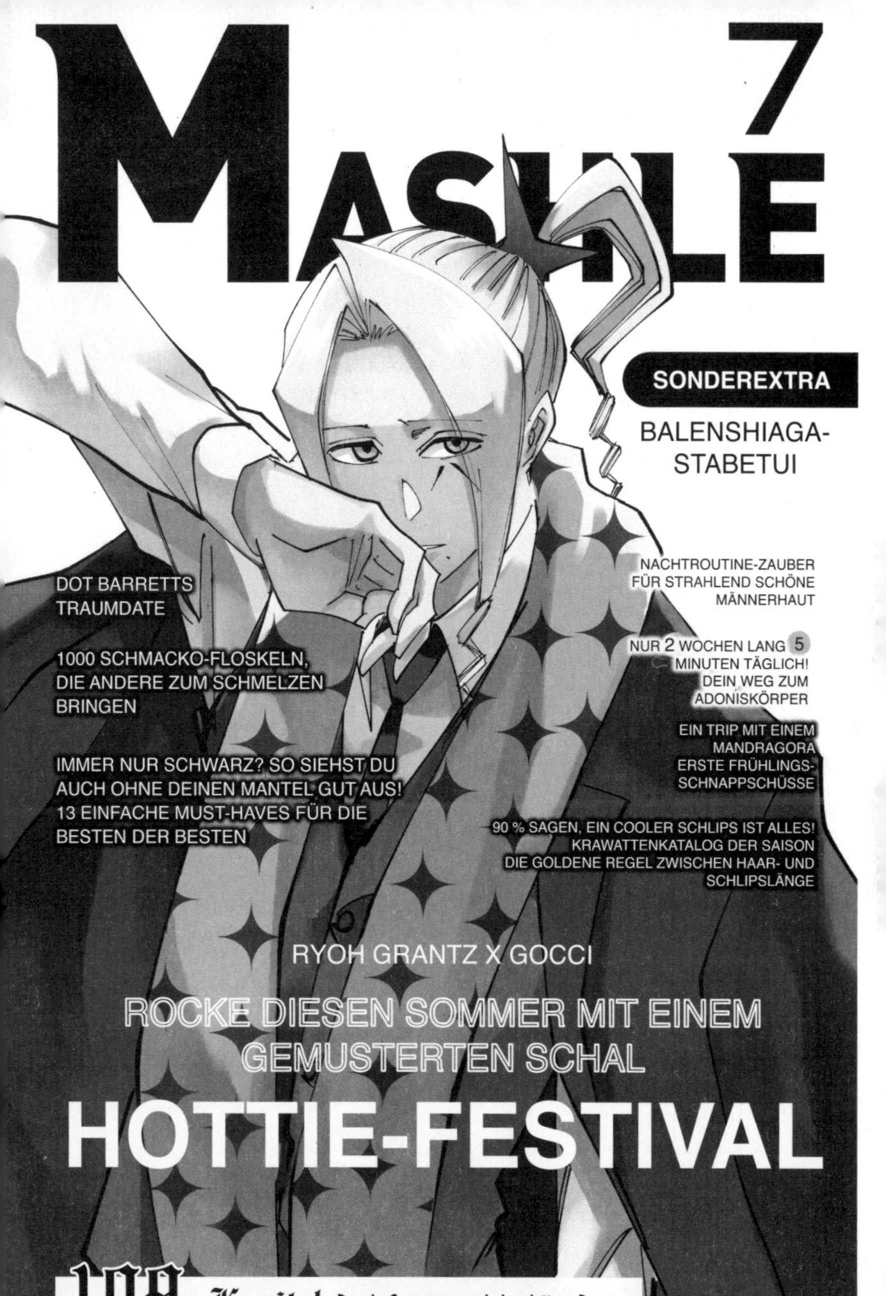

109. Kapitel Ryoh Grantz und der böse Riese

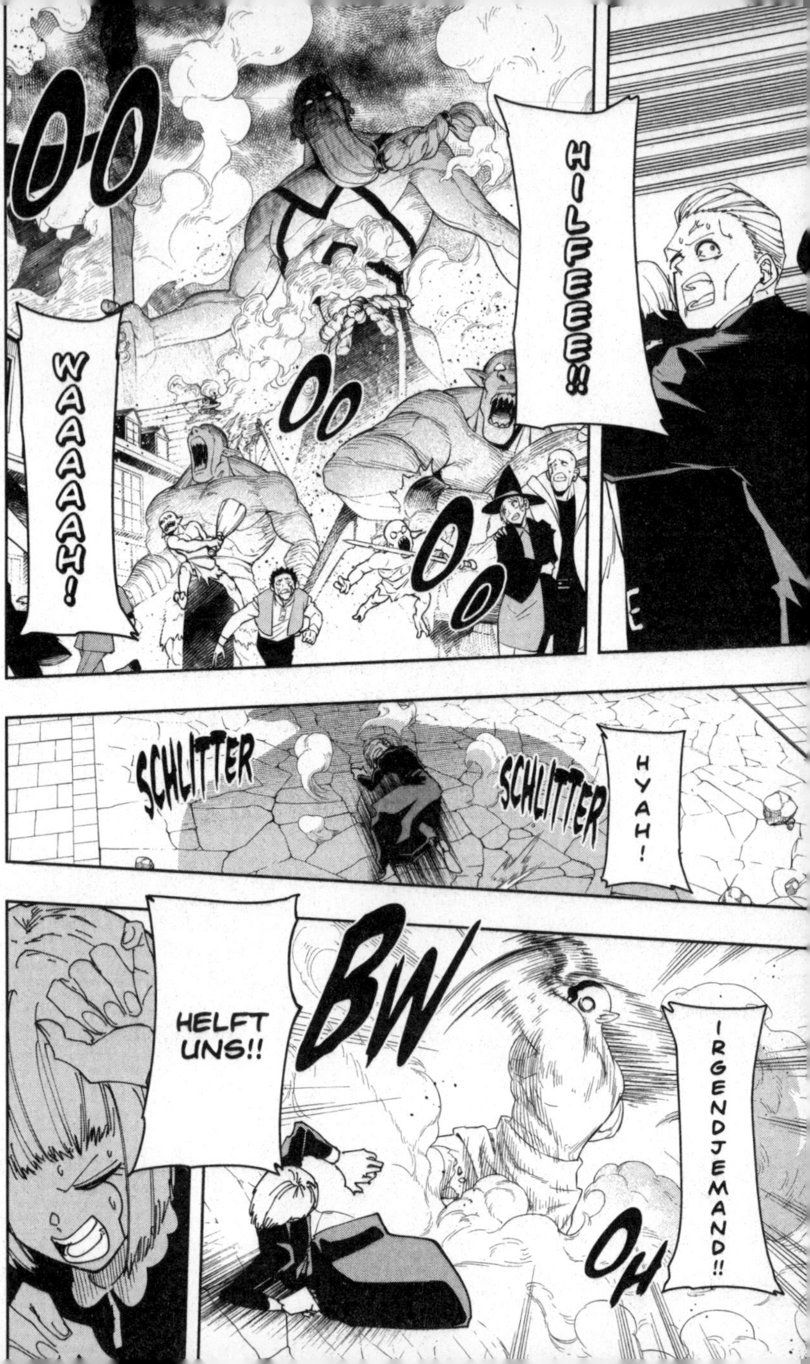
HILFEEE!!
OOO
OO
OO
WAAAAAAAH!
HYAH!
SCHLITTER
SCHLITTER
IRGENDJEMAND!!
OH
BW
HELFT UNS!!

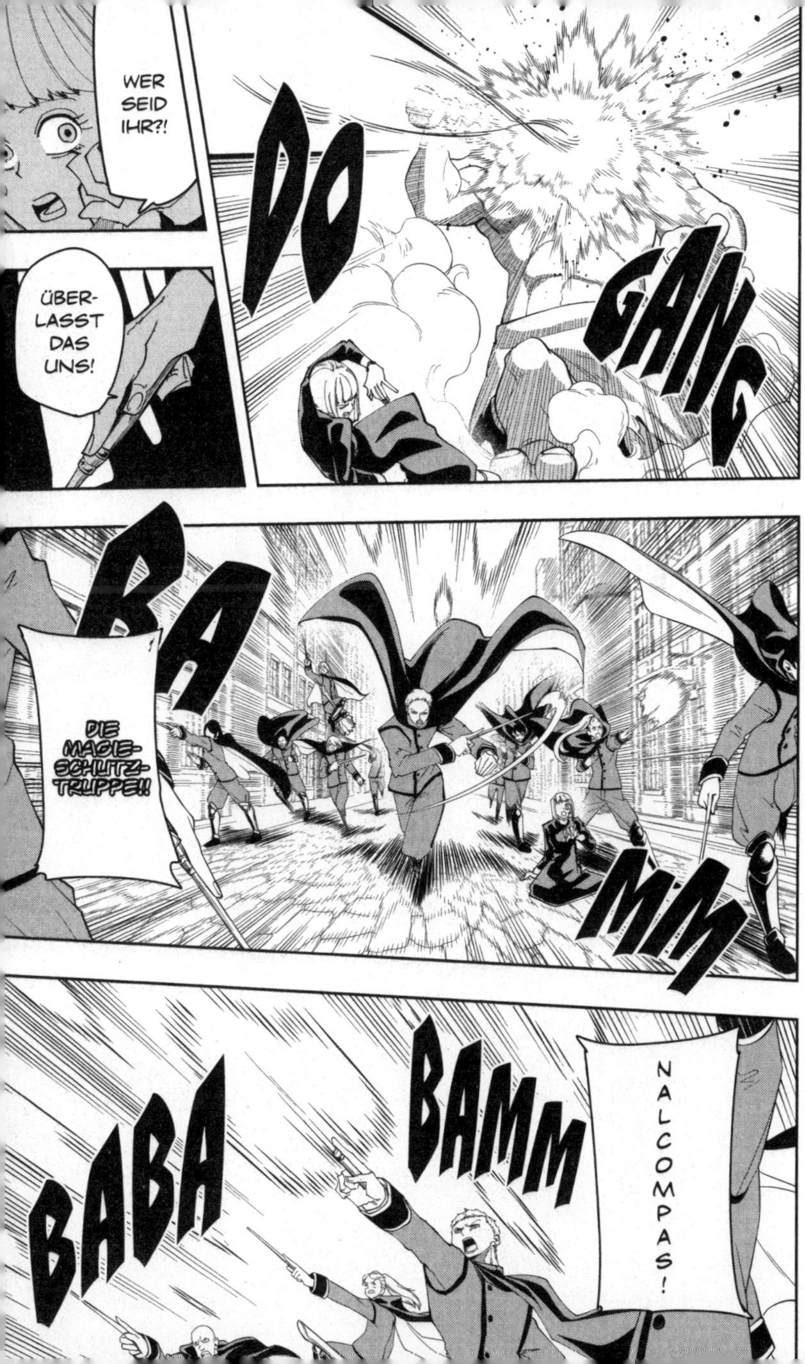
WER SEID IHR?!
DO
GANG
ÜBER-LASST DAS UNS!
BABA
MMM
DIE MAGIE-SCHUTZ-TRUPPE!!
NALCOMPAS!
BAMM
BABA

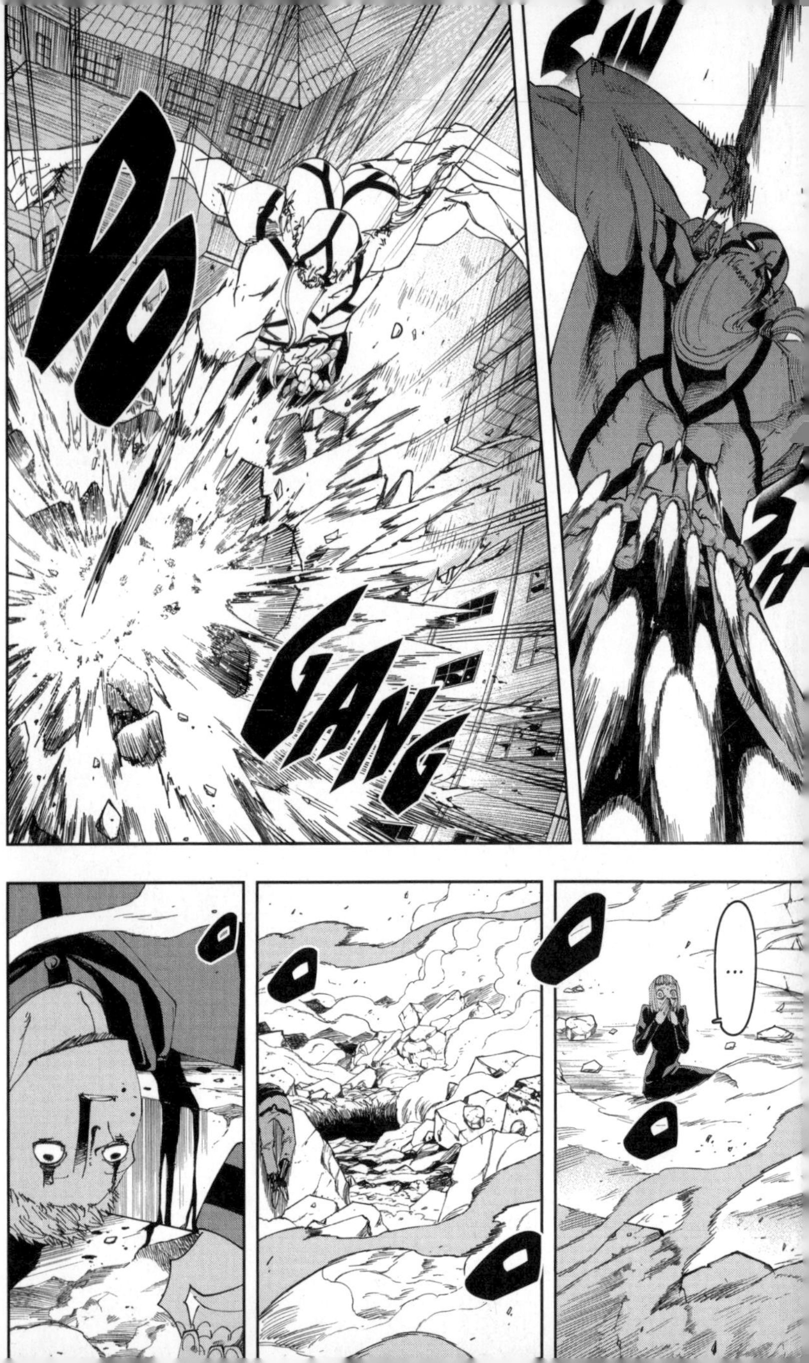
DO
GANG
...

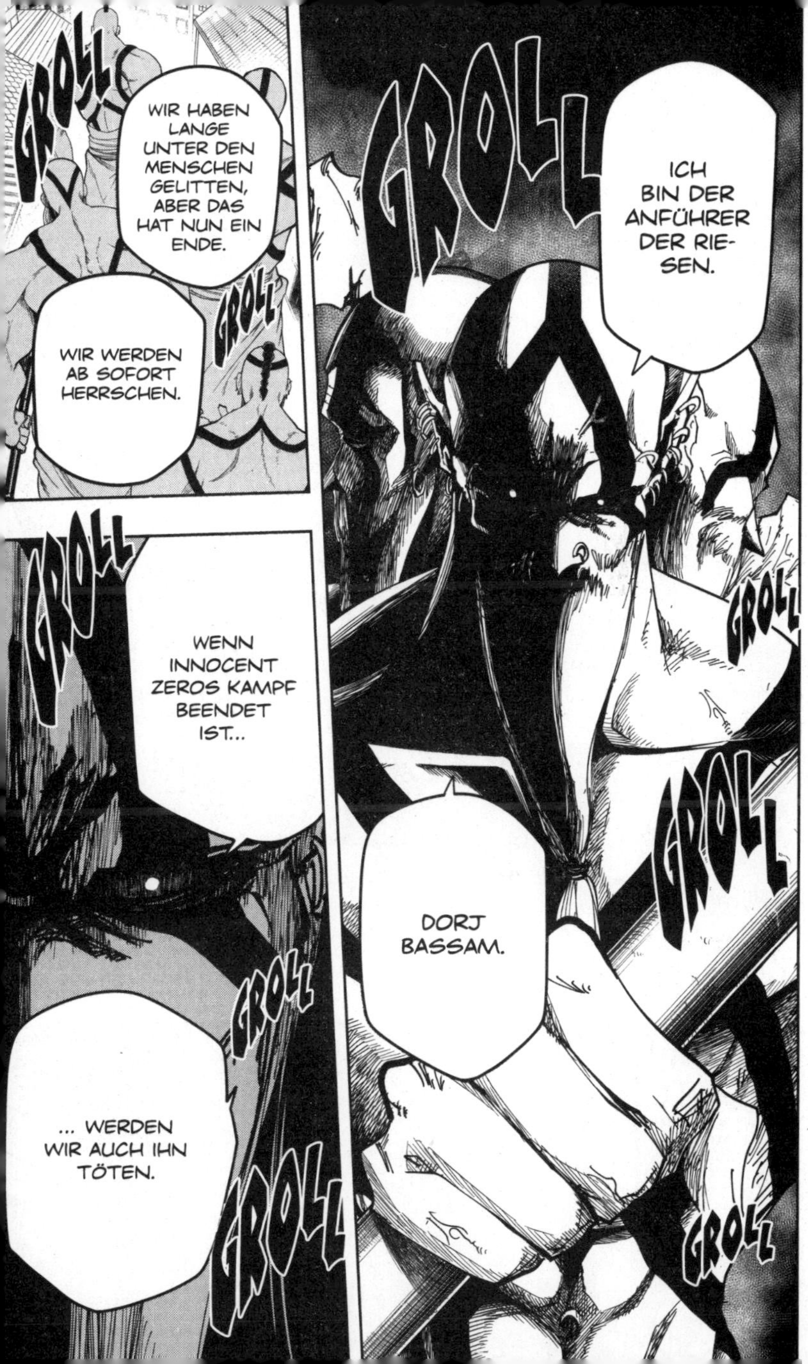
GROLL
ICH BIN DER ANFÜHRER DER RIESEN.
GROLL
DORJ BASSAM.
GROLL
GROLL
GROLL
WIR HABEN LANGE UNTER DEN MENSCHEN GELITTEN, ABER DAS HAT NUN EIN ENDE.
GROLL
WIR WERDEN AB SOFORT HERRSCHEN.
GROLL
WENN INNOCENT ZEROS KAMPF BEENDET IST...
GROLL
... WERDEN WIR AUCH IHN TÖTEN.
GROLL

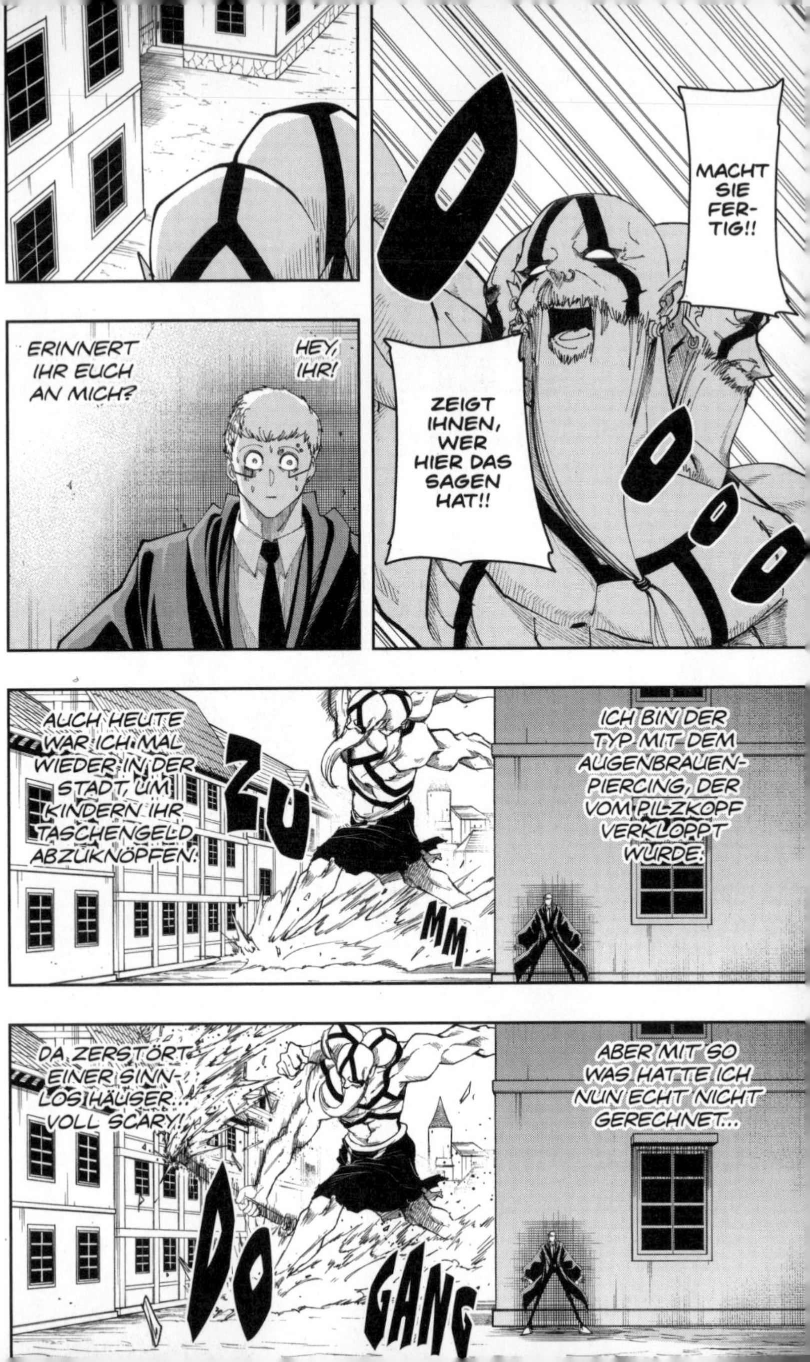
DOOOO
MACHT SIE FER-TIG!!
ZEIGT IHNEN, WER HIER DAS SAGEN HAT!!
HEY, IHR!
ERINNERT IHR EUCH AN MICH?
ICH BIN DER TYP MIT DEM AUGENBRAUEN-PIERCING, DER VOM PILZKOPF VERKLOPPT WURDE.
ZU
MM
AUCH HEUTE WAR ICH MAL WIEDER IN DER STADT, UM KINDERN IHR TASCHENGELD ABZUKNÖPFEN.
ABER MIT SO WAS HATTE ICH NUN ECHT NICHT GERECHNET...
DA ZERSTÖRT EINER SINN-LOS HÄUSER... VOLL SCARY!
DO
GANG

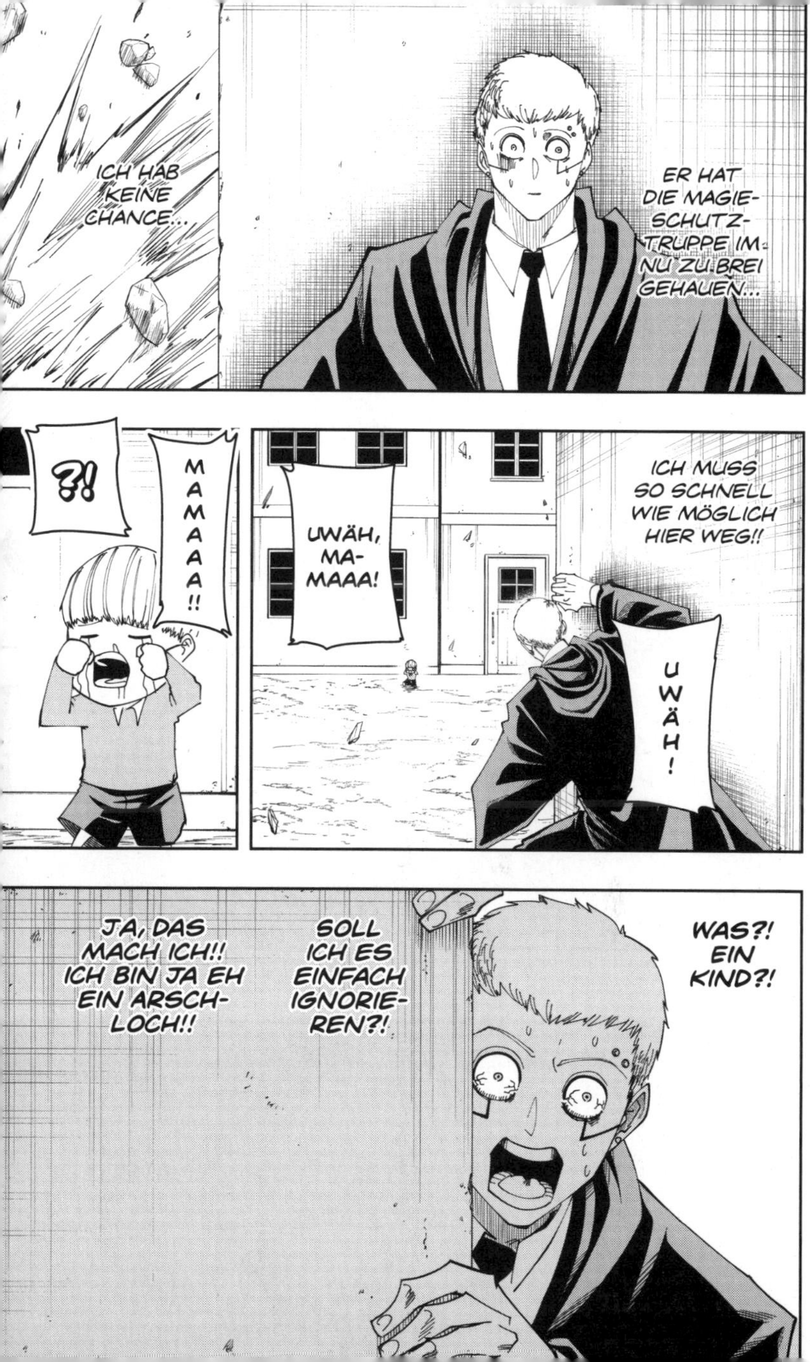
ER HAT DIE MAGIE-SCHUTZ-TRUPPE IM NU ZU BREI GEHAUEN...
ICH HAB KEINE CHANCE...
ICH MUSS SO SCHNELL WIE MÖGLICH HIER WEG!!
UWÄH!
UWÄH, MA-MAAA!
MAMAAAA!!
?!
WAS?! EIN KIND?!
SOLL ICH ES EINFACH IGNORIE-REN?!
JA, DAS MACH ICH!! ICH BIN JA EH EIN ARSCH-LOCH!!

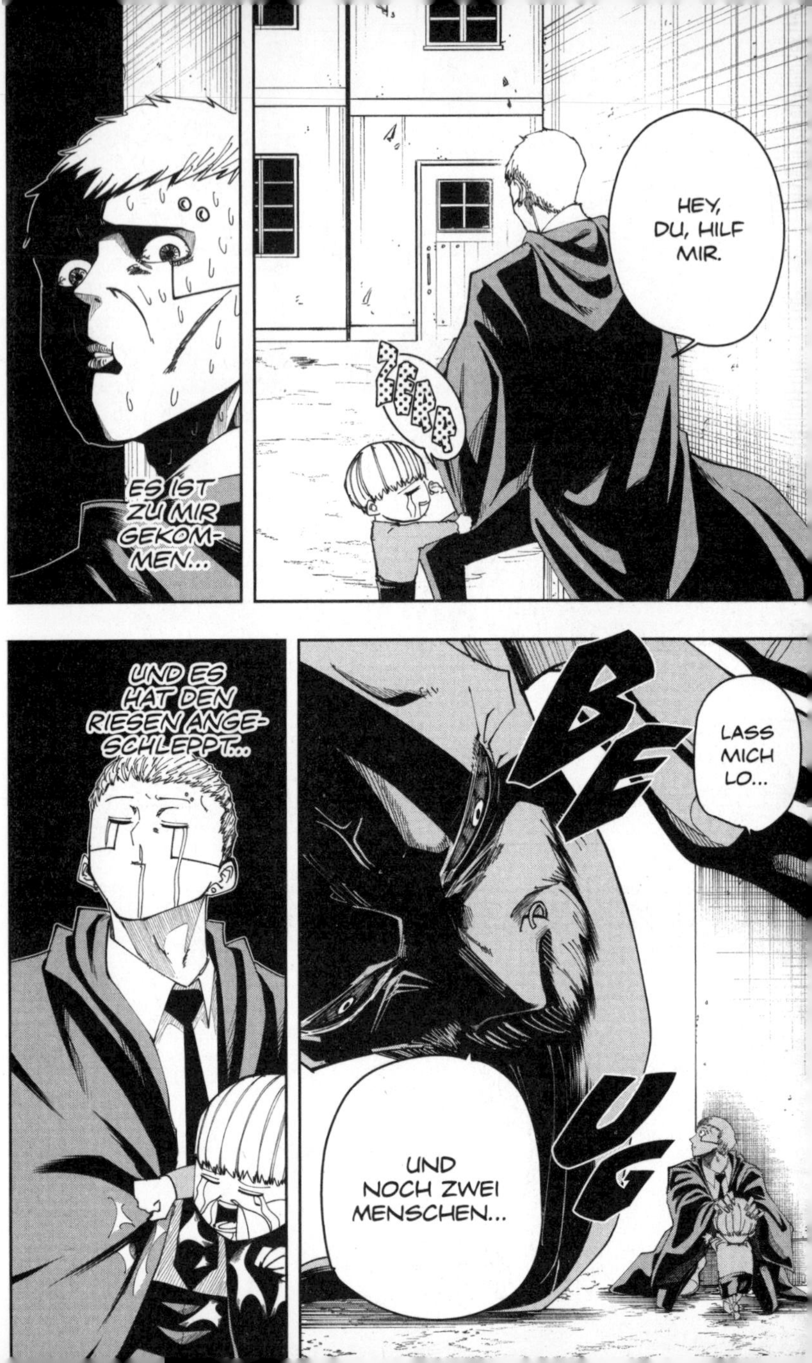
HEY, DU, HILF MIR.
ZERR
ES IST ZU MIR GEKOMMEN...
LASS MICH LO...
BEUG
UND ES HAT DEN RIESEN ANGESCHLEPPT...
UND NOCH ZWEI MENSCHEN...

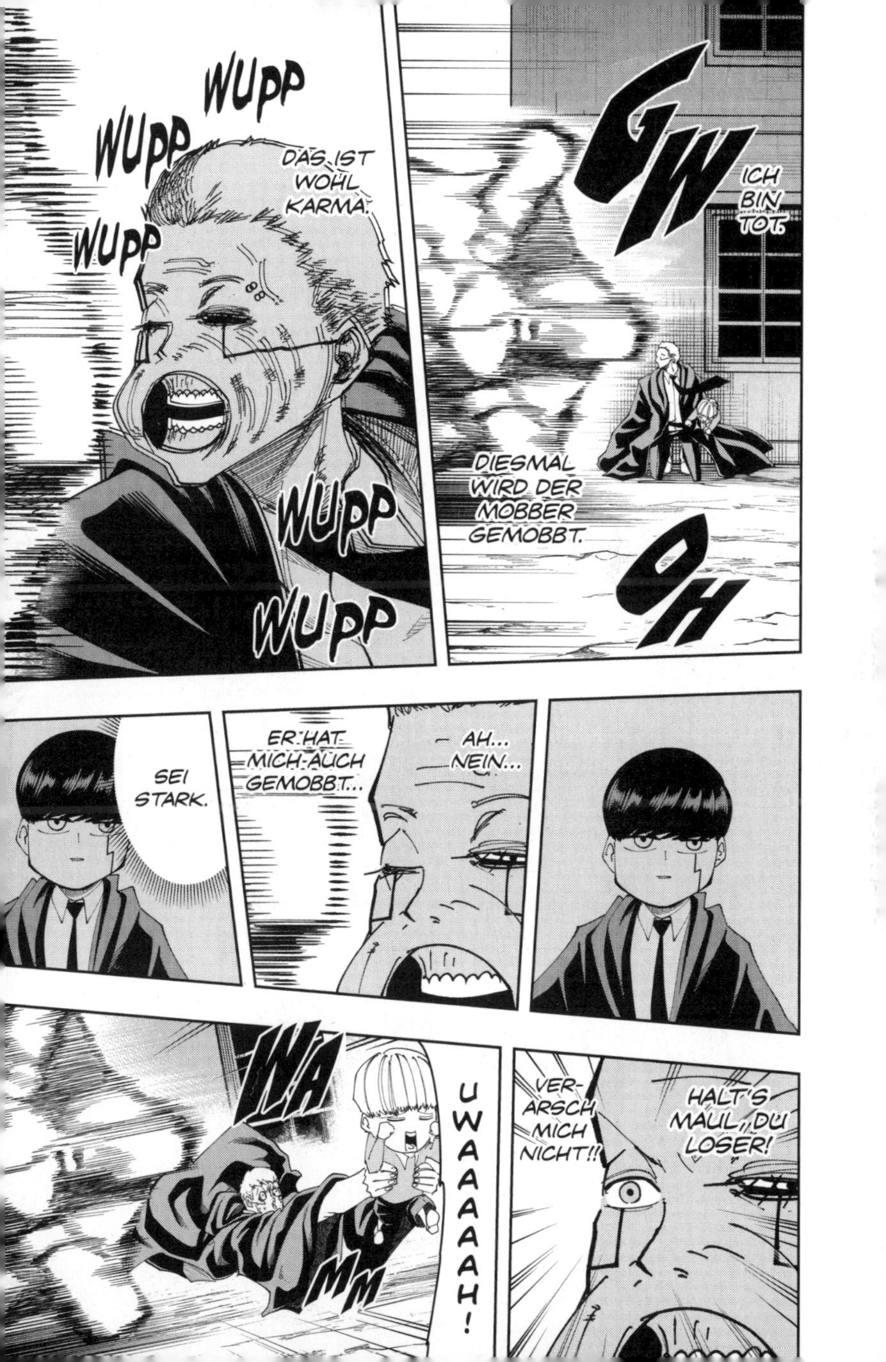
GW
ICH BIN TOT.
DIESMAL WIRD DER MOBBER GEMOBBT.
OH
WUPP
WUPP
WUPP
DAS IST WOHL KARMA.
WUPP
WUPP
AH... NEIN...
ER HAT MICH AUCH GEMOBBT...
SEI STARK.
HALT'S MAUL, DU LOSER!
VER-ARSCH MICH NICHT!!
UWAAAAAAH!
WA
MM

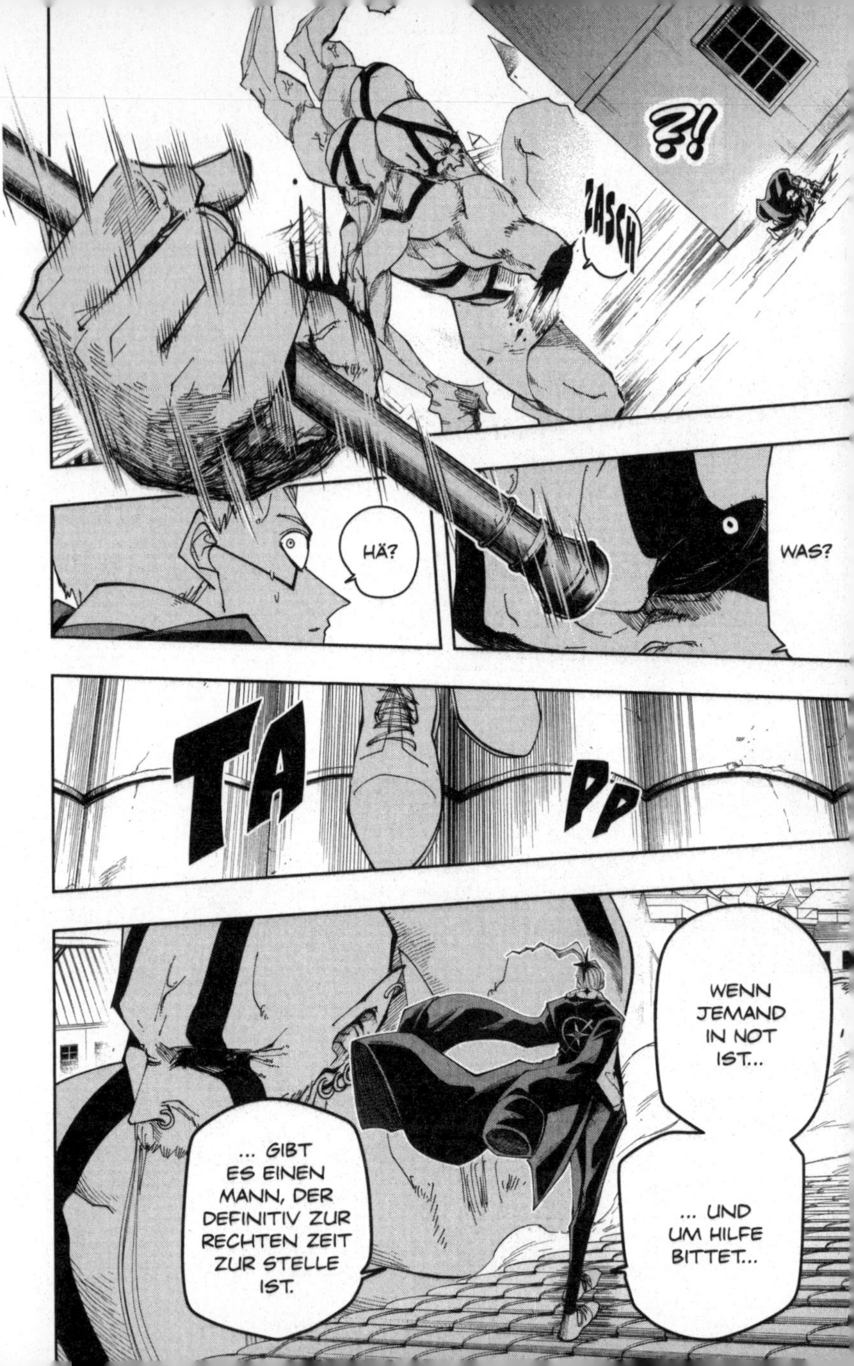
?!
ZASCH
WAS?
HÄ?
TAPP
WENN JEMAND IN NOT IST...
... UND UM HILFE BITTET...
... GIBT ES EINEN MANN, DER DEFINITIV ZUR RECHTEN ZEIT ZUR STELLE IST.

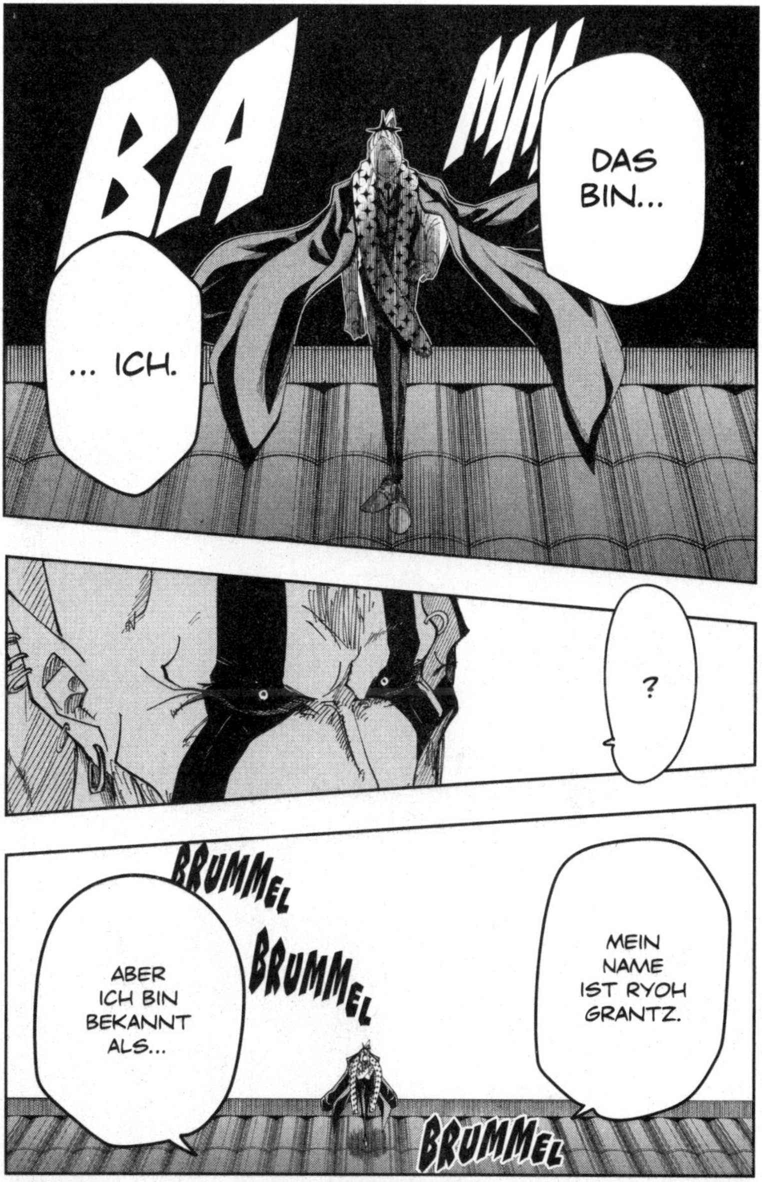

BA MM
DAS BIN...
... ICH.
?
MEIN NAME IST RYOH GRANTZ.
BRUMMEL
BRUMMEL
BRUMMEL
ABER ICH BIN BEKANNT ALS...

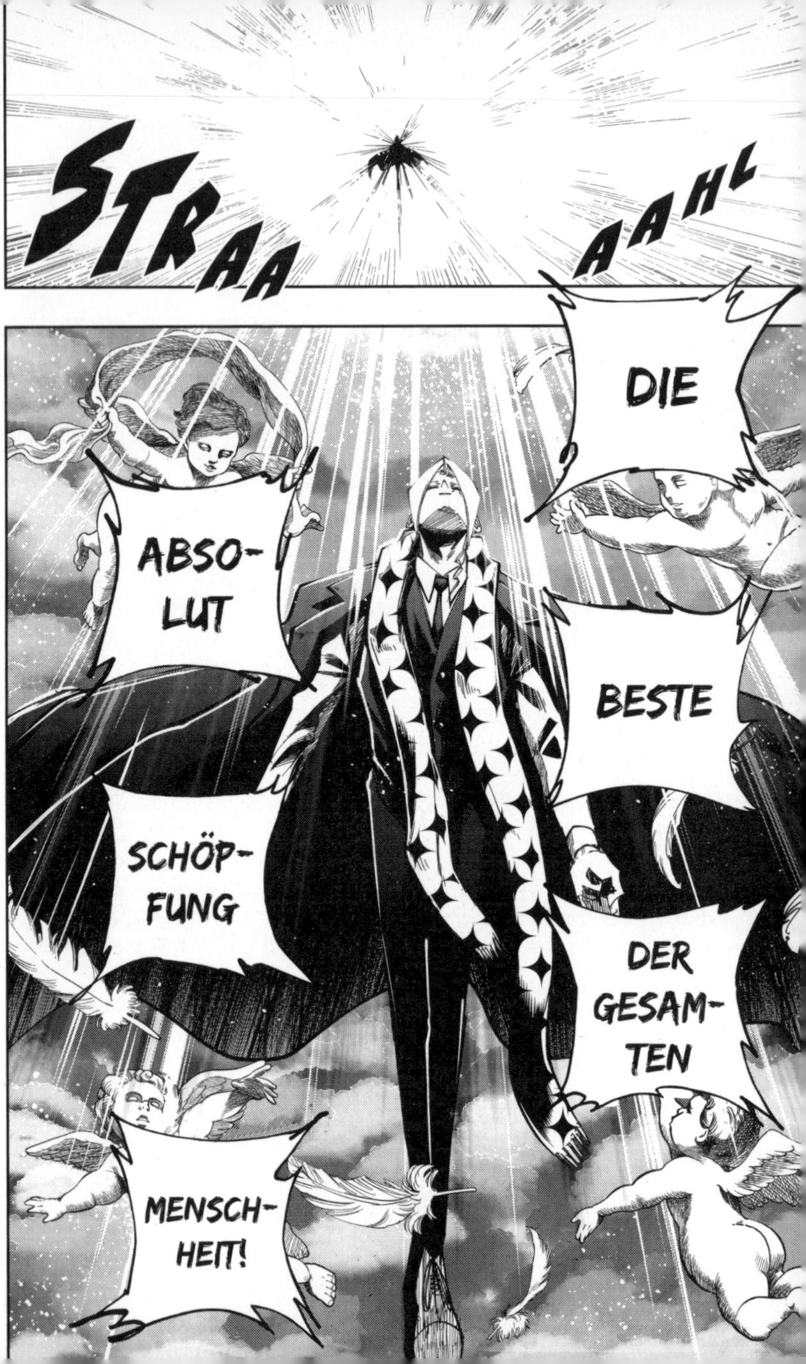
STRAAAAHL
DIE
ABSO-
LUT
BESTE
SCHÖP-
FUNG
DER
GESAM-
TEN
MENSCH-
HEIT!

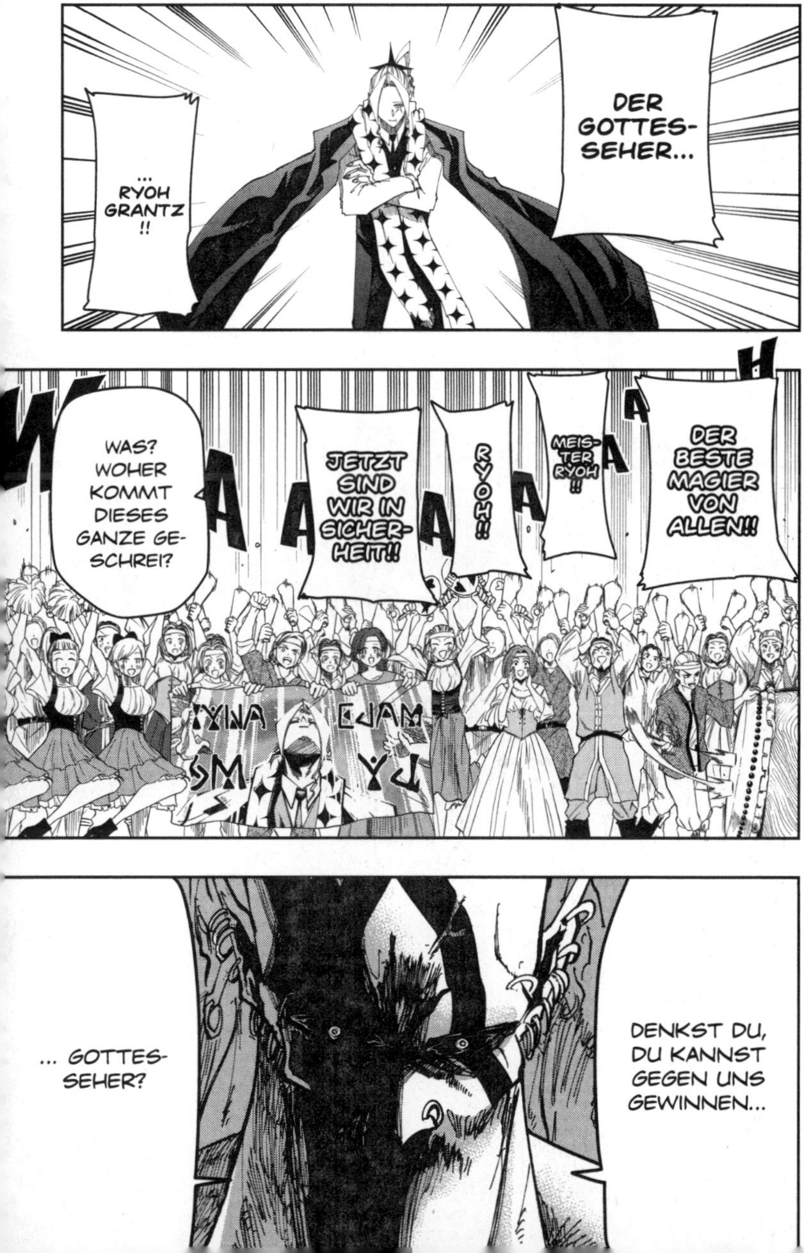
DER GOTTES-SEHER...
... RYOH GRANTZ !!
DER BESTE MAGIER VON ALLEN!!
MEISTER RYOH !!
RYOH!!
JETZT SIND WIR IN SICHERHEIT!!
WAS? WOHER KOMMT DIESES GANZE GESCHREI?
DENKST DU, DU KANNST GEGEN UNS GEWINNEN...
... GOTTES-SEHER?

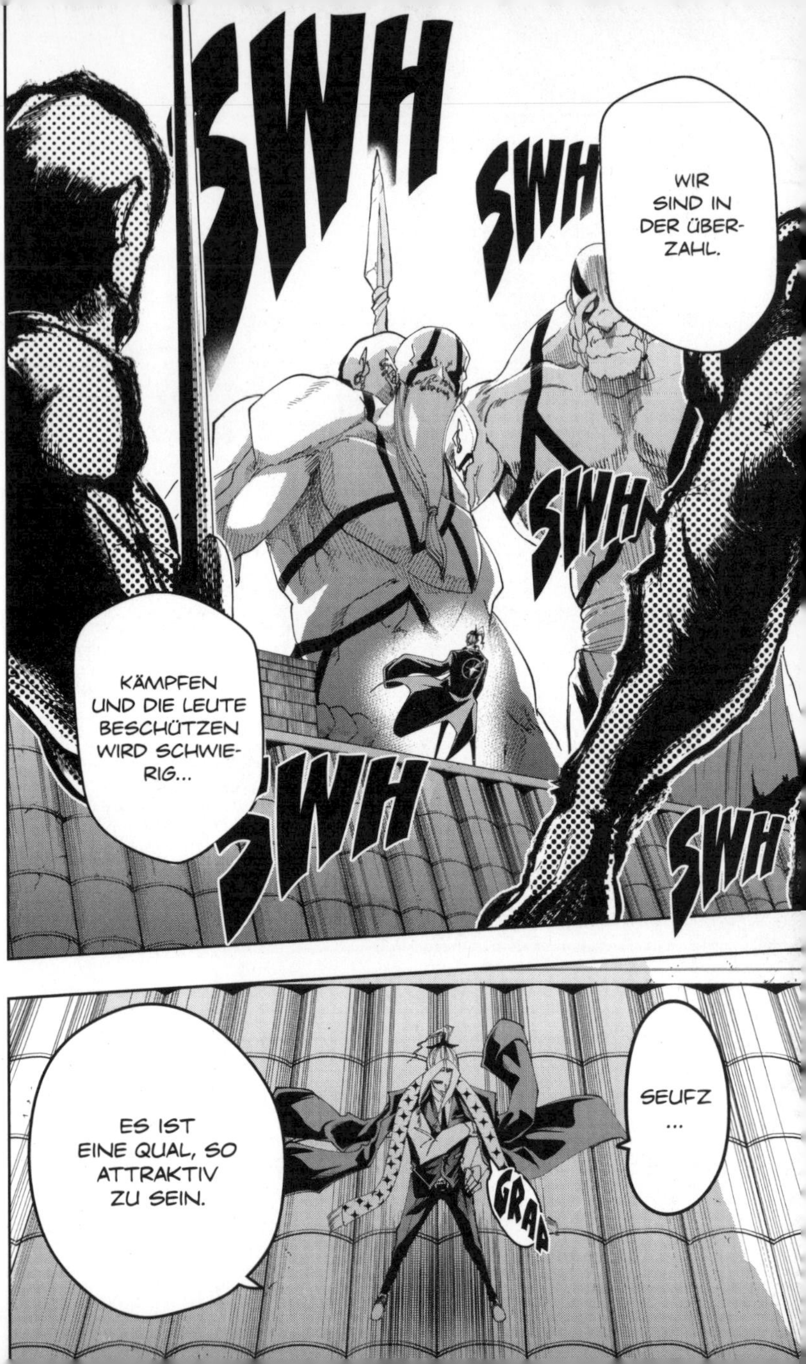
SWH
SWH
WIR SIND IN DER ÜBER-ZAHL.
SWH
SWH
SWH
KÄMPFEN UND DIE LEUTE BESCHÜTZEN WIRD SCHWIE-RIG...
SEUFZ ...
GRAP
ES IST EINE QUAL, SO ATTRAKTIV ZU SEIN.

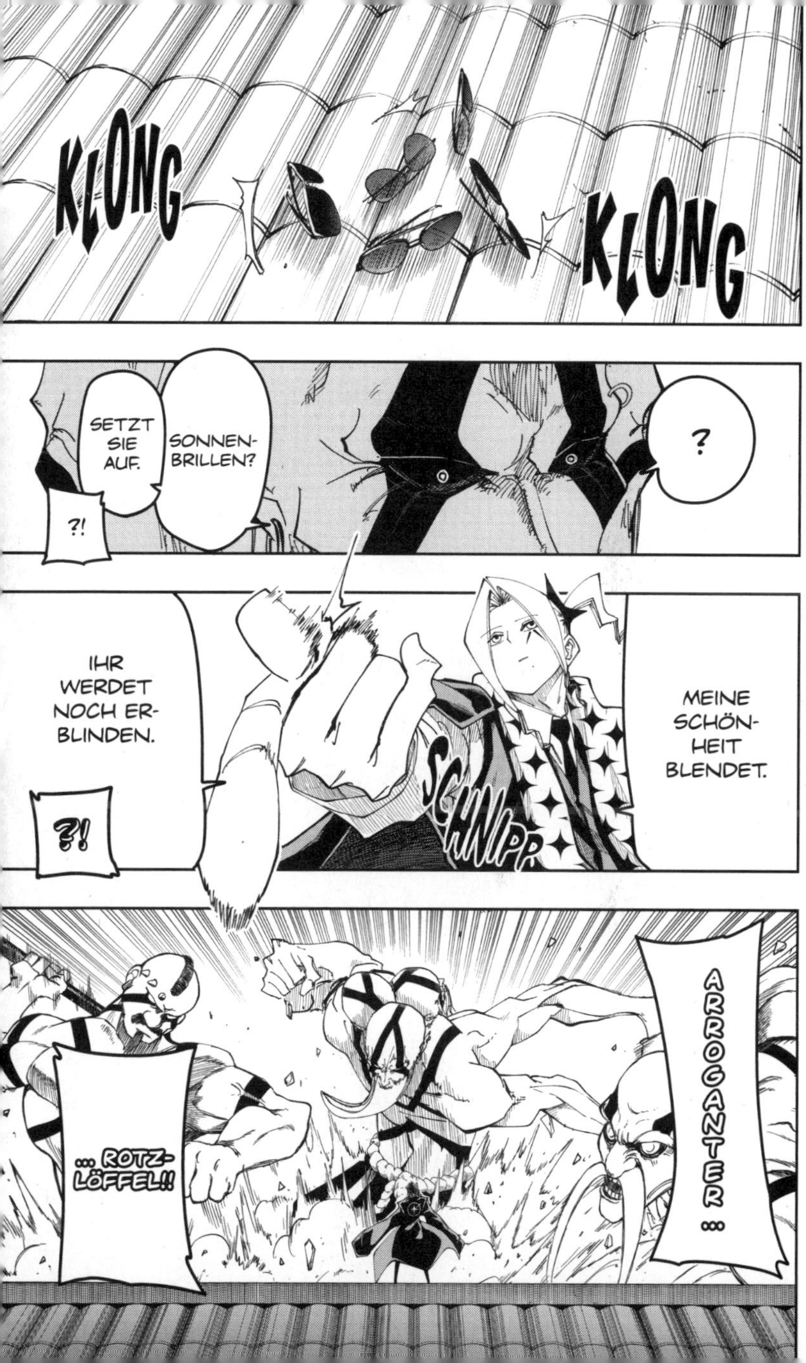
KLONG
KLONG
?
SONNEN-BRILLEN?
SETZT SIE AUF.
?!
MEINE SCHÖN-HEIT BLENDET.
IHR WERDET NOCH ER-BLINDEN.
SCHNIPP
?!
ARROGANTER ...
... ROTZ-LÖFFEL!!

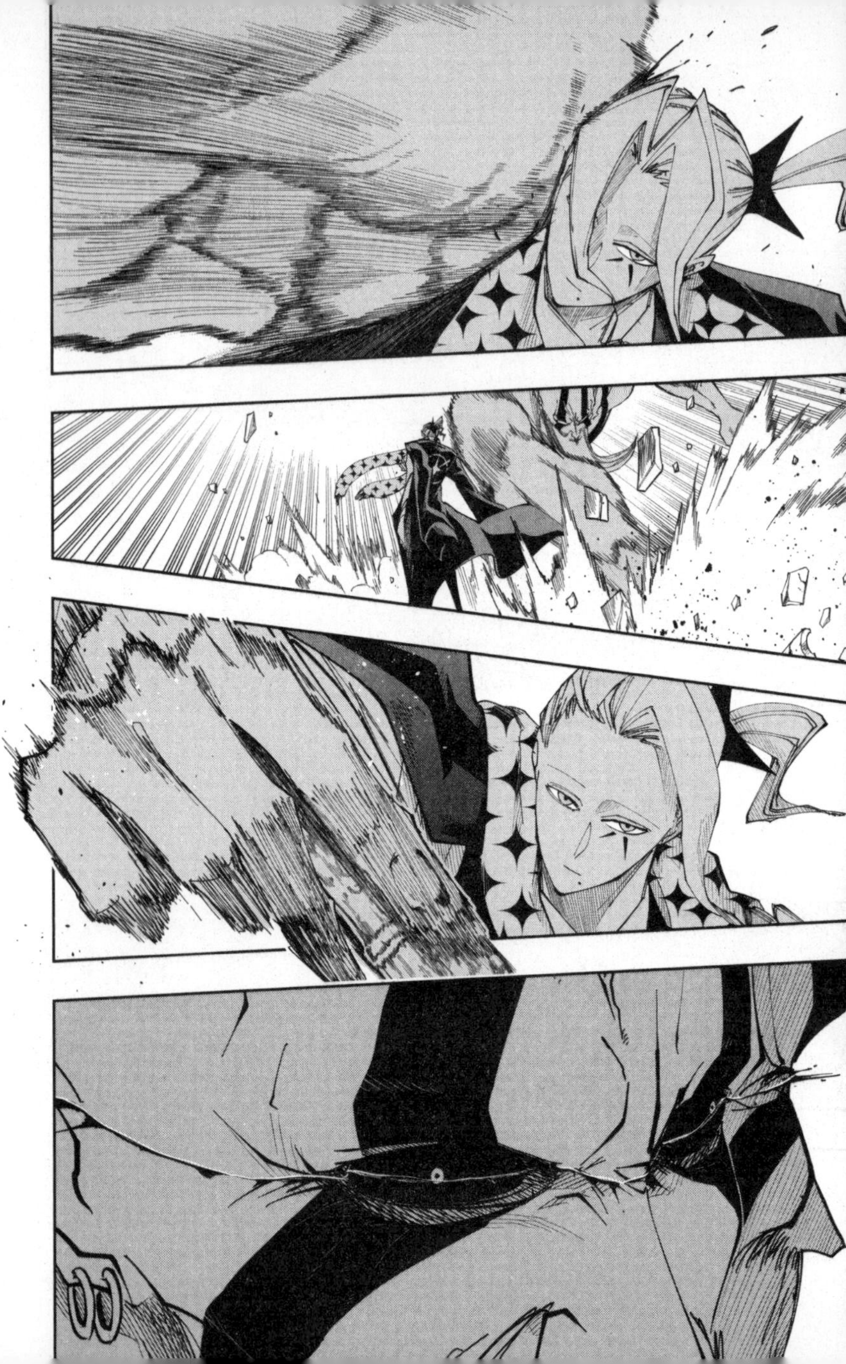

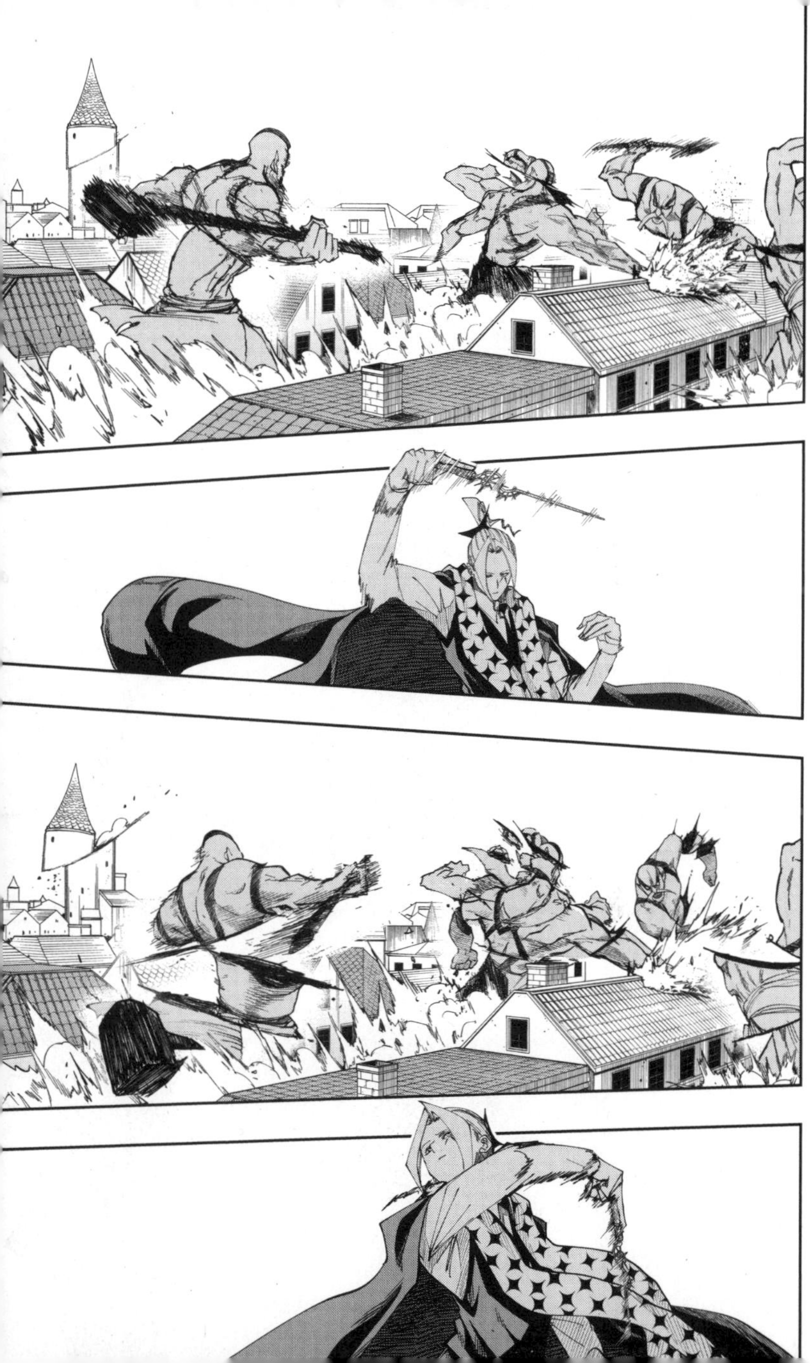

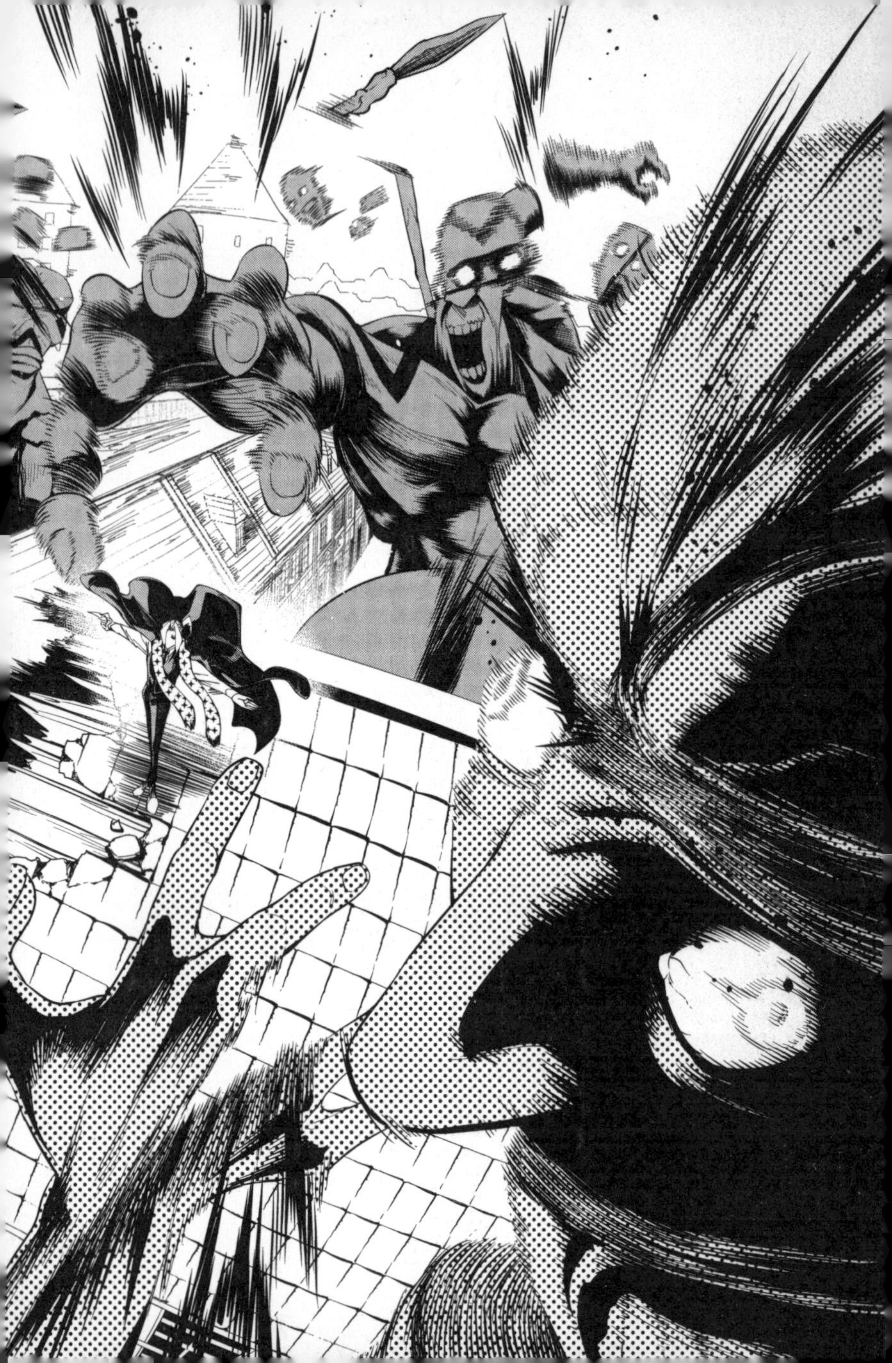

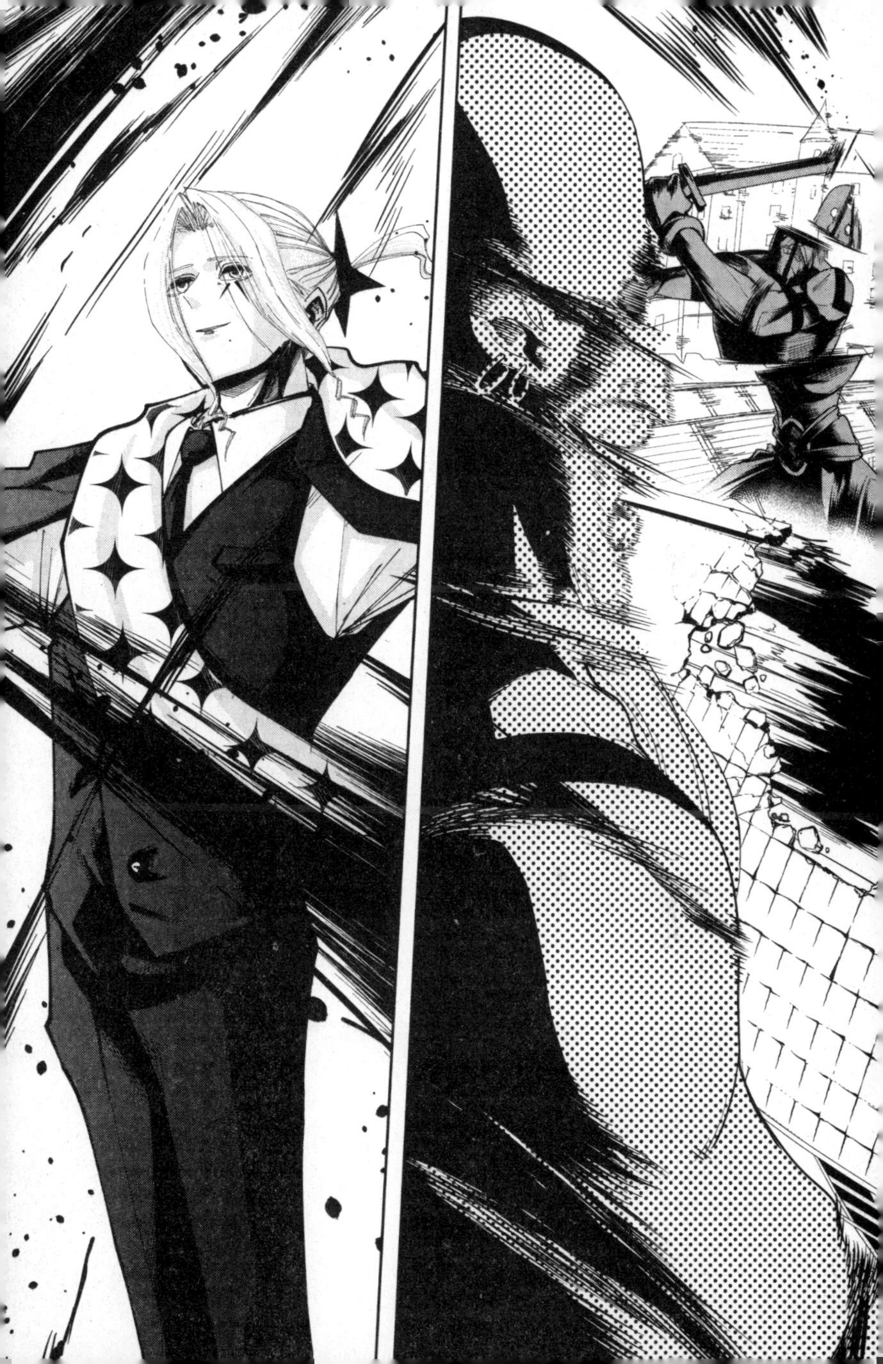

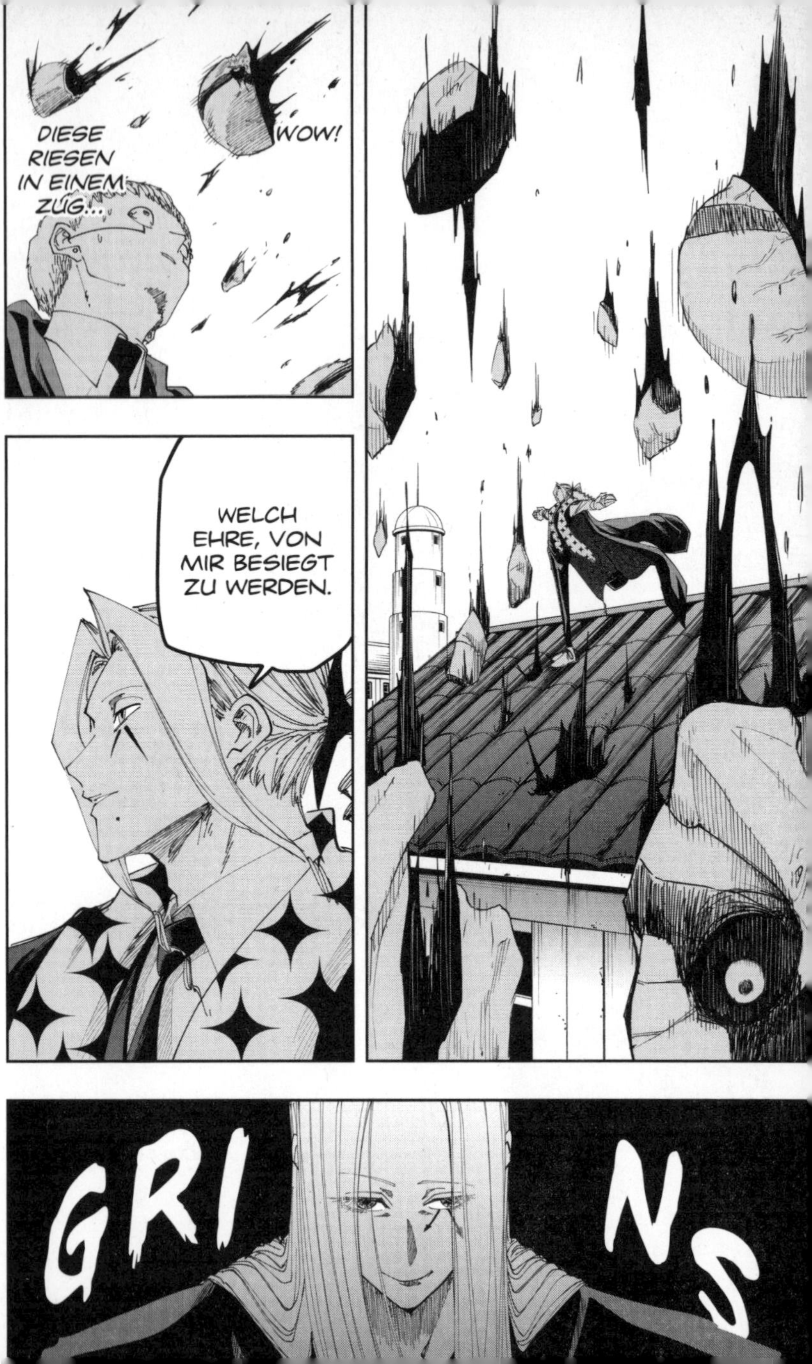
WOW!
DIESE RIESEN IN EINEM ZUG...
WELCH EHRE, VON MIR BESIEGT ZU WERDEN.
GRINS

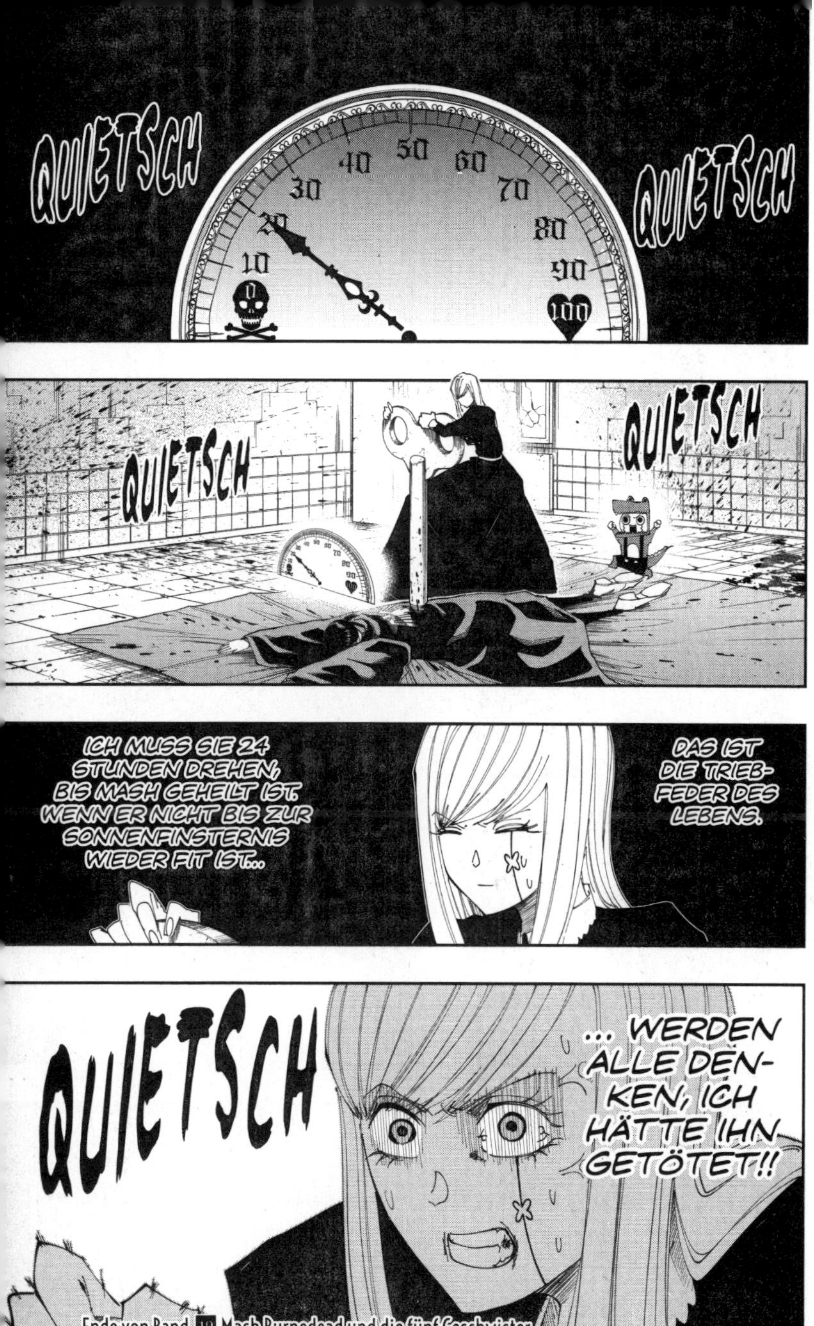

Ende von Band 12 Mash Burnedead und die fünf Geschwister

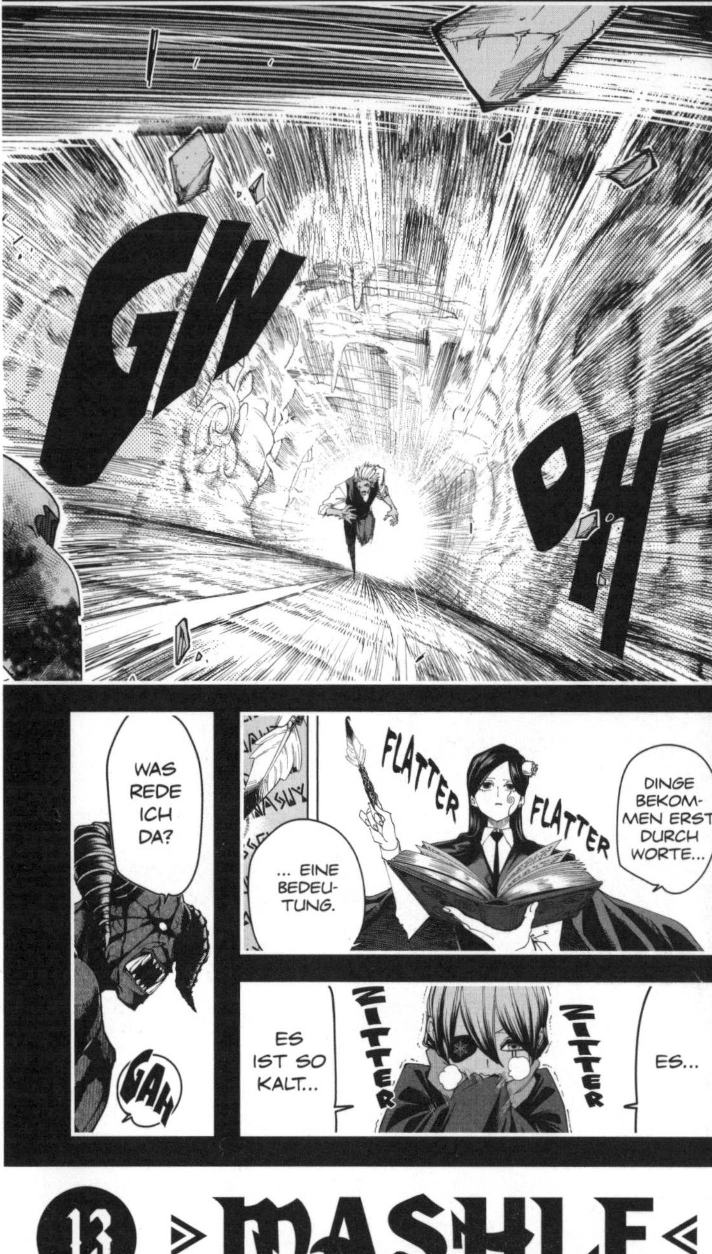

DIE GOTTESSEHER PRALLEN AUF DIE MONSTERARMEE!!

13 MASHLE

DER GEGENANGRIFF BEGINNT!!

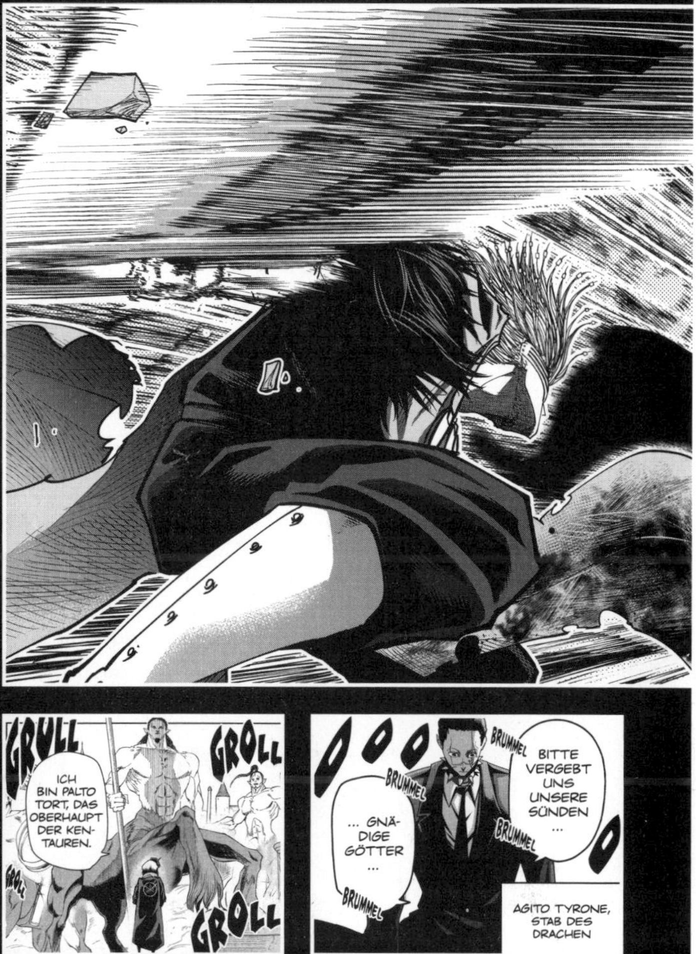

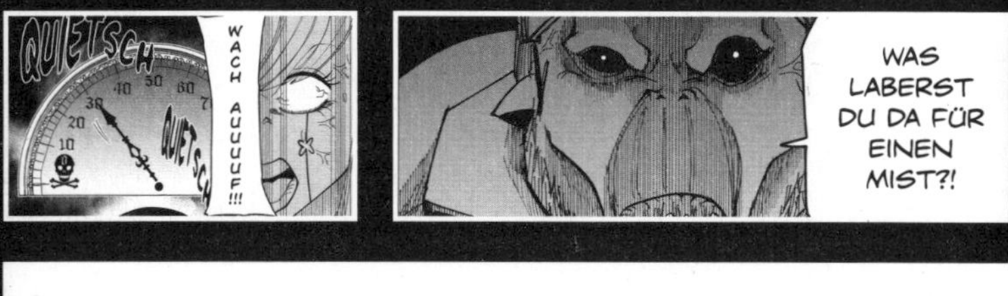

DAS ALLES UND NOCH MEHR IN

reiche Serien

Boruto

von Masashi Kishimoto, Ukyo Kodachi und Mikio Ikemoto

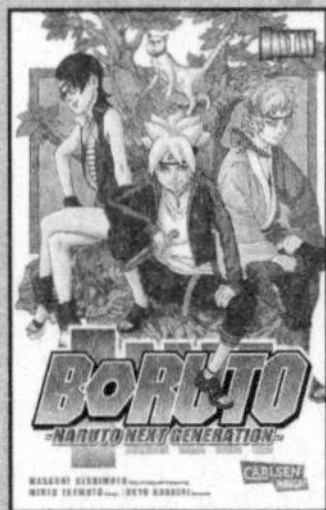

Narutos Sohn Boruto gilt als Wunderkind und ist genauso rebellisch wie einst sein Vater. Er bittet Sasuke ihn zu trainieren, um ein besserer Ninja als Naruto zu werden…

Naruto

von Masashi Kishimoto

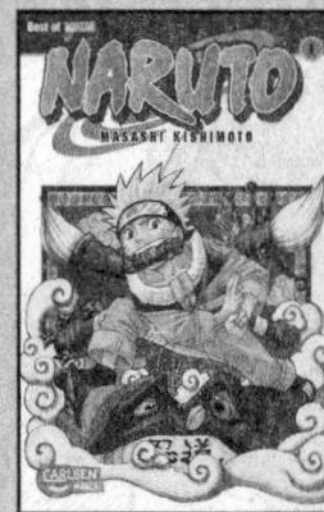

Naruto will der beste Ninja der Welt werden. Weil in ihm ein mächtiges Geheimnis schlummert, wird er von vielen bösen und gefährlichen Ninja verfolgt…

Fairy Tail

von Hiro Mashima

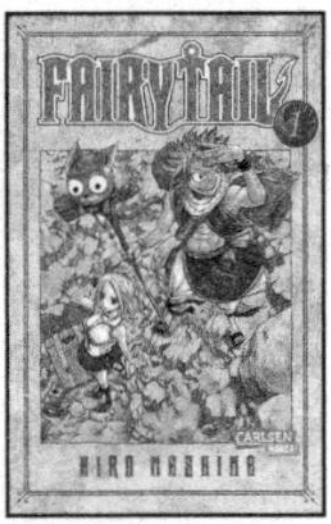

Verrückte Magier, geflügelte Katzen und gefährliche Monster – das ist die Welt von »Fairy Tail«. So nennt sich eine Gilde von sympathischen Outlaws, die mit ihren Zauberkünsten gegen das Böse in der Welt kämpfen, dabei aber mehr als einmal über das Ziel hinausschießen.

Edens Zero

von Hiro Mashima

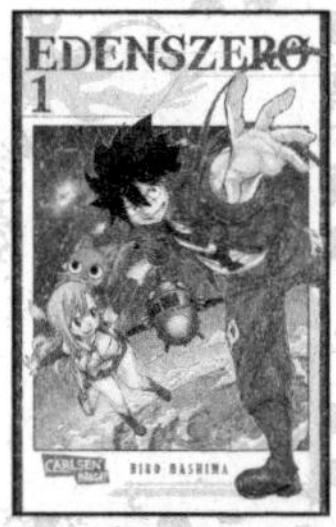

Im Reich der Träume, dem Vergnügungspark Granbell, lebt Shiki allein unter Robotern, doch dann treffen die ersten Gäste seit 100 Jahren ein: Rebecca und ihre blaue Katze Happy. Die drei verstehen sich auf Anhieb gut und werden Freunde… Allerdings birgt dieses kleine Aufeinandertreffen große Veränderungen für ihr Schicksal!

Assassination Classroom

von Yusei Matsui

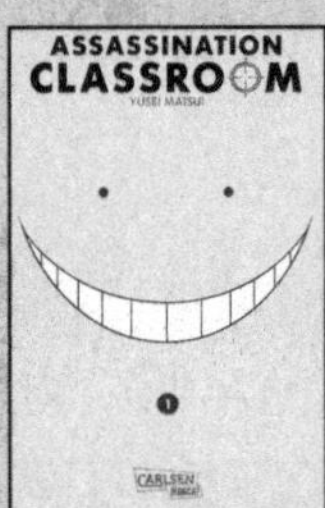

Ein übermächtiges Tentakelmonster mit Smileygesicht droht die Erde zu zerstören. Aber erst nächstes Jahr … Bis dahin unterrichtet das Monster die Klasse 9-E der Kunugigaoka Junior Highschool.

Soul Eater Massiv

von Atsushi Ohkubo

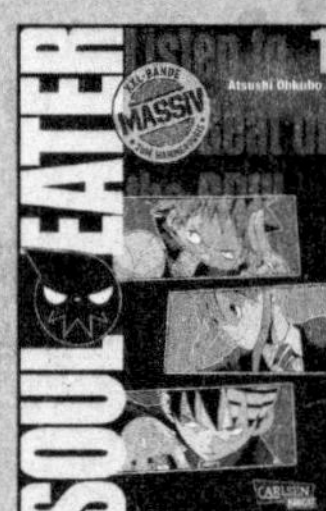

Maka ist Waffenschmiedin in einer spezieller Ausbildung. Ihre Sense namens Soul Eater hat ein Eigenleben und nimmt außerhalb des Kampfes die Gestalt eines ultracoolen Jungen an.